JN109790

裁判官任官拒否・修習生罷免から50年

司法はこれでいいのか。

23期・弁護士ネットワーク 著

現代書館

はじめに

「司法の現状はこれでいいのか」として、弁護士会、審議会、政府、国会における大がかりな討論の末、90年代から司法改革が取り組まれました。改革は、重要な成果を残した一面、任官拒否や修習生罷免を行った裁判所の現実、自由な思考、闊達な討論、切磋琢磨の成長を妨げる法曹教育の状況は形を変えて続いているのではないか。裁判官の独立と良心は依然として危機にさらされているのではないか。

他方で時代の厳しさを乗り越えて法律家の多様な挑戦は続き、社会の可能性は拡げられてきました。わたくしたちは、このことを「体験を伴った肉声」で次世代の法律家、司法修習生、法科大学院生、法曹をめざす中高生を含む学生、司法に関心をもたれる市民の方々に伝えたいと考えました。

弁護士、裁判官、検察官になろうとする人は司法試験に合格したのち、司法研修所に入所し修習期間を経て、再度の試験（二回試験）を受け法曹資格を獲得します。修習期間は現在は1年ですが、わたくしたちの時代には2年とされていました。

どの道に進む人もこの制度の中でともに机を並べて講義（前期）をうけたあと、全国各地に配置されて、民事刑事の裁判所、検察庁、弁護士の法律事務所を順にめぐって実務体験を積みまた研修所にもどってくる（後期）という学び（修習）の期間を持つことになっています。

修習生同士はさまざまな人生経験、年齢の違い、進路の違いをこえて豊かな交流の時を持つことができ、職業への抱負―希望を育てるときでもあります。

わたくしたちにとって、修習の2年間は司法権の独立、裁判官の独立が試練に見舞われ、行く手に暗雲が垂れこめたときでもありました。与党の政治家や右翼的な団体、雑誌から、自分たちの意に沿わない裁判の判決がでるたびに裁判所や裁判官に対して攻撃の声が上がり、裁判所の中からもこれに呼応する動きが出てきたのです。裁判官の独立、司法権の独立が危機にさらされたという意味でこの時代は「司法の危機」と呼ばれました。

これはやがて裁判官の中に青年法律家協会（青法協）がいるから裁判が偏向するのだという流れとなり、わたくしたちの期でも青法協会員であることを理由とする裁判官志望者の採用拒否（任官拒否）が行われるのでは、という危惧が拡がりました。任官差別を許さぬ会が結成されて多数が参加し、修習生大会でも決議が出され、任官志望者を採用する権限をもつ最高裁判所に提出しました。

しかし、卒業目前の3月30日、同期から7名の志望者（うち6名は青法協会員）の任官拒否が通告されました。理由は明らかにされませんでした。

クラス連絡委員会は、委員長の阪口徳雄君が、任官拒否された7名に発言させてほしいと言葉を尽くして要望することを決め、阪口君は1971年4月5日、その通りに礼を尽くしてマイクを借り、発言しました。これに対して司法研修所を運営する最高裁判所（長官　石田和外裁判官）は裁判官会議で即日本人の弁解も聞かぬまま罷免処分を強行しました。

任官拒否に先立って、宮本康昭裁判官の再任拒否も行われ、司法の危機を憂慮する国民の声とマスメディアの批判は一挙に拡がりました。国民運動の大きな発展、弁護士会をはじめ同期の弁護士たちの支え、最高裁裁判官国民審査の歴史始まって以来の高い罷免率などを経て、2年ののち、阪口君の法曹資格は回復されました。

わたくしたちはこの時の体験を心にとどめながら50年間、法律家として、人としての人生を経て現在に至っています。

本書では、阪口君とともに修習時代を経た司法研修所23期の弁護士と元裁判官の有志が編集委員会を作り、当時の体験とその後の法律家としての多様な歩みを記述しています。病を得て他界した方の文章もご遺族のご協力をいただき掲載させていただきました。


本書の叙述は次のように進められています。


第一章では、大量の任官拒否が行われた時代背景にふれたうえ、任官拒否の危惧を持った修習生たちが行った2年間の運動の様子を述べています。任官志望者への最高裁事務総局の面接の状況、どんな人が任官拒否をされたか、その生い立ち、人柄などについて当時の資料に基づいて述べています。次に司法研修所終了式の経過と実際、修習生罷免に至る経過を述べます。

さらにこの章では、強い力をもった権力によってはく奪された修習生の法曹資格を、2年という短期間で回復させた要因は何だったのかについて分析を加えています。

第二章は、「群像——1971年春」というタイトルです。

元朝日新聞記者の本田雅和氏が、罷免された当事者の阪口徳雄君をはじめ編集委員会のメンバーにインタビューを行いました。生い立ち、司法試験受験の動機、罷免当時の体験、法律家としての生き方を群像として描いています。

第三章では、編集委員会メンバーが自らのメッセージを記述しています。

それは単なる郷愁や思い出ではなく、その時代特有の困難や新しい課題について、創造的に実践した経験をのちに続く世代に手渡したいとして書かれた文章です。

第四章は、「司法官僚石田和外裁判官の戦後」というタイトルで編集委員会から西川伸一明治大学教授（政治学）にお願いして書いていただいた特別寄稿の論文です。

論文は同裁判官の戦前から説き起こしています。石田裁判官は戦後、一度たりとも戦前、治安維持法を積極的に適用した「思想判事」であったことにふれませんでした。西川教授は、編集委員会が発掘した予審終結決定や刑事判決文などの資料に基づいてこの事実を明らかにされています。

司法官僚制度はいまも継続し、全国の裁判と裁判官に監視の目を光らせています。

第五章は資料編です。

阪口徳雄君について「司法修習生を罷免する」とした最高裁判所の辞令や、罷免直後に行われた東京弁護士会担当委員会の緻密な調査、論証過程を記述した資料ほかを掲載しました。

編集委員会は本書を手に取ってくださった読者に、心を込めてメッセージを送ります。

「司法はこれでいいのか。」と思うその疑問を大切にしてください。

もし、法曹を志そうとするときは、あなたの心の真ん中に座っている良心を何よりも大切にして生きてください。あなたを待つ人々のために。

２０２１年３月12日記す

編集委員会を代表して

梓澤和幸

司法はこれでいいのか。

＊

目次

第一章

任官拒否、修習生罷免、そして法曹資格回復

1　司法修習23期という激動の時代と修習の2年間

（一）司法修習23期の2年間（1969年4月〜71年3月）

「司法修習」と言ってもなじみがない方もいるかも知れない。しかし、司法を担う法律家が育成される重要な場であり、本書の「はじめに」で簡潔に書いたが、今から半世紀前にそこで、何が起こったのかをさらに詳しく知ってもらうことからはじめたい。

弁護士・裁判官・検察官になろうとする人たちは、2年間（現在は1年）ともに同じ研修を受ける。これを「統一修習」と呼ぶが、この制度は、戦後司法制度の民主化に伴って誕生した弁護士、裁判官、検察官を司法試験の合格の後に、同じ机で法曹になるための養成教育をする我が国独特の制度である。年ごとに修習がはじまるが、戦後の1947年を1期として、1969年から始まった私たちの修習は23期になる。当時修習生は1期500名前後で推移していた。この中から、およそ80名前後が裁判官に、60名前後が検察官に、そして大多数の350名前後が弁護士になっていた。

同時代に、同じ空気を吸って2年間の修習を共にする。私たちは、司法界の激動の時代の下におかれただけに、とりわけ濃密な2年間を送った。

統一修習の下、法律家は、司法試験に合格した後、2年間の修習を経て、どの道に進むかを、それぞれが自ら選択することとなる。私たちの修習のころまでは、自身が希望する道に進むことができたのが最大の特徴だった。私たちの時代の一年前から様相が一変する。裁判官や検察官になることを希望した人たちが、一方的に採用（任官）を拒否され希望の道を絶たれるということが生まれるという事件が発生したのだ。

そして、その後も毎期任官拒否が繰り返されたが、やがて研修所が、特定の人物に事前に裁判官志望の撤回を求め、志望をさせないシステムができあがっていく。こうして裁判所や検察庁に都合の良い人材が選別して採用され、裁判官の思想統制と官僚支配を支えるシステムとなって、今日に至っている。

私たちが、このことに強く抗議し、現在まで司法の独立に向けて運動をやめないのも、そうした人事を許してはならないという強い思いからであり、司法改革と呼ばれた制度改革の柱の一つは、そこにメスを入れることも含まれていた。しかし、残念なことに、私たちも含め運動の力がまだ及ばず、改革のメスは充分に入らず、未だ、司法官僚制度は継続し力を維持し続けている。このままではいけないと私たちは考える。

もっとも、23期司法修習の2年間は、激動の中にあり、私たちが社会を見ていく目を養ってくれた期間でもあった。残念なことは、その後現在に至る司法修習が、より強い統制下にあって、自由な雰囲気の中にないことである。それは、司法研修所を掌握しているのが、司法官僚制度の頂点に存在する最高裁判所であることが原因である。

私たちが、本書を世に送りたいと思った一端がここにある。法曹界の将来を担う人たちが上を見て忖度したり、裁判官の独立に敏感さを欠いて良いはずがない。

(二) 自主性・多様性と、それを拒む司法官僚

日本社会は、どのコミュニティをみても、自主的な活動が育ちにくい。為政者が「育てようとしてこなかった」と言った方が正確だろう。裁判所も、戦後、各裁判所の裁判官会議を核にした民主的な司法

行政が企図されたが、どんどん形骸化が進み、今やまったく機能していない。つい最近、日本学術会議が自主的に推薦した委員候補者のうち6名について、政府が理由も告知せず、一方的に選任拒否するという事件が起こっている。学問の世界にも土足で行政権力が踏み込んでいるのである。

修習生も例外ではない。もちろん修習生が自主的な活動を行ってはならないというルールはない。裁判官と同様に政治的活動でさえ、本来全面的に規制されているわけではない。それは法律家にとっては常識であるが、実態はそうではないところに問題の深刻さがある。

私たちが入所した当時、司法研修所には研修所の教育や自主的な活動について課題が山積していたし、とりわけ23期は入所当初から、後述する「東大生7月入所問題」という深刻な課題を突き付けられていた。この問題は、項を改めて後述するが、研修所の妨害に出くわしながらも、修習生の中でしっかりとした議論ができ行動できたのは、1970年代前半までの時代の背景があった。

今もそうだが、私たちは、学校の中で、自由に、時に激しく議論しながら、それをまとめて必要な行動に移していくという教育を受けてこなかった。だから議論すること自体が不得手である。多様性を尊重し育むことについても同様で、社会において多様性は排除されがちである。一旦、コミュニティから弾き飛ばされるとその将来に「暗雲」が立ち込める。

法律家としての道を目指し、アイデンティティを共有しながら、多様性を育てていく。そのためにも、自主的な活動を行うことは不可欠であり、私たちは、私たち自身の取り組みで、その理念を共有してきたと思う。

司法修習は、前期と後期に全員が研修所で教育を受ける合同修習と、その間に、全国各地の裁判所、検察庁や弁護士会、法律事務所で教育を受ける実務修習からなっている。修習では、クラス連絡委員会を結成し、ここを中心に修習生の意見を集約しながら活動を展開し、全国各地で行う実務修習では、修習地単位でそれぞれが工夫しながらいろんな活動が試みられてきた。

私たちの2年修習の折り返し地点の70年3月、22期の司法修習の終了にあたり、初めて三名の任官拒否が強行された。その頃、自民党や右翼勢力などから青年法律家協会に所属する裁判官に対する激しいバッシングがなされており、最高裁判所もその方向に舵を切る動きを開始していた。私たちの修習の後半の一年間は、こうした問題にどう対応していくのか、何よりも23期で任官拒否を許さないため何ができるのかが、最大の課題になっていった。

(三) 大半の修習生が反対の声をあげた「東大生7月入所問題」

大学の卒業は、通例3月であり、司法修習は4月から始まる。ところが、1968年秋、いわゆる学園紛争が起こり、東大では、大きな盛り上がりをみせた結果、授業ができず、卒業を69年6月末まで3ヵ月間延ばす措置を取った。在学中に司法試験に合格した学生が、東大を卒業しようとすると4月入所に間に合わない。そこで、卒業しても修習に不利にならないよう東大生だけ7月から修習を開始するという特例措置を行ったのである。

これに反発した相当数の東大生は、大学を中退して正規の4月入所を行ったが、7月入所自体は強行実施された。後述する裁判官任官拒否者の学歴で「東大中退」とあるのは、そのためである。逆に7月入所した裁判官志望者は全員採用されている。

このようなやり方は、東大生を優遇するというだけにとどまらず、一部の修習生を切り離して修習することとなり、統一修習の理念に悖《もと》るものであるとして多方面から批判の声が寄せられたが、私たちは、スタート時点から不公正な司法制度に立ち向かうことを迫られた。

修習が開始しばらくした69年6月25日、7月入所生を除く当時の修習生の8割にあたる382名の修習生が参加し、345名の圧倒的多数の賛成で、「7月入所に断固反対する決議」をあげた。修習が始まって2ヵ月半ほどしか経っていないこの時期に、これだけの修習生が参加し、これだけの反対の声をあげた。

この時、取り組みの中心にあったのは、各クラスでの自主的な討論とクラス決議であり、クラス連絡委員会がこれをとりまとめて、司法研修所や最高裁判所との交渉を行い、修習生大会を開催した。クラス連絡委員会は、元々研修所がクラスの「連絡係」として配置したものだが、18期生頃から自主的な組織に発展し、自治会的役割を果たした。

(四) 実務修習中に激化した司法の危機と初めての裁判官任官拒否

入所後の7月後半から翌年の11月後半までの1年4ヵ月は、修習生が全国各地に分かれて、各地の裁判所・検察庁・弁護士会を順繰りに回って実務修習が行われる。

23期のこの時期は、まさに激しく司法が動いた時期であった。ここでは詳述を避けるが、キーワードは「青年法律家協会に所属する裁判官への攻撃」である。そして、私たち修習生にかけられたのは、青法協所属等を理由とする裁判官などへの任官（採用）拒否である。もとより、これが単に青法協所属の有無だけに向けられたものでないことは、大方の修習生の共通の認識であった。

攻撃のターゲットとされた「青法協《せいほうきょう》」（青年法律家協会の略称）とは、1954年に学者・弁護士、裁判官、検察官、修習生など幅広い法律家が集まって創立された団体である。憲法と平和・人権を擁護することを目的としており、後掲の資料の中に「設立趣意書」と「設立発起人」を掲載しているので、是非とも目を通してほしい。設立時、裁判官も主要なメンバーとして参加しており、年ごとに増加していくが、右翼や自民党が一斉に攻撃を加える時までは、加入していることが問題にされたことはなかった。「司法の危機」が起こるまでは、半数を超える修習生が参加した時期もあるなど、幅広く多様な法律家が集う場であった。

日本の裁判所が、「国（政治・行政）に弱い」ことはつとに指摘されてきた。しかし、1960年代以降の時期には、行政や憲法違反の法律に対峙して、市民の権利を尊重する姿勢を示す判決が確実に増えてきたことが大きな特徴である。

よく引用されるが、69年3月に、時の西郷吉之助法務大臣が「あそこ（裁判所）だけは手が出せん。もはや何らかの歯止めが必要になった」と述べたことに、政権党の判断が凝縮されていた。こうした外からの攻撃に呼応して裁判所内部からも、それを忖度する動きが強まり、8月に長沼ナイキ訴訟に関連して平賀書簡事件が起こる。そして、その被害者であったはずの、この書簡を公表した福島裁判官を攻撃するために、同裁判官が青法協会員であったことに攻撃の矛先を向け、11月には、全貌社から「青法協裁判官リスト」を掲載した飯守重任鹿児島地裁所長の著書が発行された。福島裁判官を国会の裁判官訴追委員会に訴追する動きもあった。「青法協加入」に問題を絞りつつも、良心的な裁判官を一網打尽にする動きが展開されてきた。

裁判所内部の動きの真ん中にいたのは、69年1月に最高裁長官に就任した石田和外裁判官であった。青法協会員裁判官への脱退工作も強化され、70年1月には最高裁判所事務総局の中にいた青法協会員である裁判官が全員、青法協を退会する。

そして、4月には、22期司法修習生の裁判官希望者から3名の任官拒否が行われた。希望者が一方的に任官拒否されたのは、司法修習制度が始まって以来の出来事であり、うち2名は青法協会員であった。ともに修習していた同期の修習生の誰もが裁判官にふさわしいと考えた人たちが拒否され、その理由はついに明らかにはされなかった。

70年5月3日には、「極端な軍国主義者、無政府主義者、はっきりした共産主義者が裁判官として行動するためには限界がありはしないか。少なくとも道義的にはこれらの人たちは裁判官として国民から容認されないと思う」とする最高裁長官記者会見での談話を発表。最高裁判所は、対外的にも裁判官の思想統制に動き始めたことを露骨に表明するに至った。

70年から71年にかけて、司法の動きを憂うる声があちこちで巻き起こり、私たち23期は、23期修習生から任官拒否を許さない動きを作っていくこととなった。こうして、修習後半は、主に23期から任官拒否を許さない取り組みを展開していくこととなった。これについては項を改める。

2　裁判官任官拒否を許さない取り組みと7名の任官拒否

(一)　任官差別を許さないための23期修習生の取り組み

前述の通り1970年4月、22期の裁判官希望者の中から3名の任官拒否が行われ、2名が青法協の会員であった。

このように公然と裁判官志望者を拒否することは現行憲法下では初めてであった。当時の裁判所法では、「積極的に政治運動をすること」が裁判官の資格要件に抵触するとされていたが、最高裁事務総局による解説でも政党などの団体加入などは問題が無いとされていた。ましてや、思想信条や団体加入で裁判官の任官そのものを拒否することなど、当然許されないことである。にもかかわらず、青法協会員であること以外に拒否の理由が見いだせない事態が起こったのである（最近の学術会議会員の任命拒否と同じことが当時、石田和外長官の下で行われた）。

この事態に衝撃を受けた23期の司法修習生の東京を実務修習地とする4班のうちの一つ、東京2班の修習生たちが全国の23期修習生に向けて、22期と同様の問題が起こるとして、その阻止の為に立ち上がろうとアッピールした。

攻撃のターゲットとされた青法協の23期部会も、全国の修習生会員によびかけて情勢認識を共有し、任官拒否を許さないとの意思を固めた。

東京2班のアピールを受けて、各地の修習生は、実務修習中の70年7月に、青法協会員の枠を超えて東京で集会を持ち、同年秋には「任官差別・分離修習を許さぬ会（以下許さぬ会という）」を結成した（最終的には同会員は250名を超えた）。11月20日には当時の修習生507名（但し、修習を終了した人数）のうち431名が連名して、23期から任官拒否を出さないことを求める要望書を最高裁に提出した。同時に1700名（但し東京、横浜を除く）の弁護士による任官拒否反対を求める修習生への賛同署名も提出した

70年11月の後期修習の開始と同時に、熱心にクラス討論が行われ、クラスごとにニュースが発行された。それを受けて、修習生集会が同年12月に2回も開催された。

翌71年1月8日、最高裁判所の矢口洪一人事局長（当時）が研修所において任官説明会を開催した。クラス連絡委員会、許さぬ会は、この説明会を、修習生が任官拒否を許さない決意を示し、23期から任

官差別を出さないよう要請する場として位置づけた。そこで、説明会の冒頭に矢口局長に対し、修習生が意見を述べ質問をしていくという形を取って、修習生の声を最高裁の人事局長に伝えることが出来た。その後に、実務的な任官説明が行われた。当日の参加者は400名を超えていた。

この時の体験は、後に、終了式で、クラス連絡委員会の阪口委員長が司法研修所所長に直接要請をするという形をとる基《もと》となった。

後期に行われたそれぞれのクラス討論の中では、任官拒否を危惧する裁判官志望の人々の苦悩や特定の志望者への教官の差別的な発言も紹介され、また平賀書簡問題など司法の危機に関して司法の行方に危機感を持つ発言、さまざまに揺れ動く発言などが交流された。

こうして71年1月28日司法研修所講堂で開かれた23期司法修習生大会には約4百数十名が参加して「23期から思想信条、団体加入を理由に任官差別をしない」よう決議し（賛成412名反対2名、保留棄権5名）、この決議文は最高裁に提出された。

任官拒否反対運動は大きな高まりをみせた。この運動の高まりを受けて、23期修習生は福岡、大阪、京都など実務修習地で行ってきた任官拒否に反対する修習生の意思に賛同する前述の弁護士署名（1700名）を継続し、東京、横浜の弁護士の賛同署名活動を行った。この署名は実務期、後期分を合計すると3000名を超え、1971年3月5日最高裁に提出された。

(二) 異様な裁判官志望者への採用面接

71年3月25日・26日に23期裁判官希望者に対する最高裁事務総局の面接が行われた。この面接こそ、当時の司法官僚が、どのような考え方のもとに司法を運用していたか、任官差別を合理化しようとしていたかを、浮き彫りにするものであった。親がつけた名前、身長、身体顔貌の傷痕、障害内容、性別、妻の職業など、およそ裁判と全く無関係な事柄について、面接官は執拗な質問を繰り返したと報告があった。言葉にすることを憚るほどの内容で、人格を侮辱する醜い実態もあった。これを聞いた司法修習生の憤りは大きかった。面接官は、最高裁事務総局の矢崎事務次長、矢口人事局長、民事局長、刑事局長、家庭局長であった。

(三) 強行された任官拒否と拒否された七人の横顔

私たちの様々な取り組みにもかかわらず、7名の裁判官希望者が任官を拒否された。6名は青法協の会員で、もう一人は同調者とみなされていた。一方、最高裁判所は、拒否された当事者を含め私たちの強い求めに応ぜず、拒否をした具体的理由については、一切、明らかにすることがなかった。

拒否された人々は単に青法協の会員又はその同調者というだけではなかった。彼らこそ、市民の立場から見ると実に裁判官に相応しい人物であったことが当時のクラス連絡委員会の資料などによってもうかがうことができる。裁判所がこのような多様性をもつ人々を拒否することは裁判官の「上命下服」と「画一性」を要求することになり、国民の期待に反する裁判所の変質にむけて大きな舵をきった事件である。

そこで、本書では、その資料の中で紹介されている人物像を、そのまま引用することとした。

(1) Aさん (26歳・東大中退)

物静かでおだやかな人ですが、水俣病の患者さんが地獄の苦しみを受けていると本で読んだとき「こんなひどいことが今の世の中にあってよいのか？　僕はどうしたらよいのだろうか？」と涙を流して怒り真剣に悩んだという人です。飾り気のない地味な人柄の中に「悪いことは悪いこと、良いことはあくまで良いこと」として貫くのだという強い意思を持った情熱が伺われます。

裁判官になっても言うべきことは勇気を以てはっきり言い節を曲げない、また法廷に出てくる被告や原告の気持をできる限り理解するように努める、そう考えていました。

（2）Bさん（25歳・東大中退）

父は75歳の今日まで失対人夫をやり母は和服裁縫の内職に打ち込んできたという貧乏育ちの彼です。法廷に連れて来られる被告人をみると、地方出身者が多く父親の職業も肉体労働の人が圧倒的で彼自身も中学卒で給料が安いこと、肉体労働に汗水をたらしながらアパートに住んでいる若者が大変多いことを知って驚き、「自分は現在非常に恵まれていて被告人に申し訳ない気がした、苦しかった貧乏暮らしを決して忘れてはいけないと思った」と言います。

それで生活に苦労している人たちの気持を理解しながら温かみのある裁判をするようにしたいと考えて裁判官になることを決意したと言います。

クラスでは、一、二を争う優秀な成績の持主で、しかもだれからも好かれる人柄から、まさか彼が不採用になると予測した人はだれもいませんでした。

（3）Cさん（29歳・早稲田大学）

名前のとおり休重百キロ近い堂々たる体格の偉丈夫で見る人を圧倒させますが、身体の割に細かく他人のことに気を配るやさしい心の人です。自分のことを、「貧乏たれの息子」といい自分は清貧に甘んじても裁判官としてやってゆけると考えていました。青法協会員としても各地での集まりにはきちんと出席し公害問題に強い関心を持っていました。クラスで皆と討論するときには堂々と自分の意見を述べびくびくしない人でした。そういう正直で真面目な「言うべきことは言う」という人を最高裁判所は気に入らないらしいのです！

（4）Dさん（32歳・東大中退）

働きながら定時制高校に通った彼は大学に入ってからもずうっとアルバイトをしながら学業を続けてきました。彼は「私はそのために『時間』を失ったかもしれないが、そういう生活を経験しなければえられなかっただろう『大切なもの』をつかむことができたことを考えるとその生活に決して後悔していない。」と言っています。大学在学中狭い三畳の都屋に四人も五人もひしめき合って生活しているバタヤ部落の子供たちに勉強を教えていたこともある彼は大の子供好きです。彼が内村鑑三を尊敬するクリスチャンであることは思いやりのある彼の人柄をみているといかにも納得がゆきます。「普通の人間としての裁判官になりたい。できたら僕の出会った尊敬する裁判官のように。今日のように裁判所が困難な状況におかれているときこそ裁判官になってがんばりたい。」と考えて裁判官を志望したそうです。

（5）Eさん（26歳・静岡大学）

一見おとなしくて内気そうですが、とてもシンが強くあくまで信念に従って物事を処理してゆくというタイプです。司法修習生の寄宿寮の寮委員をやって学校の用務員さんのような仕事に励んだり、「任官差別を許さぬ会」に率先して加入し静岡から何度も東京の会議に参加したり仙台の人が卒業試験を気にして自分の勉強に夢中になっている時期にクラス委員の仕事を引受けて立派に責任を果たすなどとても誠実で実行力のある人です。単に法律の勉強だけするのではなくて公害問題などにも積極的に取組んできました。

ある裁判官が単に「法律ではこうなっているからこう」と安易にハンで押したように法律をあてはめるのではなくて、法律と現実の矛盾に苦しみ悩みながら真剣に考えてゆくのを見て感動し、自分もそのような「考える」裁判官になろうと決意したのです。

(6) Fさん (58歳・法政大学)

58歳になられるFさんは東北弁のナマリの中にお人好しの人柄がにじみ出ている方です。40歳のときに独力で司法試験に合格した努力家。合格後に定時制高校を出、大学を卒業した彼は社会経験の乏しい息子のような年令の修習生の言うことを真剣に聞いてくれ常に若々しい気持で法律家の在り方を考えてきました。「百万人といえども我行かん」をモットーとし批判すべき問題が有れば堂々と批判をされる方です。青法協の会員ではなかったが、「任官拒否を許さぬ会」に加入し裁判所でおこっている問題についても一生懸命考えてきたFさんを裁判官に採用しなかった最高裁判所は彼のような独学で司法試験に合格した幅広い多様な人材を受け入れる土壌がなく、温い人間味と強い正義感を嫌ったということではないのでしょうか?

(7) Gさん (30歳・岡山大学)

僕は百メートル競争をやれとか、山登りをしろとか言われたら他の人にはかなわない。でも裁判官としては人一倍立派な裁判をする自信が有る。小さい頃からつらい思いをしてきた僕には苦しみ差別されている人たちの気持がよくわかる。それに身体障害者だって立派に裁判をやれるということを示して薄暗い部屋で一日中ひっそりと暮らしている身体障害者の気持ちを励ましたい。彼は誰よりもエネルギッシュで元気一杯です。多くの人が彼の眼は輝いているといいます。さまざまな困難を克服してきた彼の積極的に人生を生きる明るく力強い姿に教えられ力が湧いてくるのを感じます。

以上の裁判官の任官拒否以外にも検事に任官希望したHさんは、採用面接で青法協の退会を勧告された。それを拒否すると、検察官の任官を拒否された。彼は故郷鳥取で弁護士実務を行い、鳥取弁護士会の会長を歴任するなど弁護士会において重要な役割を果たした。

(四) 23期任官拒否後も継続した任官拒否とそれがもたらしたもの

22期から3名、23期から7名、24期から3名、25期から2名、26期から2名、27期4名、28期3名、29期3名、30期2名、31期5名と毎年任官拒否が続いた。この間合計24名に達した。32期、33期は任官拒否がなかったが34期は2名、35期は5名と続き、36、37、38期は任官拒否がなかったが、39期に3名が拒否された。それ以降、任官拒否はなくなったが、最高裁が姿勢を改めたのではなく、最高裁の目にかなう修習生だけが任官できるようにしたのが主要原因であった。この間に任官拒否された総数は合計53名に達した(この数字は日弁連の総会決議、又は会長談話から調べた数字である)。

この影響により、青法協の会員裁判官の後継者がいなくなると同時に、司法研修所の中で裁判官希望者を必要以上に萎縮させ、自由闊達な批判精神を喪失した裁判官たちが多数生まれる状態を生み出した。憲法と人権を守り、立法、行政権力の暴走を抑制することができる、憲法と良心に忠実な裁判官になろうとする司法修習生の芽を奪い、司法の人権擁護機能を一層低下させることとなった。

(五) 再任拒否と、その後の裁判所の官僚統制

23期の任官拒否と同じ時期の1971年3月、青法協会員であった宮本康昭判事補が再任拒否される

という事件が発生した。再任拒否は戦後初めての事例であり、晴天の霹靂であった（この事件は多数の論文などもあり、これ以上触れない）。

この再任拒否事件の発生とともに同時期に行われた23期の任官拒否、阪口罷免にみられる最高裁判断の強権発動が世論の極めて厳しい批判となった。その結果、14期の再任拒否は宮本裁判官のようなドラスチックな再任拒否には至らなかった。

しかし裁判所内部では、２００名前後の会員裁判官に対する青法協からの退会勧告、それに応じない裁判官に対する差別的処遇（裁判官の任地・職務・給与などの人事差別）は執拗かつ陰険で、過酷を極めた。一例をあげれば、14期の安倍晴彦裁判官には、岐阜、福井、横浜家裁、川越、浜松、川越と東京家裁八王子支部と、支部ばかりをたらい回しにして、定年直前の2年間を除き、総括裁判長にもつけず、給与の昇給も同期に比べて異常な遅れをつけられた。このような差別待遇は、安倍裁判官だけでなく、多くの青法協会員裁判官に対して差別が繰り返された。当時「支部支部（渋々）と支部から支部へ支部めぐり、支部（四分）の虫にも五分の魂」という戯《ざ》れうたが語られたほどであった。こうした青法協攻撃が続いた結果、青法協加入の新任の判事補が任官されないことが継続し、青法協裁判官部会は１９８４年1月、青法協の会としては解散し、消滅した。

（六）任官拒否された人たちの歩みと、その後の50年

任官拒否された人たちの大半が弁護士になったが、多くの人々は地道に日弁連や単位会、又は社会活動においても、様々な人権活動などに大きく貢献する活動をしている。研究者になった人もいるが、その学会において重要な役割を果たしている。

石田和外長官及びそれに追随する最高裁事務総局はこれらの裁判官を切り捨てたことになるが、この人達の拒否にとどまらず、裁判所内部の自由、闊達な気風、風土を裁判所内部において自らなくし、国民の人権を守るという裁判所本来の役割を喪失させたことが国民にとって最大の不幸と言える。裁判所が時の政権や、それに迎合する司法官僚たちによって歪められた50年の歴史であった。

しかし、この50年の様々な運動の中で私たちが学んだことがある。それは、司法に単純に期待することはしないが、立法府の多数で押し切られ、また行政権力に踏みにじられた国民の人権や生存、民主主義を、「事実、法、そして道理と論理」に基づいて擁護する場が司法であると位置づけたことである。そのようにして裁判を活用してきた。この道は後輩のみなさんによって継続されると確信する。後輩にバトンを渡すことが、この激動の時期を体験した私たち23期の重要な役割であると考えている。

3　修習生罷免に至る経過と資格回復の活動

（一）終了式におけるクラス連絡委員会の方針

（1）当初のクラス連絡委員会（以下、クラス委員会と略称）の方針

当初クラス委員会では、修習生全体が大量の不当な任官拒否に大きな怒りをもって踏まえ、終了式は平穏に受けることとし、式が終了してから司法研修所長に任官拒否の理由をただすという方針をたて提案した。

（2）4月3日、4日の拡大クラス委員会における決議

3日、4日に亘って行われた拡大クラス委員会では上記のクラス委員会の方針は否決された。他方で、終了式をボイコットせよという強硬な意見も出され、クラス委員会は混乱した。しかしクラス委員会が正式にボイコットをすると決議して、終了式に参加しない方針はかえって弾圧を招くという意見が多数になり、終了式に参加するが、式の開始直後に「任官を拒否した人たちに10分間だけ発言の機会を与えてもらいたい」とクラス委員長の阪口が所長に要請し、拒否された人たちに発言させる。若し研修所側から中止を命ぜられれば、それに従い式を混乱させないという方針を確定したのである。

このように方針が確認された背景には、1月8日の任官説明会で、私たちが要請活動を整然と行うことができたという体験があった。

(3) 全体の賛同

クラス委員会は、4月5日の終了式当日の午前9時15分頃から大講堂に集まってくる修習生に繰返し、この方針を提案し、何回も修習生の意向を確認し、ほぼ全員がこれに賛成するにいたった。その間、なお中庭でハンドマイクでボイコットを呼びかけた人達もいたが、結局最後は、これ等の人たちもクラス委員会の説得に応じ、その方針に従うことを承認した。

(二) 4月5日の終了式の状況

(1) 終了式の開催

終了式は、司法研修所側では当日、一旦挙行をあきらめる方向に傾いていたようである。そこでクラス委員会の阪口委員長と副委員長とが中島事務局長に面談して、修習生は式をボイコットするのではなく、終了式を受ける方針であることを伝えた。そしてようやく開始のはこびにいたった。

（2）終了式の状況

①　終了式は午前10時40分頃開始されたが式場には飾りも、式次第の掲示もなく、修習生には式の進行順序は全く知らされていなかった。

②　中島司法研修所事務局長（裁判官）が「修習終了式を行います。はじめに所長の式辞を受けます」と開会を宣した。守田所長が登壇したとき、阪口クラス委員会委員長（以下阪口と略称）は前記方針に基き、自席から挙手起立して発言を求めた。これと同時に阪口の発言を待っていた修習生らは、拍手を行い「所長一寸待って下さい」等、阪口の発言をうながす発言をした。阪口は中程の自席で立上って発言したが拍手等でこれが全体に聞きとれなかった。所長も手を耳にあてて聞こえないしぐさをしたことから、修習生の間から「前へ出ろ」「マイクを使え」などの声があがった。阪口はその声を受けて、前へ進み出た。修習生の拍手はこの時一段と大きくなった。この際所長は笑いながら手で全体を静止するしぐさをした。

③　阪口は修習生の列の一番前に出、所長に向かって二回おじぎをしマイクを指さして貸してくれるようたのんだところ、所長は耳に手を当て聞こえないというしぐさをしたが、笑顔をくずさず、全く制止しなかった。発言を許されたと考えた阪口は、小さく礼をして壇上のマイクを静かに抜きとり手に持って修習生の方に向きなおって「任官不採用者に10分だけ話をさせてあげてほしい」と話しはじめた。他方所長は、阪口が話しはじめると直ぐに降壇し、自席にもどった。すると間もなく中島事務局長がマイクで「終了式を終了しまーす」とゆったりした口調で宣言した。式の開始宣言から終了宣言までの時間は録音テープによると約1分15秒であった。

④　司法研修所事務局長の突然の終了宣言に怒った数名の修習生が事務局長につめ寄ろうとし、これ

を制止しようとするクラス委員たち、取材しようとする記者やカメラマン、退席しようとする教官、職員で講堂の入口附近が混乱した。

(三) 罷免の発令に至る経過

(1) 式場から退場した教官側は、直ちに教官会議を開いて対策を検討し始めたが、所長は終了式の状況報告のため最高裁判所へ出向いた。

午後1時半頃帰所した所長は教官会議で最高裁判所へもう一度行かねばならず、その際に終了式ができなかった事態とその後の処置について意見を述べる参考に教官の考えを聞かせて欲しいとの要請を行った。

教官会議は、その問題について午後3時頃まで議論を重ねた。同会議では阪口を処分すべきか否か、その処分の前提となる身分の存否、あるとすればどの様な処分を行うかについて様々な見解が述べられた。身分の存否については意見が分れたが、一応身分があるものと仮定して議論が進められた。その結果無記名投票が行われ、最も多かったのは阪口の行為は罷免に値しないが、何らかの処分は必要であるということであった。所長はこの教官会議の意見を受け再び最高裁判所に出向いた。

(2) 修習生は午後1時頃から大半が任官拒否への抗議のデモ等で外出（デモ参加者は200名前後）し、裁判官採用者は任官拒否された者と一緒に最高裁に独自におもむき、任官拒否の理由を問う質問状を提出した。

阪口は終了式について事情聴取が行われる可能性のあることを考慮して、終始司法研修所に残っていた。午後8時過ぎようやく所長より研修所へ連絡があり、阪口以外の者には終了証書をわたすようにと指示がなされ、クラスごとに証書の交付が開始された。
（3）阪口だけは所長室に呼び出され、所長、事務局長、クラス担任教官（5名）の立合いのもとで罷免の辞令が交付された。その時間は午後8時26分であった。
阪口が所長に対し罷免の理由を問い尋ねたところ所長は、「研修所所長が終了式の発言をする前に、任官を拒否された者のために10分間しゃべらせてくれといってマイクを取って演説をはじめた。これにより前列の方の大部分が騒然となり終了式を実質上不可能にした。これが裁判所法六八条の修習生の品位を辱める行為に該る」と説明した。

阪口は、所長に対して、所長が当該発言を制止しなかったことを指摘して反論したところ中島事務局長は所長が2回制止したと答えた。最後に阪口は所長に対して「何故任官拒否された人に2年間裁判官を目指して努力してきた者に最後の機会に10分間位、その声を聞いてくれないのか」と食い下がった。阪口の記憶では所長は黙っていたので2回位同じことを繰り返したが、応答がなく、らちが明かないので、この事実を講堂で待っている修習生に報告せねばと思い、罷免通知を持参して退室した。

後日、再採用後に教官から阪口が聞いた話では、所長は「罷免通知を渡したら阪口がへなへなになると思ったが、大したものだ。裁判官にはむかないだろうが、弁護士になれば良い弁護士になるのではないか」と言って資格回復に動いたということだった。

（四）罷免後の阪口の活動

阪口君は、罷免された直後暫くは、気が弱くなったこともあったが、罷免に対する抗議と批判をする多くの国民からの声に励まされた。そして順次それが全国行脚へと進んでいった。

罷免後の7日、東京弁護士会の事情聴取があり、その直後の参議院法務委員会において野党議員が質問するので、そのヒヤリングなどを受けた。当初は弁護士会や、法律家団体のヒヤリングがあり、それを契機に真相報告集会に参加することになった。

4月17日の東京新聞によると「罷免の阪口さん　抗議の旅」という見出しで—「国民に事実の報告」毎日集会へ出席—、として当時の全国行脚が記載されている。この記事によると、5日から14日までの間に、各地の集会に参加して報告した回数は30回にのぼるとあり、とにかく、運動の広がりが早く、大きく、色々と自分で悩んでいる暇もないほどだった。

さらに14日夜「裁判の独立を守る豊島・練馬の会」主催による「裁判所の内部で何が行われているか」との報告に始まり、15日午後1時に東京都立大の集会、午後2時半に全学連集会に、3時、第2東京弁護士会の事情聴取、6時半に25期の司法修習生とともに松戸市民会館に駆け付けている。19日は千葉、20日からは関西方面を回り、福岡、仙台、札幌と各地に足を伸ばし、東京に戻る日も解らず」という記事があるとおり、とにかく、全国各地から「実情の報告」要請が続いた。

当時は学生の立ち上がりが早かった。4月末から5月にかけて東京大学や京都大学など多くの大学の学生が独自に又は教職員と共催などで報告集会を開催した。

京都大学の集会は阪口の記憶に残っている。大教室に立見席一杯の学生が集まり、主催者から学生運動が停滞していた時に、「これだけの学生が集まったのは初めて」と話された。

京都では、京都産業大学にも招かれ、主催者の学生から「右翼が殴り込みに来るかも知れない」と告げられ、会場の出入りにボディガードの方がついて案内を受けた。しかし会場には学生が一杯集まり、その不安を吹き飛ばしてくれたことが阪口の記憶に鮮明に残っている。京都産業大学は、京大退官後の憲法改正論者の大石善雄教授がおり、青法協排除の急先鋒をかついだ飯守重任元裁判官（元鹿児島地裁所長）が学者として赴任した大学だからより記憶に残ったのかも知れない。

新潟では著名な憲法の学者と一緒に約１２００人が集まる報告集会などに招待された。主催者からこれだけの人が多数集まったことにも感謝され、会場からカンパが硬貨で約十万円あつまり、東京に帰る列車の中で、それが重かったことが阪口の記憶に残っている。当時の司法修習生の月の給与が2万数千円であったときである。

青森県では、県教組主催の「教育と司法の反動を許さない」という集会が青森、弘前、八戸、十和田などの5か所で連続講演会を開催して、司法の問題を訴える場がもたれた。

阪口君の全国行脚は同期生も同伴するところが多かったが、最終的に36都道府県に及んだ。

各地の集会はいずれも会場に立見席がでるほど非常な盛り上がりがあり、主催者も、阪口自身も激励された。

また支援の手紙が、阪口の大阪府岸和田の実家、松戸寮、東京弁護士会、青法協本部などに次々と届いた。

貧しい高齢の方が硬貨のカンパを同封してきたケースとか、日本に滞在中のアメリカ人からも「日本の裁判所はどこへ行ってしまうのですか」とたどたどしい日本語で書いた手紙なども送られた。阪口は、これらの激励の手紙、電報などを、保管してくれていた人から、2年後の弁護士になった時に全て引き渡されたが、その数は、６００通から７００通に達していた。

阪口君は、「これは大切な財産」と考え、引っ越しのたびに、これを持って回った。

全国行脚は罷免された年の終わりごろまで続いたが、翌年に入ると運動も少し沈静化したのか、各地からの講演要請は少なくなった。大学の新入生が入る、4月、5月は大学の学生集会がかなり開催され、各地を飛び回った記憶があるが、その夏には、阪口自身の全国行脚は事実上なくなった。

4 法曹資格回復—なぜ実現できたか

(一) 法曹資格回復を実現（事実上の罷免の撤回）

阪口君は1973年1月31日、修習生の再採用が決められ、4月16日司法研修所を卒業し、同日法曹資格を回復した。

石田和外最高裁長官は、処分の日（71年4月5日）、公邸に抗議の電話をかけた一人の弁護士に「わたくしは日本と日本人を守るために罷免処分をした」と述べ、同年10月28日には大阪の記者会見で「(阪口君らの）救済についても、今のところなんにも考えていないし、将来も考えていない」と述べている。

罷免処分を決めた最高裁裁判官会議をリードした長官がこのような強い意思を表明したにもかかわらず、この決定を2年で事実上覆したことは、重要な出来事である。なぜこれが実現できたのか。その要因を確認し、記録しておくことは意味あることと考える。任官拒否、再任拒否の事前、事後の運動、最高裁裁判官の国民審査、罷免をめぐる事実関係と批判の声、同期と法律家の連帯など、少し詳細にわたるが大切なことなので以下に記しておきたい。

(2) 任官拒否・再任拒否を許してはならないとする声が広がっていたこと

(1) 司法の危機のなかで広がってきた、修習生運動、法律家運動と市民運動。

すでに述べたように、１９６９年から70年にかけて、司法の危機は、一気に強まった。

とりわけ、平賀書簡事件以来、青法協会員裁判官への脱退工作が強まり、最高裁事務総局に勤務する会員裁判官10名全員の退会、22期の任官拒否、石田最高裁長官談話と続くなかで、71年4月には、23期修習生から大量の任官拒否がされるのではないか、再任の時期を迎える13期から青法協加盟を理由とする再任拒否が行われるのではないか、との危機感が拡がっていった。

8月1日、石田長官辞任を要求する法律家署名運動が開始され、10月1日までに２２０８名を集め、同日、裁判の独立を求める法律家集会が開かれ翌10月2日に最高裁に署名は提出された。この動きは11月12日の裁判の独立を守る署名世話人会（代表神谷咸吉郎弁護士）結成の動きに結実した。この組織は71年3月に迫ってきている再任、任官拒否の動きに反対する署名運動を始めた。この年12月19日、日弁連臨時総会は、平賀書簡問題を逆手に取った青法協会員裁判官への、国会裁判官訴追委員会や最高裁の攻撃の姿勢を糾弾する決議を圧倒的多数の賛成で採択した。

23期司法修習生は、前述のように70年9月12日、任官差別、分離修習を許さぬ会を結成。５０７名の過半数、２５０名を超える人たちが参加して各実務修習地で活発に活動を継続した。

11月、後期修習が開始されると10組あったクラスで活発なクラス討論、夜は松戸の寮でも熱心な語り合いが続いた。そして、71年1月28日の23期修習生大会へと続く。1月28日の23期修習生大会では在籍者５０７名のうち4百数十名が参加して23期から任官拒否を出さないことを最高裁判所に求める修習生大会決議が行われた（注1）。また実務期に集めた任官拒否反対弁護士賛同署名を継続して、１００人を超える修習生が東京の法律事務所一軒一軒を訪ねて任官拒否反対を訴えた。主として弁護士が集めた再任拒否反対の署名は当時の弁護士登録者数８４７８名の4割に迫る３１７２名に達し、主として修習生が集めた任官拒否反対弁護士署名は3000名を超え、この二つの署名は、71年3月5日、神谷咸吉郎、江尻平八郎、奥野彦六、堀野紀各弁護士ほか23期修習生代表によって最高裁に提出された（注2）。また任官拒否、再任拒否を予測し反対する動きは修習生、法律家だけでなく市民、学生層にも拡がっていた。

裁判の独立を守る豊島、練馬の会、目黒世田谷の会、北・板橋の会、江東6区の会、足立の会、大田品川の会、杉並の会、中央千代田の会などに22期以上の若手弁護士が入り、市民に呼び掛けてこの問題に取り組む市民の会を作った。

この市民の会は全都的なネットワークを作り、それはのちに全都連と呼ばれた。

キャリア5年以内、17期から22期までの若手弁護士が各区の市民の会に入って活動した。このネットワークは組織より個人一人ひとりが立ち上がることを大切にしている特徴があった。そのことは後に阪口罷免、7名の大量の任官拒否が出されて世論が大きく盛り上がったときも従来の組織的な労働運動などの枠を超えて運動が拡がってゆく可能性にもつながっていった。

時期を同じくして、学生の中に司法問題への関心が拡がり、首都の大学、東大、一橋、東京女子大、中央大学などの中に裁判の独立を守る会が作られ、学内で弁護士を呼んで勉強会を開いたり、集会を行い関心を拡げた。こうした活動に参加する過程で法律家を志し、のちに弁護士や裁判官、法学研究者になった人たちも少なくない。

本来ならば最高裁や政府は平賀書簡問題による長沼訴訟への平賀健太裁判官の裁判干渉を問題にすべきであった。これを青法協会員の裁判官適格性の問題にすり替える福島裁判長への裁判官訴追、やがて同裁判官の10月の辞任表明まで追い込む動き（のちに激励と翻意を求める声に支えられて撤回）に反発して、

1970年代後半、司法の独立を求める国民の動きは活発化した。

それは前述した1970年12月19日の日弁連臨時総会決議や、各都道府県に労働組合、女性団体、知識人、野党などの参加する連絡会議を結成する動きに発展した。そして、12月21日、71年1月28日の総評、東京地評、総評弁護団、自由法曹団が開催する司法反動化阻止の大集会の動きにつながった。これは翌年の「司法の独立を守る国民連絡会議」の結成へと発展した。

（2）23期任官拒否、修習生罷免、13期再任拒否と運動の拡がり

こうした様々な取り組みにもかかわらず、71年3月及び4月、13期の宮本裁判官再任拒否、23期の7名任官拒否、阪口修習生罷免が強行された。他方、これまでの取り組みで市民の関心も高くなっており、こうした強行は、新聞各社の一面記事になり、テレビも連日のニュースで大きく報道し、人々の驚きと憤激を呼び、そうした動きを許さないとする取り組みは、一気に広がっていった。

特筆すべきは裁判官の動きである。宮本裁判官の勤務していた熊本では地裁、家裁、簡裁裁判官の過半数をこえる29名の裁判官が同裁判官の再任を要望する文書を最高裁に提出したのをはじめ、5月25日には全国515名の裁判官が同趣旨の要望書を提出したと報道された（同日付毎日新聞）。

5月8日に日弁連臨時総会が開かれ、再任任官、任官拒否、阪口罷免をめぐり最高裁を糾弾する決議が圧倒的多数で可決された。

市民運動では東京各区で、集会にもデモにも一度も参加したことがないという保母さん、看護師さん、教師、国鉄労働者、郵政労働者や若手弁護士が前述の市民連絡会に多数集まり、7月4日にはこれらの動きをつなぐ裁判の独立を守る全都連絡会（全都連）が結成され集会を開いた。

6月22日には大内兵衛、我妻栄、吉野源三郎ら学者文化人154名が連名で「司法の危機に際し、国民に訴う」とのアピールを発表。これを受けて、1971年9月11日「司法の独立と日本の民主主義を考える国民の集い」が東京九段会館で開かれ、1600名が参加し、ここにおいて総評、東京地評、青法協、総評（現労働）弁護団、自由法曹団などの法律家団体、婦人有権者同盟などの女性団体、が参加して司法の独立を守る連絡会議が結成された。全都連はオブザーバーとして参加した。政党としては社会党、共産党、公明党が参加している。この前後、各県に同種の組織が誕生し、高知、京都、大阪、富山、群馬、三重、鹿児島、岐阜などを含む20府県に連絡会議が結成された。

司法の独立を守る連絡会議は9月11日、幹事会で再任拒否、任官拒否、阪口罷免撤回を求める運動のほか、最高裁裁判官の国民審査で罷免票を多数組織する行動を決め、12月11日には代表者集会において国民審査で問題ある特定の裁判官に集中する方針を決めている。

この間、阪口と青法協議長佐々木秀典弁護士（当時）は全国30都府県を超える地域で開かれた市民、大学人の集会に出席して、任官拒否、修習生罷免の実態、司法と民主主義の危機的状況を訴えた。各地の集会では開催地で仕事をしている同期の弁護士、時には裁判官もこれらの集会を訪ねて阪口を気遣う言葉をかけたりした。

1972年4月8日、23期弁護士は336名の連名で最高裁に阪口の資格回復を求める署名を提出した。同年5月20日、日弁連定時総会は宮本再任拒否、23期7名の任官拒否撤回、阪口法曹資格回復を求める発議請求に基づく決議を圧倒的多数で採決した。

（3）最高裁判所裁判官国民審査で×をつける運動に結実

再任拒否、任官拒否、罷免事件は、「司法」という国民から目が届きにくい場所とテーマに多くの国民の関心を呼びおこした。

「司法の独立と民主主義を守る国民連絡会議」や各県に結成された県民連絡会議を中心とする国民審査に対する取組みは、全員×という呼びかけではなく、特に下田元外交官、岸盛一元最高裁事務総長に焦点をあてた運動に特色があった

1972年10月26日　司法の独立を守る国民連絡会議の全国代表者会議は、差し迫った12月10日に行われる総選挙の際実施される国民審査で次の行動をする方針を採択した。

連絡会議は沖縄返還に際して、駐米大使時代に、米軍の核兵器をそのまま容認し、核つきの本土復帰でもやむを得ないと発言した下田武三裁判官と、最高裁事務総長時代に青法協会員裁判官は裁判官として適格を欠くとの公式見解を発表し、会員裁判官の脱退工作をリードした岸盛一裁判官への罷免票を集中することとした。加えて国民審査投票に棄権の自由を認めるよう中央選管や地方選管に申し入れることを決めた。

現行の制度では、国民審査の投票用紙は国民審査投票の意思を確かめることなく、投票者全員に渡される。しかも×点をつけない投票は、すべて罷免反対票として数えられる。分からない、棄権という投票者の意思は表明できない。この制度上の問題点の改善を求めたのである。

前述の代表者会議と同じ日、国民連絡会議も主催団体に参加して、スト権奪還、最高裁七大事件勝利、反動裁判官罷免要求大集会を日比谷野外音楽堂で開き、2万人が参加している。

連絡会議では大量の宣伝をする方針も決められた。パンフ、ビラ、ポスター、街頭行動など多面的に行われた。これを受けて、連日、数多くの人たちから、法律家団体に「国民審査の重要性をはじめて知った。自分も積極的に取り組みたい」、「審査される裁判官についてもっと詳しい資料を教えて欲し

い」等々、激励や要望の電話が相ついだという。

司法の危機に対する国民的関心の拡がりとこうした組織的な取り組みが結びついて、国民審査については、投票総数、４９８７万８１７２、投票率67・61％。罷免を可とする投票は12・95％と、制度はじまって以来の最高比率を示した。従前はせいぜい５％前後であったのが、この回は個人別では、下田武三裁判官の15・17％は国民審査史上最高で、岸盛一裁判官の14・59％がこれに続いた。

沖縄県民の国民審査投票行動は注目すべきであろう。７裁判官とも罷免を可とする票が約34％強を占め、とくに下田裁判官は39・５％に達した。国頭村、城辺町、北中城村、与那原町、仲里村、恩納村では当時国民審査の対象となった７名の裁判官すべてに罷免票を投じた人たちが５割を超えた。つまり罷免が可とされたのである（注３）。

このほか東京、神奈川、大阪、京都など大都市地域では、岸盛一、下田武三裁判官に対して罷免を可とするものは20％前後を示した（府県別の罷免要求率については注４を参照してください）。

このような結果は、一連の司法反動に対する国民の批判の高まりと国民審査に対する取組みの成果であった。

１９７３年１月31日、最高裁裁判官会議（石田和外長官）は阪口君を司法修習生として再採用するとの決定をした。この決定は、罷免処分は撤回しないが、阪口君の法曹資格を回復するというものである。73年４月16日、阪口は23期の卒業より二年遅れて研修所を卒業し、法曹資格を回復し、弁護士として実務を開始することとなった。

(三)　２年という短期間に法曹資格を回復できた要因

未だかつてない、多数の人々が司法と民主主義の現状に危機感をもち、自分たちの将来にかかわることとして「司法はこれでいいのか」という疑問と憤りを抱き、自発的な行動に立ち上がり、国民審査でも歴史上まれにみる最高裁批判票を投じた。この事実は「阪口は戻さない」と固い意思表明をした司法官僚石田和外裁判官ほか最高裁の裁判官たちの判断に大きな影響を与えている。

そして、何よりも、罷免の根拠とされた研修所卒業式における阪口の行動をめぐる重大な事実誤認は、真実や公正をいのちとする裁判所としては、致命的な問題であり、罷免が過酷に過ぎることは万人の目に明らかであった。

弁護士会を中心とする法曹は最高裁判所が罷免の根拠として挙げた事実認定のあやまりに、道理をもって厳しい批判を加えた（後掲　資料編　東京弁護士会司法制度臨時措置委員会作成「阪口司法修習生罷免処分実態調査報告書」参照）。

罷免処分当日、司法研修所の教官会議では無記名投票が行われたが罷免処分は行うべきではないとの意見が過半数を占めたとの情報もあった（注5）。教官たちも現場の目撃者である。公正な事実認定をなすべき裁判所の最上級機関が衆人環視の下で起こった出来事をあやまって事実認定し、しかも過酷に過ぎる処分を行ったのである。そのまま放置することは、司法への信頼をさらに失わせる道を突き進んでいくこととなる。石田和外裁判官を含む司法官僚に、資格回復以外に選択肢のないことを突き付けていったのである。

さらに大切なことがある。

この出来事は一人の修習生に過酷な試練を強いたが、同期の友人たち、弁護士、弁護士会、国民運動に参加する人々はこれをわがこととして受け止め、阪口が戻るまで問題を忘れなかった。世論に訴え続け、物心両面で阪口を誠実に支えた。

阪口はこれに応えて、資格回復まで、自分は間違った行動をしていないとして初心を貫いた。

こうした総合力の結果として阪口徳雄君の法曹資格回復が獲得されたのである。

注

注1　1971年2月15日付「青年法律家」2ページ
注2　1971年3月20日付「青年法律家」1ページ
注3　西川伸一　最高裁裁判官国民審査と沖縄県の場合　政経論叢　32号　2011年4月号33ページ
注4　岸盛一裁判官　東京（18・54％）、神奈川（20・69％）、京都府（21・27％）、大阪府（18・61％）
下田武三裁判官　東京（19・47％）、神奈川（18・01％）、京都府（21・27％）、大阪府（18・61％）
＊個別裁判官の罷免要求率の数字は西川伸一教授が本書編集部に提供された自治省選挙部発行「衆議院議員総選挙　最高裁判所裁判官国民審査結果調べ」（昭和48年3月31日発行）の資料により計算した。
注5　1971年4月12日号「青年法律家」1ページ最下段

第二章　群像——1971年春

本田雅和

本章はジャーナリスト本田雅和が23期の法曹17人へのインタビュー（2020年8月～2021年1月）に基き、執筆したもので、肩書きや年齢はすべて当時、敬称略とした。

【0】1971年4月5日（註・原点としてのゼロ）

阪口徳雄　弁護士

さかぐち・とくお　1942年12月5日生まれ

「任官拒否された人たちの話も聞いてほしい」。裁判官志望の司法修習生への任官拒否が相次いでいた1971年4月5日の司法修習終了式。同僚のために、挙手してそう発言しただけで、その日のうちに修習生を罷免された阪口徳雄（77）。弁護士として、ようやく社会に船出する——その出発点になるはずだった記念の日に、その資格を奪われてしまった阪口の胸に去来したものは何だったのか？

大阪近郊・岸和田の「決して裕福ではない」果樹農家の8人きょうだいの末っ子として生まれ育った阪口にとっては、年の離れた兄2人が弁護士になっていたこともあり、弁護士という職業は少年時代からのあこがれの仕事でもあった。

しかも、司法研修所長の挨拶が始まるや挙手して質問することは、何も阪口個人の思いつきでの発言や行動ではなく、５００人を超える23期の法曹の卵たちの多数が参加して、「司法の独立を侵害するような大量の任官拒否を許しておいていいのか」「思想弾圧ともいえる青法協攻撃に司法修習生として何も言わないでいいのか」等々と、何時間もかけて議論に議論を重ね、クラス委員長となった阪口が代表して質すことが決められていた。いわば機関決定による行動だったのだ。

しかも、阪口個人としては、議論の中でも、終了式において「挙手して発言する」という戦術には反対だった。「より大きな処分や弾圧を招くのではないか。危ない」との懸念があったからだ。そして現実は、その通りの結果が生来してしまった。阪口自身は今も、「いや、それでも最後の決断は僕自身がしたのだから」と、あくまで自己の責任として引き受ける潔い考えを明確にしている。

終了式のあった4月5日は、23期修習生たちの多くにとっては「人生で最も長い日」だったかもしれない。研修所当局側の閉会宣言による混乱の中で式が中断されたあと、全員が待機を指示され、その間に阪口以外には修了証や給与が支払われた。一部の者は最高裁に抗議に行き、一部の者は関係者に連絡を取って「司法研修所でいま何が起きているか」を訴えながら、ひたすら待った。

一方で、所長は最高裁にお伺いをたてに行き、教官らは断続的に会議を開いていた。阪口が所長らに呼ばれたのは午後8時ごろ。同期の仲間たちが待機する講堂に現れた阪口は「処分が出ました。罷免」と読み上げた。「ひどい」という声とともに女性修習生の「ぎゃあー」という悲鳴と叫びが響いたのが、今も阪口の耳朶に残る。さらに深夜になって東京弁護士会の講堂で開かれた弁護士の集会で、報告に立った阪口は「自分は間違ったことはしていない……（ただ自分を待っている）母が……」とまで言って絶句してしまい、自然とほおに涙が伝った。当時、来場していたマスコミは、そこばかりを書きたてた。

悔しかった。

が、同時に、「修習生が終了式の発言で罷免される」との報道がテレビ、新聞などで大きく取り上げられるや、全国からの抗議や阪口への激励が巻き起こり、阪口は全国講演の行脚に出ることになる。71年4月17日の東京新聞には、「罷免の阪口さん　抗議の旅」という見出しで――「国民に事実の報告」で毎日のように全国各地の集会に出席していく阪口の姿が報告されている。

「5日から14日までの間に、各地の集会に参加して報告した回数は30回にのぼる」とあり、運動の広がりが早く、大きく、阪口個人に、くよくよと落ち込み、悩んでいる暇を与えてくれなかったようだ。

更に14日夜の「裁判の独立を守る豊島・練馬の会」主催の「裁判所の内部で何が行われているか」との報告集会に始まり、15日午後1時に東京都立大の集会、午後2時半に全学連集会に、同3時に第2東京弁護士会での事情聴取。同6時半には25期の司法修習生と松戸市民会館に駆け付けている。19日は千葉、20日からは関西方面を回り、福岡、仙台、札幌と各地に足を伸ばし、「東京に戻る日も解らず」と記事は述べている。それだけ、全国各地から「実情報告」の要請が続いていたのだ。

支援の手紙も「阪口さんの住所（居場所）が分からず」と、大阪・岸和田の実家、司法研修所松戸寮、東京弁護士会、青法協本部などに50通あまり……。「貧しい老人」がカンパを同封してきたケースや、滞在中の米国人から「日本の裁判所はどこへ行ってしまうのですか」とたどたどしい日本語で書いた手紙なども送られてきたことも紹介されている。そんな手紙が、罷免1カ月後には、合計600通～700通代にまで増えたことが、反響の広がりと大きさを示している。

一方で、多くの同期生は修習終了時に、いわゆる「イソ弁」となる最初の所属事務所＝就職先を決めていたが、特に阪口と親しかった仲間たちの中には、「茫然自失」して翌日からの自分の行動さえ、決められなかった者も少なからずいた。任官拒否された加藤芳文、安養寺竜彦、持田穣は、その後1年余り弁護士登録もせず、阪口との全国行脚に参加した。

激励が続いていた阪口にとっても、それから法曹資格復活が決まるまでの2年間は、「何の地位も保障されない宙ぶらりんの不安」の中で、自分の将来に何の展望ももてない最も厳しい日々であったことは事実だ。

最高裁長官だった石田和外の「阪口修習生の救済の可能性は現在も将来もありえない」などの発言が、その年の秋には新聞報道されたこともある。

ただ、阪口を罷免した最高裁の人事体制に対する反発と非難は今の時代からは考えられないほど大きく、燎原の火のごとく全国に広がっている。阪口への講演、集会出席要請は、各地の市民団体、労働団体、教職員団体、弁護士会などだけではなかった。参加した集会は全国36都道府県、400ヵ所以上に及んだ。

「もし、阪口罷免事件がなく、別の人生を歩んでいたら決して味わえないような、草の根の人々の温かさを実感することができた」と阪口は今も感謝する。

「新潟で憲法学者の小林直樹先生と講演したとき、集まった市民のカンパは10万円余りにもなった。当時の大卒者の初任給が4万円弱。それも一人ひとりの労働者や主婦の集会参加者が、こんなことは許せないという怒りから差し出してくれた手持ちの小銭が中心なので硬貨ばかりで重かった」

東京への帰途、夜行列車に揺られながら、ずっしりと重いカンパ袋を胸に抱き、阪口の胸には熱いものがこみあげてきた。

朝日新聞の投書欄に継続的に投稿していた女性らが中心になった「草の実会」の中心メンバーから、東京・山の手の閑静な住宅街の邸宅に招かれたこともあった。阪口が多く交流してきた労働者階級や市民の貧しい人々とは全く異なる、豊かな生活をしている人たちだったが、みな全員が熱心に共感を持って阪口の話に聞き入り、権力の横暴への怒りを示してくれた。ありがたかった。広範な市民の多様性というものを学んだ。

「権力と闘うときは、頭でっかちのイデオロギーではなく、皆が認めざるを得ない事実から、けんかしていく」。のちに森友事件での公文書開示請求や株主オンブズマンとして、大企業や行政と事を構えるときの弁護士・阪口徳雄のモットーは、この時期に大きく培われたと言っていいだろう。

半世紀前のこの弾圧事件は、同期の23期司法修習生たちのその後の生き方に様々な影を落とすとともに、彼ら彼女らのその後の法曹人生に様々な重い意味を与えている。阪口自身も多くの関係者の尽力のおかげで資格が回復したことについて、感謝し、弁護士になれた暁には「国民のための社会派弁護士をめざす」と胸に刻み込んだ。

阪口罷免事件は阪口個人の弁護士資格回復を求める闘いとしてだけでなく、司法の独立を守る運動としての、ひとつの地平を開いていったのだ。

◇　◇　◇

森友事件、背任に公文書の改ざん・隠蔽・毀棄、〝アベ友〟黒川検事長の定年延長、桜を見る会、アベノマスクの情報隠し……「権力の犯罪」が噴出し、尾を引いたままの2020年秋、阪口は「政府の文書管理のあり方を問う弁護士・研究者の会」を立ち上げた。

これらの不正、犯罪を告発し、民事・行政訴訟で暴いていく取り組みに、多くの23期生の法曹がつながり、協力している。

同会の発足にあたって阪口は語った。

「安倍政権になってから、政府の公文書がデタラメになり、それが菅政権になっても『継承』されている。真相は隠ぺいされたままである。しかし、そうさせてはならない。安倍前総理が国会で虚偽答弁を繰り返したことから、社会の関心は高い。明らかにならない事実を、私達は政府の公文書のあり方を問う訴訟という手段で追及することにした。法廷では曲がりなりにも答弁する必要があるからだ。

国を被告にする事件では、国の代理人である訟務検事らの劣化はひどい。訟務検事の中には裁判官で法務省に『出向』している者も多い。国の間違った言い分でも平気で主張する。事件を引き延ばす。同じ法律家とは思えない」

それでも、いや、だからこそ、阪口たちはつぶやき続け、「蟷螂《とうろう》之《の》斧《おの》」をふるい続けるのだ。半世紀前、彼らは「闘い続ける」ことで最高裁の罷免処分を事実上、撤回させた。その実績を胸に、ひるまない。

◇　◇　◇

次節以下では、司法修習生23期という時空をともにし、その後は実に多様な法曹活動を展開していった仲間たちの、多様な個性を紹介していく。

【1】苦難に駆け寄る

梓澤和幸　弁護士
あずさわ・かずゆき　1943年3月12日生まれ

梓澤和幸は23期司法修習生の中でも阪口の最も近くにいて、互いに大きな影響を与え合ってきた親しい友人の一人である。

「阪口が罷免されたときの、自分たちの悔しさの原点とは何なのか」。

その後の半世紀にわたる弁護士活動の中で、終生、自己をとらえ続けてきた疑問を、梓澤は今、解明しつつある。

日本近現代史の学究で特高警察の専門家、荻野富士夫・小樽商大名誉教授の協力も得て、「阪口をクビにした最高裁の長官だった」石田和外が戦後一貫して口を閉ざしていた戦前の裁判官としての記録を探し出した。石田は、戦前の治安維持法時代に東京地裁で予審判事を務めた。

梓澤は、石田が書いた予審終結決定や彼が右陪席を務めた刑事判決の写しを見つけた。石田裁判官は治安維持法に基づき、神格化された天皇を至上の価値におく国体の変革、資本主義社会の変革を研究し、実践する人々の「思想を裁く裁判官だった」実態に気づく。

「人間の思想を裁き、それを変えることを迫る思想判事としての活動でした。日本国憲法の時代になっても当時のことは一言も語らず封印してきた。彼に反省の言葉はありません。青法協裁判官が政府、自民党の意に染まぬ裁判をしているとのキャンペーンに呼応し、最高裁事務総局や各地の裁判所にいた青法協加盟裁判官の脱会圧力や再任拒否などを主導していったとみています」

「阪口罷免を決定したのは石田和外が議長を務めた最高裁裁判官会議です」。梓澤はここを強調する。治安維持法下で信念をつらぬこうとする人々の思想を裁いてきた石田裁判官が、新憲法の時代でも反省も自己変革もとげないまま司法官僚のトップに上り詰め、「司法の危機」を作り出す司令部をつとめたと梓澤は見る。特高警察、思想検事だけでなく裁判所にも、日本を戦争に導いた責任者はいたのだ。しかし、彼らの責任は戦後も問われなかった。司法界の戦前勢力がそのまま居座った。彼らが作り上げた司法官僚体制が、任官拒否や「阪口罷免事件」を引き起こしたと指摘する。

梓澤は群馬県桐生市で、内村鑑三の流れをくむ無教会主義キリスト教徒の家庭に生まれた。3歳上に兄・誠一がおり、戦局が悪化する中、梓澤が生まれてすぐ、父は千葉県佐倉市の連隊に召集される。母は乳幼児2人の子育てを託されたが、誠一は自宅前の防火用水槽の貯め水を口にして疫痢にかかり、幼い命は4歳の誕生日直前に昇天した。近所の内科医は裕福でもない女手だけの家に往診には来てくれず、伝手を頼って呼んでもらった遠くの医師が自転車で駆け付けたときには手遅れだった。兄の死は連隊入営中の父に電報で伝えられた。中隊本部に呼び出された父は、電文を聞かされた瞬間、あおむけに卒倒したという。

梓澤が幼かった頃、母は夕暮れの渡良瀬川の河原に梓澤を連れていき、じっと川面を見ながら何かを考えていた。その寂しさの理由を知るのは小学校2、3年の頃だった。戦時下での兄の死を語り聞かせた。「誠一は亡くなる前、和ちゃんは？と言っていた」と、這いまわっていた弟を気遣っていたという。生きたいと思っていた子の心を思う母親の悲嘆を梓澤は胸に刻みつけた。

父は、軍隊で古参兵によく殴られたことも笑い話にして子に語るようなひょうきんなところもある人だったが、30代になった梓澤が2人の娘を連れて両親と海水浴に行ったとき、近くの店でかき氷を食べながら、その死んだ兄を動物園に連れていったことを、突然話しだした。孫を見て思い出したのかもしれない。そして直後に、ぼうだの涙を流しながら「かわいそうなことをした。かわいそうなことをした」と慟哭しだしたのだ。梓澤は言葉も差しはさめなかった。

父は戦後、「十字屋」という繊維専門店チェーンストアの創業者の一人となり、自民党支持のいわゆる「旦那衆」だったが、梓澤が大学時代、ポラリス・ミサイル搭載潜水艦寄港反対運動に取り組んだときには、学生運動には無理解だったその父が、1人で200人分もの署名を集めてくれたことがある。父にとって戦争とは、兄・誠一の死と分かちがたい忌まわしいものであり、その反戦の思いは党派やイデオロギーとは関係のない、命を奪うものへの怒りであることを覚った梓澤は、衝撃を受けた。自らの反戦運動がいかに観念的かと思い知った瞬間だった。

少年時代の梓澤は、父の転勤に伴い、家族は桐生から水戸、浦和へと転居した。水戸市立二中の1年のとき、父親に連れられて見た映画「真昼の暗黒」（今井正監督、1956年公開）が今も記憶に残る。

山口県の瀬戸内海に面する村で起きた強盗殺人事件で起訴された4被告がのちに最高裁で無罪となった「八海事件」をテーマにした作品で、原作は事件を担当した故・正木ひろし弁護士。当時はまだ広島高裁で全員が有罪判決を受けた直後だったが、映画の最後で、被告の一人が「おかあさん、まだ最高裁がある、最高裁があるんだ」と叫ぶシーンは梓澤少年の胸に焼き付いた。

「このとき初めて弁護士という仕事があり、司法が人間を救うことができることを知った」。松川事件の救援運動も広がり、母に連れられて上京し、大衆演劇である新国劇を見た。主役の役者が演ずる、ともに同事件の主任弁護人を務めた岡林辰雄、大塚一男弁護士の姿も印象的だった。

浦和高校から一浪して一橋大法学部に入った梓澤は、60年安保闘争の挫折感が残るキャンパスで、入学直後から学生運動の洗礼を受けた。2年生で自治会委員長に就任、3年生で学生自治会の全国組織、再建全学連の執行委員から委員長代行になっていた。

学生運動に没頭し、授業にもほとんど出られなかった。

卒業を前に留年を決め、司法試験の受験勉強に専念した。司法試験浪人2年目で合格した梓澤は23期の司法修習生として阪口らと同期となったが、この時点で梓澤は青法協会員（司法修習生部会）となっていた。

1期前の22期の裁判官志望者3人が既に任官拒否されており、23期では強硬派の石田和外長官の下で大量拒否者が出るのではないかとの厳しい観測も流れていた。青法協会員の枠を超えて500人の修習生のうち250人を超える「任官拒否を許さぬ会」が結成され、任官拒否に反対する運動は広がっていた。

そうした経緯の中で阪口罷免事件を迎える。その日の昼間は最高裁に抗議の行進が行われた。梓澤はその行進の最前列にいた。

「罷免」は梓澤にとっても「想定外の衝撃」だった。

修習終了後は東京・北区にある法律事務所に就職を決めてはいたが、「阪口が本来の仕事をできていないのになぜ阪口の当日の行動を決めた俺たちが弁護士の仕事をできるのか」と「仕事をやること自体に罪の意識」を感じ、当初はきちんと出勤できずに新宿・下落合にあった阪口の下宿に泊まりに行ったりしていた。

朝、地下鉄東西線落合駅そばの定食屋でガラス戸からおかず皿を2人分出して飯を食った。下宿に戻り、「梓澤、おまえ（法律）事務所行け」という阪口に「俺だけ行けるか」と梓澤が反論すると、阪口からは「頼むから行ってくれえ」という悲痛な叫びがあがったこともある。

梓澤らは一般市民の間に任官拒否、阪口罷免を含む司法問題を広めようと地域に市民支援団体を組織しようとしていたが、先輩弁護士らの一部からはなかなか理解を得られなかった。当時は、支援する弁護士団体や市民、労働団体の中にも、阪口や梓澤ら23期の抗議行動を「過激行動主義」とか「左翼冒険主義」と非難する人たちもいた。

それだけに阪口再採用のニュースが流れたときは「人生で一番つらい時代を抜けた感じだった」という。阪口罷免後の2年間、梓澤は「弁護士の出発時点から、いきなり『あすが見えない争議団』に投げ込まれたような時間だった」とふりかえる。しかし、同時に、その2年間で「一番大変なときに、一番大変な思いをしている人に、どういう言葉をかけ、どういう視線を向け、どういう対応をするかということで人間が決まる、と学んだ。属している組織によってではなく、人として互いにどういう関係を結んでいくかが一番大事だということを学んだ」と語る。

【2】「珍訴奇訴」で挑む闘い

井上善雄　弁護士
いのうえ・よしお　1946年7月13日生まれ

広島生まれ、大阪育ちの井上善雄は、阪口と連携する「大阪グループ」の弁護士の一人だ。1980年には全国に先駆けて大阪で市民オンブズマン活動を始めた提唱者として、1990年からは全国オンブズマン大会に関わっている。

西淀川大気汚染などの公害問題や消費者被害問題のほか、官官接待・談合・議員政務調査費の不正利用問題にも取り組んできた。「近鉄特急料金の一方的値上げを認めた大阪陸運局長の認可は違法だ」として認可取り消しと通勤利用者への損害賠償を求めた訴訟や、路上の自動販売機の撤去要求訴訟など、関西の法曹界でも「珍訴奇訴のアイデア弁護士」として一目置かれている。

事実上困難に見える裁判も法的正当性があれば果敢に取り組んでいく、という闘い方の知恵、チャレンジ精神の源流は、やはり疾風怒濤の司法修習生時代に培われたようだ。

井上が京大法学部に入学した1960年代後半は学生運動が吹き荒れた時代ではあったが、井上自身はそこに完全にはのめりこめなかった。学生時代は司法試験合格を第一目標にし、4年生時に現役合格を果たした。井上が司法修習生になった69年春は、最高裁による青法協への攻撃が露骨になりつつあった時期だ。これに「思想差別だ」と反発を深めた井上は、千葉県松戸市の修習生寮に入寮直後から、既に青法協修習生部会へのオルグ側にいた。修習期間前期の1年目に、「クラス連絡委員会」という自治会組織を立ち上げ、井上自ら委員長になっていた。

「年配で苦労人や妻子がいる修習生も珍しくなかった同期生の中では、最も若い部類の一人」だった井上は、「まだ学生気分が抜けず、不当なものに対して教官らに学生並みの要求をしていた」とふりかえる。大学も司法試験も浪人なしにストレートで進んできた井上にとって、週末にあった青法協主催の公害現場の視察や労働者との交流会、学習会は社会勉強の場として学ぶべきものも多かった。司法研修所の実務研修よりも「寮生活と青法協活動で学んだこと」の方が多かった。

そんな中、研修2年目、ますます青法協や青法協シンパを含む青法協的活動への攻撃が強まった後期のクラス連絡委員会の委員長には、やはり若手のリーダーである阪口が選ばれた。

71年4月の終了式は、前の方に座っていた井上にとっては、「混乱」などというものとは程遠く、「あっという間に終わってしまった」ものだった。打ち合わせ通り、研修所長の話が始まると阪口が手をあげて発言し、皆から「聞こえない」「前へ行け」と言われて進み出た阪口が「極めて礼儀正しくお辞儀をしてマイクを取り、話だしたとたんに終了宣言されて終わってしまったのだから」と井上はふりかえる。

昼間の待機させられている間は仲間とともに最高裁に抗議に行ったりしていたが、夜になって阪口罷免を知らされるや、虚を突かれたように「初めはポカン」、次にショックが襲った。「なんでこれが罷免やねん。最高裁はここまで邪悪なのか」。あまりの不当に怒りが湧いてくるのに時間がかかったぐらいだった。

あの事件のことを考えると、今も苦しい。

「だって阪口さんにしてみれば、みんなから背中押されて前へ出たらクビになったんだから……。彼はその後、よく辛抱された。

石田和外が運転する暴走トラックに、はねられた感じがする」というのだ。

当時も法的にはいろんなことを考えた。修習を終えているのだから、もはや修習生の身分はなく、罷免は無効ではないか、との論もあったが、やはり行政処分だったろうとは思う。しかし、処分権の濫用ではないか、その前に「修了式を混乱させた」などという事実誤認もあるのではないか、そもそも最高裁への報告が正しくなされていたのか――法律家として当時思い巡らせた疑問は、半世紀後の今も変わらない。

「石田和外はメンツばっかり考えて阪口罷免を強行してきたし、まるで『鉄の最高裁』を誇っているようだった。だから、僕は弁護士になって『まだ最高裁がある』なんていうセリフを正直、よう言わんのだ」と吐露する。

もちろん、刑事司法で最高裁まで闘わざるを得ない事件は多いし、最高裁の壁は厚くても、「門は叩き続けなければならない」とは思うが……。

そんな中、一見勝てそうもない行政訴訟にも数多く取り組んできた井上は、日本の裁判には救いもある、という。いったん提訴すれば、形式的には相手が国であろうが大企業であろうが、公開の法廷で対等に主張が展開でき、裁判所も聞いてくれる。情報公開請求できる。スピーチができる。メディアにも訴えて協力を求め、社会問題にして社会を変えていくことができるのだ。

【3】政治機関に堕した最高裁。政治から変える

宇都宮健児　弁護士

うつのみや・けんじ　1946年12月1日生まれ

「反貧困」を掲げて闘い続ける政治家であり、元日弁連会長の宇都宮健児もまた、多様な23期の法曹たちの一人である。

小池百合子・東京都知事の新自由主義的な独裁都政に異議を唱えた2020年7月の東京都知事選をはじめ、過去3回の都知事選に脱原発、福祉の充実、格差是正、五輪招致反対やカジノ誘致反対などの政策を掲げて立候補し、3回とも次点2位となり、善戦。これを選対本部長として支えたのが23期の中山武敏弁護士だ。同期の児玉勇二、梓澤和幸両弁護士らも応援演説や裏方仕事に駆け付けた。

宇野宮は四国の西の端、今は愛媛県西予市に位置する半農半漁の200戸ほどの小さな集落、明浜町田之浜で生まれ、小学校3年生までそこで過ごした。その後、一家は開拓農民として大分県の国東半島の山奥に転居し、森を切り開いて畑にしていった。のちにミカン農家となっていくが、宇都宮の少年時代は貧しい日々が続き、長男だった宇都宮をはじめ2人の妹も含めて家族みんなで働き、生計を支えた。

宇都宮は勉強はできたため、中学校は母の実家があった熊本市内の中学校に進学。当初の夢はプロ野球選手で、「早くカネもうけをして親に楽をさせたい」と考えたが、身体も小さく、野球部に入っても

1年で挫折。「勉強でがんばるしかなかった」。熊本高校に進学して東大をめざし、現役で合格した。

入ったのは法学部に進める東大文科1類だったが、入学当初は弁護士という職業があることさえ知らない「世間知らず」。エリート官僚か銀行や大企業への就職を漠然と考えていた。しかし、入った駒場寮で学生運動の洗礼を受け、高校時代から続けていた卓球部の活動に参加するなかで、同部と同じ学生会館にあった部落解放運動の研究会に出入りするようになり、部落差別の実態や筑豊の炭鉱労働者の子どもたちの現状を学び始めた。

一方で自分の子ども時代の貧困を思い起こすと、学生運動の活動家たちには「本当に貧困を知らないお坊ちゃんが多く、しっくりこなかった」とふりかえる。

そんなとき、寮の先輩から「上司に命じられることなく、自分が学ぶ法の知識を生かして弱者を救える弁護士の仕事」を教えられ、すぐに決心した。目標を決めれば邁進するタイプの宇都宮は、東大闘争の盛り上がりに合わせるように授業もなくなっていく学内で、司法試験の猛勉強に専念。在学中の4年生の秋には合格した。しかし、当時は東大紛争も最盛期で、4年生の卒業試験もできずに卒業が遅れることは必至。司法修習生になれば給与が出ることも知った宇都宮は、「東大卒」の肩書きには未練もなく、中退して23期修習生として研修所に入った。

70年安保闘争の前夜で「政治の季節」。研修所も「嵐の時代」だった。既に22期で弁護士任官志望者の青法協会員ら3人が任官拒否されており、23期でも拒否者が出ることは確実視されていた。大学紛争で卒業の遅れる東大生だけのための「特別待遇」として企図された「司法研修所7月入所問題」への反対運動も起きていた。

宇都宮自身は青法協会員ではなかったが、「任官差別を許さぬ会」という青法協シンパにあたる周辺グループに属していた。青法協会員として闘う仲間を、人間的にも敬愛していた。「人間的に立派で、ぜひ裁判官になってほしい人たちばかりが任官を拒否されていたから、そういう差別が許せなかった。許さぬ会だけでも、当時500人余りの同期の中で300人余りはいたと思う。多数派だった」という。

1971年4月5日の終了式の日、宇都宮は会場の真ん中あたりにいた。宇都宮の印象は「大混乱などという感じではなかった」。ただ、「研修所当局は修習生らが抗議をする可能性は当然想定していた。それに備えていたからこそ、阪口君が発言したとたんに、ただちに終了を宣言したのだと思う。シナリオができていたのではないか」と今も疑っている。

その後、修習生の待機が続く時間帯に、宇都宮たちは東京弁護士会で開かれた集会に参加し、先輩弁護士たちに事態を報告するとともに「とにかく阪口に修了証が出るまで皆も修了証の受け取りを拒否しよう」という戦術なども話し合ったことを記憶している。

しかし、そんな宇都宮も阪口の罷免までは予想していなかった。「怒りが湧いてきました。社会の入り口に立ったその時に、権力のパンチを食らったようなものです」。が、同時に「国家の冷酷さと闘うのは並大抵のものではない」ということも学んだ。

「最高裁というのは極めて政治的な機関だ」ということは、宇都宮の法曹人生の一つの結論でもある。のちに日弁連会長となって最高裁の幹部たちと付き合う機会ができた宇都宮は「特に最高裁長官というのは、すごく威張っていて自分のことを『えらい人物だ』と信じているようです。人間的にどうなのか、と思うほど戦前の高級官僚のように威張っているんです」と話す。「戦後の民主主義社会になっても、最も改革が立ち遅れた官僚の中の官僚システムの中で培われた態度」と分析している。

弁護士としての出発点で「同期の仲間の罷免」というトラウマを背負った宇都宮だが、実際の弁護士稼業においても「挫折の連続」だった。司法修習の修了後、先輩弁護士の事務所に「居候（いそうろう）」的に所属して見習い修行をする「イソ弁」期間は通常3～4年であることが多いが、宇都宮の場合、「人づきあいが下手で顧客が取れず、いつまでたっても仕事が入らず……」でイソ弁期間は12年に及び、その間に法律事務所を2度クビになっている。

ちょうどサラ金の高利、過剰融資、過酷取り立てが社会問題化したころで、通常の顧客がつかない宇都宮には、そうした相談や依頼が弁護士会などを通して回ってくることが多くなった。そして、いつの間にかサラ金・消費者金融の専門弁護士になっていく。

「もうからないが、人助けになっていることだけは確信できる仕事」で宇都宮はようやく生きがいを感じることができた。

サラ金・闇金から、格差拡大社会の中での当事者である派遣労働者や生活困窮フリーター、障害者、ホームレス、シングルマザーらと国会議員ら政治家を結び付ける「反貧困ネットワーク」の結成と代表就任（2007年7月）へ――と進んでいく。弁護士から政治家への道は、宇都宮にとって自然であり、必然だった。

そして今、阪口罷免事件後の半世紀をふりかえるとき、「司法研修所の中や裁判所の中での闘いも必要だが、その後の真の三権分立を求める民主主義運動や、司法改革を求める市民の運動に大きく発展させることができなかった」と運動の弱さを反省している。「広範な国民的市民的運動に包まれて闘わないと、司法システムの中だけの闘いでは弾き飛ばされてしまうと思う。まだまだ、日本ではそこができていない。阪口罷免撤回運動のあとが続いていない」というのだ。

政治を変えなきゃだめだ――弁護士・宇都宮の政治的挑戦はこれからも続く。

【4】「憲法が輝いていた時代」

大江洋一　弁護士
おおえ・よういち　1947年1月13日生まれ

「戦前回帰」のような刑法改悪の動きに対し、日弁連の委員会を拠点に、柔軟かつしたたかな反対運動を組織してきた大江洋一は、大阪弁護士会に所属し、秘密保全法阻止や個人情報保護の推進など、市民的権利の擁護と拡大にも尽力してきたことで知られる。

ブドウの栽培産地として有名な大阪府柏原市の出身で、父は市役所勤務の建築士だった。小中学校時代は「まじめな優等生タイプ」。府立八尾高校に進んだときも、将来については「ノーベル賞学者の湯川秀樹博士に憧れて、京大に行って物理学でもやりたいな、とぼんやりと考えていた」程度だった。それがそのうちに「なんとなく京大法学部」志望に転向。しかし、現役入学した直後の京大キャンパス内の生協書店で、偶然手にした一冊の本が大江の人生を変えることになる。

貧困の中から生活保護の実質を問うた「朝日訴訟」の原告、朝日茂さんの手記『人間裁判』だ。日中戦争に駆り出されて重い結核にかかった朝日さんは、戦後も岡山で療養を続けていた。当時の医療扶助と生活扶助だけでは「人間らしい生活ができない」と憲法25条の生存権を根拠に国を訴えた。その朝日さん本人が、死の床で綴った手記だった。

当時の通説は憲法の生存権規定は国の努力目標を書いた「プログラム規定」にすぎないというものだったが、一審の東京地裁は、原告勝訴の違憲判決を言い渡した。その浅沼武裁判長の言葉――「憲法を絵に描いた餅にしてはならない」に大江の心は大いに揺れた。当時のキャンパスでは学生運動が吹き荒れていたし、のめりこめないながらも「人々の役に立つ仕事をしたい」と考えていた大江は、この言葉に触発され、「裁判官になろう」と本格的に司法試験の準備を始めることになる。「あの頃は憲法が輝いていたんです」と大江はふり返る。

在学中の4年時に司法試験を突破。勇躍、期待を膨らませて上京し、司法研修所に入り、すぐに青法協に加入した。「憲法を守る。法曹として当たり前のことだし、入らない方が変なやつという感じで、修習生のうち過半数は青法協会員でした」。

そんな大江だが、修習1年目の夏に「平賀書簡」事件が起きた。自衛隊の違憲性が問われた長沼ナイキ訴訟を担当していた札幌地裁の福島重雄裁判長に、上司の地裁所長が違憲判決回避を促す手紙を送っていたことが明るみに出たのだ。朝日訴訟の違憲判決に感銘を受けて裁判官を志した大江を、絶望させるに十分な事件だった。青法協に対する露骨な思想差別攻撃も激化していた。

「こら、もうあかんわ。こんなとこ（裁判所）行ってもどうしようもない」とばかりに、弁護士志望への転向は早かった。

最高裁を頂点にした裁判所への大江の不信は、終了式での「阪口罷免」で頂点に達した。同期のクラス委員会代表の罷免は、予想さえできなかった大江にとって文字通り「青天の霹靂」だった。怒りを通り越し、「ここまでやるか、というえげつなさ、むごたらしさ。権力を持つ者が権力を濫用することの恐ろしさ」を体感した。まさに「法曹としての出だしで、醜悪な権力の洗礼を受け、いやがおうにも反骨精神を高めての出発だった」という。

法曹としての初期の活動は「阪口はどうしているか」という思いと切り離すことはできなかった。都心の法律事務所をまわり、先輩弁護士らに、最高裁への抗議署名を集めるのが、法曹実務家の卵の時代の最初の仕事となったのだ。そして労働事件や刑事事件に邁進した。

日弁連での活動の最初は「刑法改悪阻止」の委員会での取り組み。そこでの「成功体験」は国家秘密法反対、情報公開法制定問題、個人情報保護法制定へと活動の範囲が広がっていった。

情報公開法案の作成作業が本格化した1990年代後半には、日弁連情報公開・民訴法改正対策本部事務局長として、「法の骨抜き化」を図って抵抗する政府省庁と闘った。このとき最大の問題は、情報公開請求訴訟が東京一極集中になる恐れだった。地方に訴訟の管轄を認めさせることが喫緊の課題と察知した大江らは、東京選出以外の与党国会議員に「そんなことでいいんですか」と迫り、政府提案に対し「地方管轄」を認める修正をさせたことは、「特筆してもいい成果だった」と今でも自負している。

2000年代に入ると、日弁連個人情報保護問題対策本部長代行として、住基ネットの情報流出の危険性を指摘。「監視社会に歯止めをかけるために、ささやかな利便性を放棄すべきだ」と訴えた。「政府が個人の情報を一元的に管理することが、支配の道具として驚異的な機能を果たす危険を訴えた。そのこともあって住基ネットが政府の意図した成果を上げられなかったことから、さらに露骨なマイナンバーが進められている」。警鐘を鳴らす大江は、現在もなお、マイナンバー制度に抵抗する訴訟を担当する。

2014年には大阪弁護士会秘密保全法制対策大阪本部の本部長代行として、デモの先頭にも立った。

戦後民主主義の最盛期に少年・青年時代を過ごし、大学も司法試験もストレートで突破した大江に、ここまで「権力の横暴」に対する猜疑心を抱かせ、「行動の人」にしていった原点は、やはり「阪口罷免事件」だったのだ。

一方で、法律の実務家として日々の業務や弁護士会活動の中で考えを改めさせられたことも大きかった。

刑法改悪阻止などの課題は、大江が思い込んでいたような、「左翼の専売特許」では決してなく、むしろ、戦前の司法を体験していた長老的な「保守バリバリ」の弁護士が危機感を募らせていたことを知り、幅広い層との対話が運動を広げ、深め、効果をあげていくことの重要性も学んだ。

しかし、安倍政権が成立して以降、菅政権に引き継がれたこの10年足らずの間に社会は大きな構造変化をきたしてきたように思えてならない。共謀罪や秘密保護法、憲法解釈の骨抜き変更による戦争法＝安保法制の成立など、1970年代から曲がりなりにも自分たちが阻止してきた問題ある法体制が次々と強行的に成立されてしまった。時代の雰囲気が変化し、「カネもうけ」に替わる価値が見失われつつあるのではないか――との危惧は強くなるばかりだ。

時間はかかるが、「異見に耳を傾ける、多様性を認めあう寛容な社会」をめざし、地道な対話を続けていくしかない、と考えている。再び、「石田和外的なファシズム」を招来しないためにも……。

【5】言うべき時に言い、立つべき時に立つ

木村達也　弁護士
きむら・たつや　1944年4月29日生まれ

大阪でサラ金・クレジット問題をはじめ広く消費者問題の専門弁護士として活躍してきた木村達也もまた、同期の阪口徳雄の罷免事件を、「法曹活動の原点」として捉えてきた一人である。その後の人生で、「自己の責任を考え、自分の立ち位置を点検するための基点」という意味だ。

「言うべき時に言い、立つべき時に立つ」――この言葉は、木村が自らの生き方として課してきた信条だが、「嵐の23期」と呼ばれる司法修習時代に培われた精神そのものでもある。

現在の和歌山県紀の川市の「貧しい農村地帯」で少年時代を過ごした木村は、英語教師の父親から「お前は理屈っぽいから弁護士に向いている」と言われて育った。朝鮮戦争後の高度経済成長や安保闘争、ベトナム反戦運動など「政治の季節」の荒波にもまれながら青春時代を送った、まさに「戦後民主主義の申し子だった」と自覚している。

大阪市内の進学校、府立高津高校に入ると60年安保の真っ最中。クラスでは「高校生がデモに行くことの是非」などを議論し、行くことに決まると、「引率せなあかんって、先生がデモに一緒に付いてきてくれた」時代だった。

父の言葉通りに法学部をめざし、関西大学法学部に入学。卒業翌年の秋に司法試験に合格した。司法試験の勉強中は、弁護士の社会的使命は考えつつも、「一部上場企業顧問弁護士として優雅な暮らし」を夢見ていたことも否定はしない。が、その後の修習時代の最高裁による青法協攻撃、平賀書簡問題などに出会う中で、厳しい現実に真剣に向き合わされることになる。

「自分たちがこれから進んでいく司法界という世界がどういうものなのかを、真剣に考えさせられる出来事の数々だった」と、原点となった時代をふり返る。

地方の修習生が入る松戸寮に入寮すると、青法協のオルグが来て、仲間とともに毎週末のように、安中公害や四日市公害の現場などを訪問した。青法協の弁護士に付いて被害者から委任状をもらうのを隣で見学したりした。研修所での実務研修よりも、「弁護士の仕事の何たるか」の多くを学んだ。

しかし、少年時代から憧れていた法曹実務が「あすから始まる」という研修終了の、「ふつうなら夢ふくらむ」はずのその日に、同期の代表として立った阪口が目の前で罷免されたのだ。木村にとっては「ショックというより、言葉がない。想像を超えた出来事だった」。

「終了式で異議を述べるというのは皆で決めたことなのに、処分受けたのは彼一人だったのですから、そりゃあ複雑です」。仲間の一人を残して、自分たちだけが法曹として出発することに「うしろめたさでいっぱい」だった。同時に、この事件が、その後の23期の「同志」たちの結束を、より強固なものにしていったのも必然だった。その後も大きな訴訟や事件があると、23期の法曹たちは同期のネットワークでつながり、たちまちにして弁護団を組織していく機動力は、ことのほか強固だ。

1971年4月に、大阪弁護士会に登録した木村は、同期の井上善雄に誘われ、阪神高速道路公団・大阪泉北高架工事反対運動の弁護団に参加する。大阪郊外での工業都市化の進展とともに、光化学スモッグや大気汚染、河川汚濁などの公害問題が深刻化し、公害反対運動や住民運動が顕在化している時代だった。

その後、井上と木村は大阪弁護士会の消費者委員会で共に活動する仲間となり、さらに２００８年の夏季五輪誘致で大阪市と北京市が立候補して争う最中に「大阪オリンピックいらない連」を結成して五輪反対運動に取り組むなど、生涯の同志的関係を強めていく。

弁護士登録６年目に、市バス運転手のサラ金多重債務事件に出会ったことは、木村の人生を大きく変えていく。その経験をもとに15人の弁護士仲間で「サラ金問題研究会」を結成しており、それは「サラ金１１０番」の開設、全国初の「サラ金被害者の会」へとつながり、30年かけて全国80カ所で会を結成。台湾や韓国にも組織化のネットワークを広げた。

やがて「サラ金の木村」と呼ばれ、サラ金・クレジット問題の専門家として名をはせるまでになる。多重債務者の救済策として自己破産の申し立てを導入したのも木村らの功績だった。

そんな木村だが、若手法曹の最近の動向には一抹の不安を隠さない。木村が弁護士となった70年代、「弁護士は無冠の帝王だ」と誇らしく語る者も少なくなかった。「いかなる権威、権力、組織にも属さず、自主・独立の在野の法曹として民衆のために働く。時の政治権力、警察権力、大企業、経済界に向かってでも敢然と闘って正義を貫いてこそ弁護士なんだ、と先輩弁護士からも教えられてきた」と木村は語る。

しかし、現在の若い弁護士にその思想はほとんど見えず、「寄らば大樹の陰とばかりに、大事務所に就職することをめざし、『独立』といえば、金儲けのできる共同経営者（パートナー）を探すことがその目標となっているようだ」と嘆く。

司法の保守反動化に対する最近の弁護士会の「反応の鈍さ」「鈍感さ」についても、木村は懸念を強めている。「弁護士会の研修も今や実務研修が中心です。現場で苦労して頑張っている人たちの姿を見せて、感動して学んでこそ研修なのに、相続事件や離婚事件、交通事件をどうやるか、という目の前の実務のハウツーものばかりをやっている」「これで困難や貧困に苦しむ人々に寄り添う信念の弁護士は育つのか」と批判的だ。

木村は自らがよって立つ「原点」――言うべき時に言い、立つべき時に立つ――法曹にとっての「自由と独立」を伝える努力を、これからも、今からでも、少しでもしなければ、と思っている。

【6】信仰の自由のために統一協会と闘う

郷路征記　弁護士

ごうろ・まさき　1943年1月15日生まれ

30年以上にわたり「統一協会の伝道・教化課程は被勧誘者の思想・信条や信教の自由を侵害する違法なものだ」と訴えて裁判闘争を続けてきた郷路征記は、札幌を拠点に活動する23期の法曹である。

郷路は、蝦夷富士と呼ばれる羊蹄山を望む喜茂別町の鉄道員の長男として生まれ育った。父は「もともと小さな私鉄（のちに国鉄に移管される）の保線係で貧しい下層労働者」だった。父は戦後の行政整理で失職し、一家はその後、羊毛の加工・販売の家族経営を手がけるなど道内各地で苦労を続けるが、郷路は勉強が好きで中学3年でひとり釧路市内に下宿し、市立共栄中から道立釧路湖陵高校に進学。少年の頃の夢は「銀行員になって貧しい家計を助ける」だった。

高校時代の一時期、60年安保闘争で政治の息吹にふれ、右翼少年による浅沼稲次郎刺殺事件に大きな衝撃を受け、「社会の仕組みを勉強したい」と東北大学経済学部に入学した。「資本論」の難解さには「とても太刀打ちできない」という思いだったが、剰余価値論の最初で、「労働者に対する搾取の発生」が「貧困の原因」の説明として胸にストンと落ちた。大学2年生のときに親友に誘われ、日中友好運動から学生運動にのめり込むようなる。

4年生になっても就職活動に意欲はわかなかったが、北海道の銀行の面接を受けて内定をもらう。しかし、卒業直前の3月になって、「学生運動が原因」としか考えられない「内定取り消し」通知を受け取った。それからは、郷路にとって、「人生初の挫折」といってもいい日々だった。このとき初めて弁護士事務所の門をたたき、「弁護士という仕事」の中身を知った。相談結果は「内定段階の取り消しでは法廷闘争による権利回復は困難」というものだったと記憶している。

卒業後、悶々とした日々を抜け出せなかった夏、たまたま入った書店で手にした弁護士になるハウツー本で「これなら俺にできそうだ」「他に生きる道はない」と思い立ったという。

札幌で北大法学部の聴講生となり、司法試験をめざすことに。知人から紹介された大学院生から「君は経済学部出身なんだから実定法の理論をいきなり学ぶのではなく、法理論から学ぶのはどうか」と助言を受けた。遠回りのようだが、それは正解だった。所有権法の理論から民法、刑法へと進み、「長時間の座学が苦にならない」という生来の性格も功を奏し、68年秋には合格を果たした。

司法修習時代の青法協攻撃に対しては、同期の仲間と同じ思いで闘ったが、印象に残るのは札幌での実務修習。長沼ナイキ基地訴訟で自衛隊違憲判決を出した福島重雄裁判長が民事の指導教官だった。長沼訴訟は始まったばかりで、眼前で原告代理人らが堂々と繰り広げる「自衛隊違憲論」の迫力に刮目し、多くを学んだ。

「福島裁判長は重厚という言葉でしか表せないような人だった。平賀書簡問題が起き、のちに国による福島裁判長の忌避申し立てや裁判官訴追委員会開催へと発展していくが、そんな中での札幌地裁の裁判官室の重苦しい雰囲気は今でも忘れられない。忌避が申し立てられた日などは誰も話しかけずに沈黙が支配し、針一本落ちても皆がビクリとするほどの張りつめた静寂だった」と郷路はふりかえる。

当時は国主張の統治行為論が徐々に幅を効かせていく一方で、最高裁大法廷が都教組事件判決によって官公労のストライキを刑事罰から解放するなど司法の革新＝民主化への動きも拮抗していた。

しかし、22期の判事志望者3人への任官拒否や宮本康昭裁判官への再任拒否問題など、石田和外最高裁長官による強権支配が進行するなかで、郷路は「自分たちはどこまで闘えるだろうか。何が起きるか分からない」という不安と危機感を抱きつつ、実務修習を終え、後期修習の待つ東京に戻った。

修習終了式では、郷路は阪口よりやや後方に座っていた。挙手をして発言を求め、前方に進み出てマイクを取る所作も極めて礼儀正しく、「所長からマイクを受け取ったのではないか」と誤解するほどだった。

「だから、罷免までは予測していませんでした。大変なことになったと驚愕する一方で、これはいったい何なのかと、どこか夢の中の出来事のようで情緒が追いついてこなかった」と当時の気持ちを語る。

胸のつかえを覚えながらも、弁護士生活は、札幌の自由法曹団の先輩弁護士事務所に就職して始まった。最初に参加した全国的な仕事は、何とやはり長沼訴訟だった。内藤功、新井章両弁護士ら総評弁護団の中核メンバーが担っていた訴訟で、若き郷路が担当したのは、訴訟の肝である保安林解除問題と密接につながる長沼町の内水氾濫についての地元住民の証言を得るための尋問からだった。「憲法の法理論論争だけではだめで、自衛隊の実態や地元の水害の実態がそこに反映されなければならない」という考え方を学んだ。

法曹人生を変える統一協会問題との出合いは、1986年、法律事務所で臨時雇用していた女性事務員からの相談だった。母親が買わされた朝鮮人参茶などの名目代金5千万円分のうちの4千万の代価として土地・建物の権利証を奪われ、預金から一千万円を支払わされたが何とかしてほしい、というもの。返金請求の内容証明郵便を送ると、自宅に無言電話が来るようになり、協会側の担当者と怒鳴りあったりして家族まで怯えさせてしまったが、権利証は本人に直接返され、一千万円は札幌市内のホテルで現金で、銀行を通さずに輪ゴムで100万円単位でまとめた10束分として回収できた。

当時、郷路は日弁連が提唱していた国家秘密法制定反対運動にも取り組んでおり、同法制定を推進するスパイ防止法制定促進国民会議の中核部隊が世界基督教統一神霊協会（統一協会）であることを知っており、この勢力が日本の保守政治家らと結びついて組織を作り、運動を展開していることは民主主義に対する大きな危機だと感じていた。

そんな中で統一協会の学生組織、京大原理研究会の責任者だった京大卒業生が「両親や脱会支援者らによって札幌市内のアパートに拉致監禁されている」として協会側が人身保護請求を申し立てる事件が持ち込まれた。「そうしなければ洗脳された息子を脱会させることができない」という、法的には困難と思われる、両親の主張を受け、脱会者らの証言を集めた。郷路の「青春を返せ訴訟」の取り組みのスタートである。

まだマインド・コントロールという言葉も普及していない時代から、受講ノートやマニュアルなど大量の内部文書を通して裁判官の説得を試みた郷路の地道な取り組みが、「統一協会の伝道・教化活動の違法性」を裁判所に認めさせ、「対象者の信教の自由を侵すものだ」との判決を勝ち取るにいたっている。

そうした取り組みによって現在では「統一協会が信教の自由を侵害して人を隷属させ、奴隷にするというメカニズムを解明することができた」と郷路は自負する。統一協会をエセ宗教団体＝非宗教団体だと批判する論者も多いが、郷路は「宗教の要素を利用した経済的収奪組織」と定義しつつ、「超自然的な存在（＝神）を実感させる」という面から、やはり「宗教団体の一形態」と見る。

統一協会には「サタン側に奪われている主権を神側に復帰する」という宗教的目標があるため、「成功するかどうかは別にして、日本の反動的政治家と結びついて政治的な力の獲得を狙っているのではないか」と郷路は警戒を緩めない。

【7】現場の闘いから学ぶ

児玉勇二　弁護士・元裁判官
こだま・ゆうじ　1943年6月18日生まれ

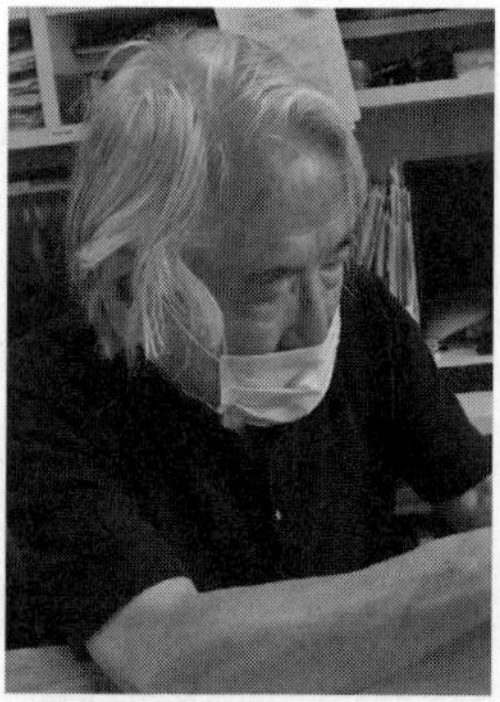

東京大空襲裁判弁護団副団長、安保法制違憲訴訟弁護団常任幹事、七生養護学校裁判弁護団長である児玉勇二は「子どもや障がい者の人権」問題の専門家であり、様々な戦後補償裁判、各地の平和を求める市民訴訟の支え手として活躍してきた。元裁判官でもある。

東京・浅草生まれの児玉は、1歳半のとき、1945年3月10日の東京大空襲に遭遇。「近くの防空壕に避難しようとして断られ、母は私をおんぶして兄の手をひき、遺体をまたぎながら逃げ惑った」との話を母親から聞いて育った。その防空壕は焼夷弾の直撃を受け、生還できた人はいなかったという。最初の防空壕に入っていたら、今の児玉弁護士は存在しなかったのだ。

小学校時代の同級生で親友だったY君は、中学1年で台東区の全中学校陸上競技大会に代表選手として出場し、疾走する精悍な姿が目に焼き付いているのに、中2になった12歳の夏に白血病で急死する。聞けば、終戦間際、疎開先の山口県長門市から広島にいた兄に会いに行った際、原爆投下直後の広島市内で入市被曝していた。まだ赤ん坊だったY君だが、母親におぶられて広島市内に入り、いわゆる「黒い雨」を浴びていたのだ。原爆の子の像のモデルとなり、12歳で亡くなった佐々木禎子さんと全く重なる運命だった。少年時代の衝撃的な親友喪失体験は、児玉にとって、長じて東京大空襲裁判や戦後補償訴訟などに取り組む原点にもなっている。

戦前から下町で小さな本屋を営んでいた一家は、戦災で焼け出されたが、戦後も父親がアメ横のガード下で屋台の本屋から再出発、出版事業も手がけていた。しかし、その家業も児玉が中学時代に倒産。結核で療養せざるを得なかった父の代わりに、母が倒産後の事業整理などに奔走していたが、貸主からの借金返還請求訴訟も起こされ、「お金さえあれば、いい弁護士を雇えるのに」という母の嘆きを聞きながらの、思春期から青春時代だった。

貧しさの中で、中学入学直後までは勉強がよくできた児玉も、中学2年の頃からぐれだして生活も荒れてくる。都立紅葉川高校時代は、「不良だったし、大学進学も絶望的だった」が、「それでも勉強したい」との思いは断ち切れず、働きながら学ぼうと中央大学二部（夜間部）に進む。国鉄のラッシュアワー時の押し屋や建設工事などの肉体労働、家庭教師まで、ありとあらゆるアルバイトをした。

法曹志望で選んだ中央大学ではあったが、当時の児玉の思いは、少年時代の「母の嘆き」を思い出すにつけ、弁護士と正義は直結せず、反対側の「検事になりたい」と思った。そして、教養課程の2年間が終わると、「やはり司法試験に合格するためには勉強に専念せねば」と昼間部に移った。卒業後2年目に合格、当初は「政治権力と対峙する特捜検事」にあこがれていた。

しかし、合格直後から、試験勉強で読めずにため込んでいた冤罪事件や布施辰治弁護士、青法協関連の本を乱読するなかで、少しずつ考えが変わってきた。修習生として研修所に入り、23期の仲間たちから学ぶことも多かった。刑法理論などを学びながら検事志望と判事志望の間で揺れていた児玉だが、判事志望に決定的に舵を切ったのは、当時の、判事志望者に対する任官拒否への理不尽な流れだった。

同じクラスにいた背が低く、身体障がいのある任官志望者に対し、「裁判官席に座ったら傍聴席から見えないのではないか」という裁判官教官の差別的発言に対する怒りも児玉をとらえ、「自分の立ち位置」を考えるようになってきた。「裁判官になっていい判決を書きたい」との思いは、どんどん強くなっていった。

法曹出発点での阪口罷免事件は、他の23期の同期生同様、児玉にも大きな打撃を与えた。

そんな中、児玉はともかくも第一志望の裁判官任官を果たし、いい裁判官になろうと最初の任地、盛岡地裁に赴任する。学生時代からの大恋愛の末、結ばれた3歳年下の妻の智子さんも伴い、順風満帆のはずだった。赴任直後には盛岡近郊、雫石町上空での全日空機と自衛隊機の空中衝突事故にも見舞われた。裁判所の中でも、まだ自衛隊の合憲性への疑義なども堂々と議論できる時代で、やりがいのある仕事だった。

しかし、児玉の裁判官生活は2年持たずに、児玉自身が身体を壊してしまう。「家庭を顧みず仕事優先」だった付けは自分の犠牲だけではすまずに、家族も巻き込む。妊娠した妻を8時間かかる夜行列車の3段寝台の最上段に乗せ、妻は揺られながら、東京の実家に出産のための里帰りをする。今も思うたびに痛恨の極みなのだが、長男は仮死状態で生まれ、知的障がいなどが残った。その長男も今は自分の法律事務所のアシスタントとして通院しながらも懸命に働いてくれているのは救いだ。

裁判官を辞して東京に戻り、弁護士になるが、当初は「無気力そのもの」で、事務所の開所式のときもげっそり痩せ、絶望的な気分の中で毎夜呑み歩いたりした。しかし、懺悔のように長男の子育てに関わる中で「障がいのある子どもの人権」問題を学び始め、長男が通学する和光学園（東京・世田谷）のPTA活動にも積極的に参加するようになる。日弁連の少年法改悪反対運動や子どもの権利条約キャンペーンに参加し、都立七生養護学校の障がい児の性教育への政治介入事件に対する損害賠償請求訴訟の弁護活動へとつながっていく。

児玉のアプローチは「イデオロギーではなく、障がいを持つ子どもたちが社会へ出ていくとき、性差別や性暴力、虐待に最も弱い存在であることを知るとき、そこで行われるべき性教育とは、彼ら彼女らが自分で自分を守る力を身につけること。現場の教職員たちはそのことに真剣に取り組んでいること」に、裁判所の理解を求めることだった。必然的に一部都議会議員や石原都政の政治性が浮き彫りになり、元校長の降格処分取り消しも含めた全面勝訴につながっていく。

児玉らが手がけた「子どもの人権110番」や「チャイルドライン」「障がいある子の性教育」の支援活動は、今や全国に広がりつつある。

翻って思うに、宇都宮健児の都知事選支援も、「非常時として受忍するのではなく、等しく補償すること」を求める東京大空襲裁判支援も、児玉を巻き込んだのは、いつも23期の仲間たちのネットワークだった。その原点は常に「現場の闘いから学ぶ」ことだった。

【8】法曹としての生き方を教えてくれた反面教師・石田和外

澤藤統一郎　弁護士

さわふじ・とういちろう　1943年8月29日生まれ

元日弁連消費者問題委員会委員長で元日本民主法律家協会事務局長。靖国神社問題関連訴訟や日の丸・君が代強制違憲訴訟などで、一貫して基本的人権としての「心の自由」を訴えてきた澤藤統一郎は、個性豊かな23期法曹の中でもユニークな経歴の持ち主である。

澤藤は盛岡市で生まれた。父は出征してソ満国境で2年ほどをすごし、内地に帰還した元関東軍兵士。戦後の一時期、盛岡市職員や商工会議所の事務局長も務めたが、PL教団の教えに救われた体験から、同教団の伝道師である「教師」となった。澤藤が5歳のときに一家は静岡県沼津市に転居するが、それは父の「教会」への赴任であった。その後も父は教団の教師として全国各地を転々と異動したため、澤藤は1年生の間に3度も転校。2年生以後は静岡県清水市に開設された教団の寮に入り、両親と別れて暮らしながら市内の小学校に通っていた。その教団の寮は、5年生のときに大阪府富田林市に移転している。

富田林市立第一中を卒業後は「他に選択肢はなく」開設間もないPL学園高校に進学。全寮制の高校3年間で「（教団という）狭い世界を抜け出す」決意をする。

自ら手続きした2種類の奨学金の受給資格も得て、「大阪を脱出して東京の大学といえば東大しか思い浮かばず」に東大を受験するが失敗。1年間はアルバイトで生計を維持しつつ東京外大中国科に在籍し、再度の東大受験で文科三類に合格する。ある程度の中国語の素養ができていたので、中国語を第2外国語として選択し、入寮した東大駒場寮では中国研究会に入った。この頃は、中国の革命思想を学んだりしていたが、アルバイトと奨学金だけで生活している身としては当時盛んだった学生運動には参加する余裕もなく、近くから眺めるばかりだったという。

しかし、入学直後に出会った同学年の女子学生と恋に落ち、その年の11月には同棲してしまう。その女性、学生結婚した妻・政子とは、その後の法曹への道程も含め、生涯を支え合うことになる。

専門課程で社会学を学んでいた澤藤だが、卒業が近くなっても「資本の走狗にはなりたくない」「権力の手先にもなりたくない」との思いが強い一方、「文筆で食っていけるほどの才能はない」と悩んでいた。

消去法で残ったのが「弁護士にでもなるしかない」。東大入学後、松川事件や作家の鹿地亘が米諜報組織であるキャノン機関に拉致・監禁された事件の救援活動に関わっていたことも素地になった。

留年を覚悟していた4年の冬に2ヵ月間近く、社会調査で復帰前の沖縄に行く。戦争の傷跡や安保条約による米国への従属などの本質を、観念的ではなく現実のものとして体感した。

この体験旅行を経て、ようやく司法試験勉強に専念できるようになったという。司法試験をめざす仲間7人で自主的な勉強会を作ったが、澤藤以外の他の6人は全員が法学部出身者だった。「みんなが先生みたいなもんだったから、逆に何でも聞くことができた」という澤藤の楽観的な性格も、功を奏したのかもしれない。

結果的に東大には6年間在籍し、在学中に2度目の司法試験に合格。東大を中退し、修習生となった。

修習生としての2年間は、澤藤らにとってまさに「司法反動との闘い」の2年間だった。

阪口罷免という、同期の仲間にとっての大きな代償は、2年後の阪口復権として部分的には勝利し、澤藤は阪口を当時自分が所属していた東京南部法律事務所に同僚弁護士として迎え入れることになる。

しかし、その後の「官僚的な裁判官統制＝司法統制」を許してしまったという意味では「負けてしまっている」という苦い総括をせざるを得ない、という。「いまや、強権を発動しなくても裁判官は抵抗しない。権力の意思が最高裁から地方の裁判所の隅々まで行き渡っているのではないか」と懸念するのだ。1970年代初めに、司法の独立を守ろうとした幅広い市民運動＝司法の民主化運動が、若い世代に承継されていないからではないか。

弁護士としての出発の日に、怒りに震える体験をしたが、その責任者である石田和外という当時の最高裁長官は、自分たちに「反権力の立場の法曹としての生き方」を教えてくれた「反面教師」だった、と澤藤は確信している。今の司法、今の裁判官、今の判例、今の法曹のありかたが決して当然のものではない。もっと別の形もありえたのだ。あるべき形とは、司法は毅然と権力から独立していなければならないということ。このことを次の世代に伝えていかねばならないと思いつつも、十分になしえていない――と自覚するのだ。

法学部出身ではない少数派の澤藤が「弁護士は天職」と思い、「戦後の日本国憲法の下で法曹実務に携われたことの幸せ」をかみしめつつも、「憲法の理念を実現するはずの司法の場が、憲法の想定するものになっていない無念と苦悩」を語る理由は、まさにここにある。

澤藤は、ブログを毎日書き続けている。日民協事務局長時代に書き続けたのが「事務局長日記」。

現在は、安倍晋三による改憲策動への危機感から書き始めたという「憲法日記」と銘打つ。その連続更新は2900日を超えた。「当たり障りがあることだけを書く」との挑戦状のような宣言で、毎日一つの論文を書いているのだという。これは、もはや執念に近い。

【9】問われなかった戦争責任を沖縄から問う

瑞慶山茂　弁護士
ずけやま・しげる　1943年6月22日生まれ

戦後70年を期して出版された620頁を超す大著『法廷で裁かれる日本の戦争責任』（高文研）を責任編集した瑞慶山茂は、司法修習生として採用された後、米軍占領下の沖縄から旅券を持って本土に渡り、研修所に入った数少ない弁護士である。

敗戦の2年前、日本の委任統治領であった南洋諸島・パラオのコラール島で生まれた。両親は沖縄から仕事を求めて移住していた。1歳のとき、玉砕の戦場で米軍の空爆から逃れるべく、乗船した避難船が沈没。母・文《フミ》に抱かれて漂流したが、5歳年上の兄・秀雄とともに奇跡的に助かった。当時3歳だった姉・洋子は水死。敗戦から1年後の1946年、両親と兄、瑞慶山の4人は米軍の軍用船に乗せられ、沖縄に引き揚げたが、祖母は沖縄地上戦で米兵に狙撃されて死亡していた。こうした戦争体験が、瑞慶山のゆるぎない平和思想の原点となっていく。

戦後は父・良秀《りょうしゅう》の実家のあった沖縄本島・大宜味村で暮らし、家族は助け合って半農半漁で生活を支えた。米軍が「銃剣とブルドーザー」で基地拡張を続けていたという意味だけでなく、沖縄では「戦後」も戦争が続いていた。日本本土が朝鮮戦争で経済復興を果たしているときに、米軍の朝鮮侵攻への前線基地とされた沖縄では、空襲警報も灯火管制もあった。瑞慶山が小学生のときの鮮明な思い出だ。少年時代に探検する遊び場は、白骨化した遺骨が残る山の中であり、ゼロ戦の残骸が残る海岸だった。

アメリカの植民地にされた沖縄には日本国憲法は適用されず、小中学校時代に学んだ記憶もない。しかし、取り立てて平和教育など受けなくとも、身近に米軍がいて米兵が街を闊歩し、父も一時は基地で働き、まわりは戦死者の家ばかりで、「平和への希求」は肌感覚の実感としてあった。

沖縄に正義を実現したい。弁護士になりたい——との思いは高校進学の頃から徐々に大きくなっていた。米軍支配に抵抗していた沖縄人民党の党首で尊敬する瀬長亀次郎がアメリカ軍政府による弁護人なし裁判で投獄されたことも頭にあった。

62年に琉球大学法文学部に進学し、アルバイトで学費を稼ぎながら祖国復帰運動や米軍基地撤去運動の先頭に立った。9条と前文の理念に感激し、憲法問題研究会を作って勉強した。1966年、同大を卒業、1年間はそのまま法文学部研究生となり、ＩＬＯ（国際労働条約）の研究論文をまとめた。

琉球大学は50年に米国琉球軍政府が設立し、後に琉球民政府に移管され、72年の祖国復帰により国立大学になっていく。戦前から日本政府は沖縄に大学を設置せず、沖縄県民には高等教育を受けさせない差別政策を徹底的に実行していた。

67年に裁判所書記官となり、司法試験の受験勉強をしながら労働運動に参加。沖縄官公庁労働組合本部青年部副部長として、占領米軍との闘いの前面に立ち、全司法沖縄支部青年部結成にも尽力した。

68年7月～8月、ブルガリアの首都ソフィアで開かれた第9回世界青年学生平和友好祭に日本・沖縄代表として参加し、沖縄問題を世界の人々・青年に訴えた。当時、米国の侵略と闘っていたベトナム解放戦線の兵士と連帯できたことは、今でも万感胸に迫る。

司法修習生となった69年春には、まず船で鹿児島に渡り、何日間か汽車に揺られ、千葉県松戸市にあった修習生寮に入寮した。沖縄出身の一期先輩の22期修習生が「同期生から『沖縄には土人がいるか』と尋ねられた」と打ち明けられ、「修習生の間にもこんな差別があるんだ」と衝撃を受けた。当時はまだ、東京や大阪の入居者募集のアパートの壁に「琉球人お断り」「沖縄人不可」などの紙が堂々と貼られていた時代だった。この根深い差別意識は今も生きており、辺野古基地建設に反対する沖縄県民に対して「土人」と発言した本土派遣の機動隊員の言動に引き継がれている。

研修の2年間、「早く沖縄に戻って弁護士として沖縄のために働く」という思いは変わらなかった。

阪口罷免に際して実感したのは、「ここまでやるか」という権力の冷徹さへの怒りとともに、「平和憲法のもろさ」でもあった。日本の戦後民主主義とは何だったのか。明治憲法の残滓、いや骨格が全く払拭されていない。司法の戦争責任が問われなかったがために、そのまま残ってしまった——ということだった。象徴でも天皇制が残り、天皇制を支えるという形になってしまっていることが、「日本国憲法の大きな欠陥だ」と瑞慶山は考える。天皇の戦争責任をあいまいにしたまま問えないし、戦争を擁護してきた裁判官の責任も問えなくなってしまっているというのだ。

当時の沖縄とは違い、日本国家で「最も民主的であるべき司法界」で阪口罷免事件が起きたことで「最高裁の権力的本質、体質を見てしまった」瑞慶山は、法曹生活の出発点で、その後の闘い方について「甘い考え方」の一切を捨てていく。

時あたかも沖縄の本土復帰間近の動きの中、「日本（の政治情勢）が変わらないと沖縄は変わらない」と沖縄帰郷をしばし断念し、本土でもう少し頑張ろうと、沖縄返還協定の研究などに取り組む。

1972年に労働事件などを主に扱っていた東京の小島成一法律事務所（現・東京法律事務所）に入所、75年に松戸市内に法律事務所を開設し、その後、半世紀近く松戸を拠点に法曹活動を展開していくことは当初、予想はしていなかった。しかし、2009年には那覇市に沖縄事務所（支店）を開設し、沖縄戦や南洋戦の国賠訴訟を提起し、日本の沖縄に対する戦争責任を追及しつつ、米軍基地事件にも積極的に関わりだす。10年には民間戦争被害者の救済立法の成立を目指して沖縄・民間戦争被害者の会を設立、同会はのちの「民間戦争被害の補償を実現する沖縄県民の会」に発展していく。同会は全国空襲被害者連絡協議会（共同代表中山武敏弁護士・宇都宮健児弁護士）に加盟、本土と連帯して全国の民間戦争被害者救済立法運動を展開している。

瑞慶山が半世紀に及ぶ法曹活動で学んだことは、「基本線で一致できれば、異なる意見の人たちとこそ連携して一緒にやっていくことで、政治も社会も変えていけるのではないか」ということだ。19年2月には全国政党「沖縄・平和の党」を設立し、今は自民党リベラル派も含めて「オール沖縄」とも連携して政策協定を結び、今後を見据える。

【10】阪口復職までは弁護士として半人前だと……

豊川義明　弁護士
とよかわ・よしあき　1945年5月17日生まれ

大阪を拠点に数々の労働訴訟を原告勝利に導いてきた豊川義明は、そうした法曹実務の実績だけでなく、関西学院大学法科大学院で教授や元司法研究科長、名誉教授などとして後進の指導にあたり、『労働における事実と法』（日本評論社）など多数の著作をもつ理論面での学究としても知られる。

弁護士会では主に法曹養成、司法改革問題の分野で活動し、大阪地域での日弁連活動を担ってきた。法科大学院制度の創設や労働審判の制度化でも役割を果たしてきた。

23期修習生の一人として、法曹としての生き方の原点は、やはり50年前の「阪口罷免事件にある」とうなづく。「阪口は23期生みんなの身代わりで犠牲者となったのだ」——という。阪口罷免を断行した当時の石田和外・最高裁長官ら人事当局に大きな誤算があったとすれば、「青法協を分断で取り囲み、放逐する」といったその政治意図とは裏腹に、23期の法曹たちに驚くべき団結力と反権力の姿勢を生ぜしめたことだろう。

豊川の父は戦前、旧満州で化学工場に勤務していたが、母が豊川を身ごもり、戦局も厳しくなってきたことから、実家のある和歌山県美浜町三尾（カナダへの移民を多く出したことで通称アメリカ村として知られる）に里帰りして豊川が生まれた。

戦後、満州から引き揚げてきた父とともに一家は東大阪市に居を構え、父は自転車のタイヤとチューブ製造会社の工場の責任者となる。工場には百人ぐらいの労働者がおり、母も工場で働いていたため、5歳年下の妹とともに祖母が子育てを担い、豊川は「おばあちゃん子」だったが、工場のおばちゃんやおっちゃんたちにもよくかわいがられた。

中小の工場が集中し、在日韓国・朝鮮人も多い労働者街で育ったことが、のちの弁護士活動の中で労働事件を専門にしていくことの素地にもなっていったのだろう。「労働こそが社会の富を生み出す源泉であるのに、実態としての労働者は幸福な状態にない。彼らの役に立ちたい」との信念は、理論で学ぶより前に、豊川少年の肌感覚として身に着けていたようだ。

豊川が10歳のとき、母が脊椎カリエスで亡くなったこともあり、一時期、医学の道に憧れたこともある。しかし、大阪府立八尾高校に進学したころから、弁護士という職業が気になりだす。家庭の経済事情もあり大学への進学の選択肢も厳しい状況の中ではあったが、権力や権威に反発を感じ、「雇われて他人の指示で働くのは嫌だ」と思う自分に「ぴったりの職業だ」と確信するようになり、京大法学部をめざす。

高校時代から阿部次郎の著作（『三太郎の日記』など）や京都学派の和辻哲郎の哲学書に親しみながら勉強も怠らず、京大には現役合格。大学時代に入ると、さらに西田幾多郎らの哲学書を読み続けつつ、日韓条約反対闘争やベトナム反戦運動にも参加。法律相談部の活動をしながら司法試験の受験勉強を始め、大学に一年留年して合格する。

しかし、そんな豊川が、ほんとうの国家権力の厳しさに直面するのは司法研修所に入ってからだった。

1期上の22期で青法協修習生への任官拒否の動きが露わになり、23期への攻撃はさらに厳しくなることが予想されていた。そんな中、豊川は青法協の修習生部会の前期の議長を務め、「任官差別を許さぬ会」が結成されると、澤藤統一郎が東京からの代表になり、豊川が関西からの代表となった。

阪口が終了式で質問することにより、22期の冨永俊造（現・大阪弁護士会所属弁護士）になされた厳重注意処分なり、何らかの処分が出ることは予想されたので、終了式ボイコットのような激しい抗議はせず、過激な同期生を説得して抑え込み、慎重な戦術を取ったはずだった。それでも「罷免」は誰も予想していなかった。「ショックだった。ここまでやるのか。やられた」。自分の甘さを責め続けた。

「絶対に撤回させないかん。そうでないと自分の弁護士……」。

半世紀を経た今も、豊川は、阪口罷免の意味を問われ、筆者の前で言葉を詰まらせ、みるみる目を赤くして涙を滲ませた。

「弁護士としての仕事を始めてはいたのですが、半人前というか、僕の中では、そういう位置づけだったんです」

「何としても阪口を法曹に戻したい」から「必ず戻せる。この罷免処分は撤回させる。処分の撤回はなくても、別な形であっても戻すことができる」――思いは確信に変わり、豊川らは阪口復帰のために、東京で、大阪で、各地で様々な運動を展開した。

1970年代は全国で公害が社会問題化し、高度成長の矛盾が噴出していた時代でもあった。しかし、豊川の労働弁護士としての当初の姿勢は、その後の経済資本のグローバル化や新自由主義の展開の中でも一貫して変わらず、「会社を批判する労働者の自由」や官民問わず派遣労働者、非常勤・非正規雇用労働者などの権利擁護・待遇改善、人間の尊厳や均等待遇の実現のために尽力し、勝訴や実質的勝訴を導いてきた。

課題は残る。司法の現場は依然、法律の形式的な解釈論に偏り、憲法規範が事件に生かされていない。法曹には経済学、社会学、哲学、自然科学等の素養も必須である――これからも後進に地道に説いていくつもりだ。

【11】人の温かさ、人の痛みとともに生きる

中山武敏　弁護士
なかやま・たけとし　1944年2月6日生まれ

北九州の被差別部落に生まれ育った中山武敏は、「部落差別が生んだ冤罪事件」とされる「狭山事件」の弁護団から同弁護団事務局長へ、そして現在の狭山事件再審主任弁護人としての活動に至るまで約半世紀、自らと同じく被差別部落の青年だった石川一雄さんの「無実」を法廷で証明すべく、生涯をかけてきたといえる。
同時に、東京大空襲訴訟の弁護団長や全国空襲被害者連絡協議会の共同代表も務めながら日本の戦争

責任を問い、戦災者の戦後補償・補償立法に取り組む一方、慰安婦問題で「捏造記事を書いた」との虚偽を流した櫻井よしこ氏らを名誉棄損で訴えた元朝日新聞記者・植村隆氏の裁判の弁護団長も引き受けた。そこに通底するのは、「人の痛みとともに生きる」という一貫した姿勢である。

リヤカーを引いて廃品回収をしながら家族を支えてくれた母の実家がある福岡県直方市で生まれ、小学校入学直後に、部落解放同盟の人権活動家で靴職人だった父の実家がある同県久留米市に転校した。少年時代からの友人は数多く、夏は一緒に遠賀川で泳ぎまわったりしたが、一部の友人からは「クッ」「ボロ」と両親の仕事をからかわれたり、自分の暮らすムラを「火の玉が出る悪いところ」と呼ばれたりして、幼心は傷ついていた。70年近く経ても、胸に突き刺さる刃のような差別の言葉は忘れられはしないが、「それでも彼らは今も友人である」というところが、いかにも中山らしい。

子どもの頃から正義感が強く、朴訥にして頑固なところは今と変わらず、許せないことがあるとガキ大将にも殴りかかっていった。理不尽な扱いに対して学校の便所に立てこもり、教師や4歳年上の兄が説得に来ても出てこず、自宅から母・小糸が呼ばれ、母の説得でようやく〝籠城〟を解いたこともある。

中学校のときは貧しくて修学旅行にも行けなかったが、勉強はよくできた。廃品回収の中から学習参考書や文学作品などを拾ってきて勉強はしていたし、本を読むのも好きだった。何より父は自宅の壁に憲法前文や第14条を大書して張り出す人で、中山も布施辰治弁護士の本を読んで弁護士という職業に憧れる少年だった。

しかし、家計を助けるために中卒で働くことにして地元の専売公社の工場を受験。学力・適正検査で合格した35人のうちの1人として面接時には支給される作業服や帽子、靴の採寸までしたあとで身元調査があって最終的に不採用になった。父が「部落差別ではないか」と抗議してくれたが、覆らなかった。

福岡県立明善高校定時制に入り、働きながら学ぶことにした。紙問屋の丁稚、理科の実験道具を自転車で学校に配達する仕事などに就いたが、苦労している同級生も多く、「困難から逃げないこと」「人間の価値で一番大事なことは人としての温かさであること」を学んだ。19歳で上京、新聞販売店に住み込みで働きながら入学金を貯め、1年後中央大学法学部の夜間部に入学。昼間はラーメン店の出前やデパートの屋上でアドバルーンを揚げる仕事など様々な職種についていたが、真面目さを買われて研究室の事務職員として採用され、司法試験受験の環境が整った。受験勉強会にも参加し、通勤通学の時間を節約するために、研究室にベニア板を持ち込んで、その上で寝起きし、眠くなると水をかぶり、居眠りしないように膝の上に錐を立て民法や刑法の教科書を読んだ。

「卒一」と呼ばれる大学を卒業した年に司法試験に合格し、23期生となる。2年間の修習生時代には、中山にとっては別の世界に生きてきたかに見える学生運動出身者らによる青法協グループの梓澤和幸ら、のちに生涯の友となる仲間との出会いがあった。折からの任官拒否事件や身体障害者の同期生に対する差別に対しては共に怒り、異議を申し立てて闘った。梓澤たちも中山の訥々とした語り口によく耳を傾け、部落差別の実態についても学んでくれた。

終了式での阪口事件については、自分も阪口の背中を押した当事者の一人として修習終了後も、すぐには弁護士の仕事に入っていけず、いったん「イソ弁」として入った法律事務所も1カ月で辞めた。「弁護士をしていいのか」と悩みながら、偽名で都内の自動車工場で季節工の組立工として働き、弁護士バッジを外して肉体労働に従事する生活が約1年間続く。

その後、足立区の集合住宅の1階で弁護士事務所を開くが、宣伝も顧客名簿もなく、開店休業状態。久留米の親族の紹介で訪ねてきた最初の顧客が、今の妻・康枝さんだった。専売公社に勤務していたが交通事故の被害者となり、慰謝料の相談だった。康枝さんが手渡した中山にとって最初の成功報酬は、康枝さんに贈った結婚指輪になり、事務所のソファは康枝さんの退職金で購入された。

しかし、結婚前の康枝さんは、中山が法曹としての自信を持てず、悩み続けながら自分の案件を処理していることを察し、「弁護士にならなくていいのよ。あなたは労働者でいい」と言ってくれていた。その言葉に中山は救われ、心が少し軽くなり、「全国の部落の仲間の期待に応えられるような弁護士になろう」と決意することができた。

中山のその後の重要な仕事の多くは、23期の人脈ネットワークに依るところが大きい。児玉勇二は東京大空襲訴訟弁護団の副団長として団長の中山とともに闘い、宇都宮健児が日弁連会長選挙や都知事選に出たときは、最も間近で宇都宮を支えた。中山が２０１５年1月に脳梗塞で倒れたときは、この二人が一番に駆け付けてくれ、中山が抱えていた緊急の事件などを引き受けてくれた。

23期生たちの青少年期や法学徒だった時代は、地裁段階とはいえ「駐留米軍違憲」（砂川事件）や「自衛隊違憲」（長沼事件）など、司法の独立や裁判官の良心を実証するような画期的な判決も出た。今の裁判所には、そんな判決は期待すべくもない。戦後補償裁判も国家無答責や統治行為論の壁を打ち破れてはいない。なぜ、こんなになってしまったのか。中山は考え続けている。

「まともな判決を書く裁判官は飛ばすという人事権による支配」もあるかもしれないが、今の裁判官の多くは「無意識」なのではないか。「戦後の貧困の中でも多様な人材が法曹になっていった時代と異なり、特にロースクール制度が導入されてからは、受験に長けた恵まれたエリートの割合が増え、歴史認識や人権感覚に無意識な人たちしか裁判官になれなくなってきているのでは？」と危惧する。

長沼事件でも砂川事件でも中山の取り組む空襲被害者補償問題でも、そこには現場で日々暮らしている人々の「痛み」がある。中山に言わせれば、法曹の仕事はその痛みに寄り添うことから始まる。23期の法曹たちに特徴的なことは、多様な中にも戦後の司法界で特筆すべき裁判闘争を担ってきた人材の豊かさと傑出した能力だ。考え方や立場はそれぞれによって当然違うが、一人ひとりの法曹活動を貫いているのは、人権意識の高さと現場の被害者への誠実さだ。

「あの事件（阪口事件）があったからこそ鍛えられたのだと思う。そして阪口復権というつらさを乗り越えた体験を共有している。強く踏みつけられた根ほど強く張るのだから……」

司法の民主化のためには、研修後はまず全員が弁護士となり、経験を積んだ者の中から裁判官、検察官が選ばれる、真の法曹一元制しかない——多くの23期法曹たちとともに、そう確信している。

【12】最高裁は司法への幻想を破壊してくれた

松岡康毅　弁護士

まつおか・こうき　1941年3月5日生まれ

「最も濃密な2年間だった」——松岡康毅は、23期の司法修習期間をそう表現する。それは松岡自身

の人生にとっても最も多くを学んだ2年間だったという意味とともに、戦後の法曹養成史上においても、1969年春〜71年春という時期が最も波乱万丈の激動の時代だったからだろう。

本来は「人権の砦」とならねばならないはずの最高裁が人事権力をむき出しにして、破廉恥罪でも何でもない、「終了式で質問をした」というただそれだけの理由で、修習生代表の法曹資格を奪ってしまったのだから。50年を経て松岡は、「法曹の出発点において、司法への幻想を根底から打ち砕いてくれたし、弁護士として生きていくうえで貴重な方向付けをしてくれた最高裁には感謝しなければならない」と、「権力の破廉恥」を精いっぱいの皮肉を込めて批判する。

松岡は奈良県北東部の農山村である旧・伊那佐村（現・宇陀市）に生まれた。父はかつて村長も務めた小地主で、五人きょうだいの末子の長男だった。4歳で敗戦。夏の暑い日で玉音放送も覚えているが、ラジオはピーピーガーガーいうだけで意味は分からなかったが、姉たちはなぜか泣いていた。一家にとって戦後は農地解放で手放さねばならない田畑もあり、貧しかったという。姉たちが小学校に通った敗戦直後は、墨塗り教科書を使っていたのを覚えているが、松岡の小中学校時代はそういうこともなく、戦後民主主義の最も良き時代だったとふりかえる。

進学校の県立畝傍高校に入った頃、父から弁護士になることを勧められた。父は日本大学法学部を出て地元で調停委員も務めており、弁護士という仕事の魅力も語ってくれた。そのつもりで中央大学法学部に入学。大学時代は「60年安保の真っ盛り」で、「たまに人並みにデモにも行った」が、それ以上に「勉強よりも、酒やマージャンの遊びと山登り」を覚えてしまい、本格的に司法試験の勉強に打ち込んだのは、受験生の集まる「研究室」に入ってからだった。

卒業してからも、短答式は合格しても論文式が苦手で落ち続け、合格までに卒業後5年かかった。

「短答式だけは何度も受かるので、なかなか足抜けできなかったんです」と苦笑する。さすがに「ひたすら待ってくれている故郷の両親に負担をかけてはならない」と、懸命にアルバイトをし、家庭教師から工事現場での肉体労働まで何でもした。しかし、この司法浪人期間は、松岡にとって決して無駄な5年間ではなかった。

「人生で最も大事なこと」を学んだのは、この時期のバイト中に接した様々な職種の労働者からだった。一言でいえば、「人間としてのやさしさ」であろうか。休憩時間にキャッチボールをして遊んでいた同じ工場の仲間がある日、500tプレス機に片手を挟まれて失ってしまう。金型には手の形がそのまま残ったという。高度成長期で労災は頻繁に起きていたが、補償などは全く不十分な時代。「もっと仲間を大事にできる職場にしたい。弁護士になって、こういう労働者の役に立ちたい……」と切に願った。

司法研修所に入ると、すぐに青法協のオルグが来た。大学時代は「遊び優先でノンポリだった」という松岡も、「憲法と平和と民主主義を守るなんて当たり前じゃないか」とすぐに入会手続きをした。研修所の実務研修よりも、毎週末の安中公害の現場訪問や看護師ら医療労働者との交流の中から学ぶことの方が「はるかに大きかった」という。

当時の石田和外・最高裁長官による青法協攻撃について松岡は「憲法を大切にし、人権擁護のために悩み、考え、仲間づくりをする法曹の供給源を絶つことが目的であり、そのために青法協を共産党のシンパであるかのように描き出し、攻撃をしたのだ。青法協がみな共産党だったりしたらなんてとんでもない話で、その通りだったらエラいことになる」と笑い飛ばす。だが、権力の側は、攻撃の手段としての「見せしめ」を作り出す必要があり、「それが裁判官任官希望者への採用拒否であり、阪口罷免は、反対運動を押しつぶす手段だった」と松岡は分析する。

終了式の阪口の行動についても「何か行き過ぎたことがあったとは今も全く思っていないし、阪口が処分を受けて戻ってきたときも『くそっ、やってやるぞ』と思わず抱きしめたぐらいだった」という。しかし、当局の措置を読めなかった反省もあり、大阪に戻って弁護士を始める松岡にとっても、「重い、暗い出発」だった。

弁護士になっての最初の10年間は大阪弁護士会に登録し、労働事件の対応に追われた。事務所の地盤である東大阪などではクビ切りが頻発していた。組合を作ったら企業閉鎖するという乱暴な方法が横行する争議現場に乗り込んだり、組合事務所に泊まりこんだりして、「労働者と一緒に闘う泥臭い仕事」が続いた。

阪口罷免問題などで大阪から地方の単位会への要請活動を繰り返す中で、弁護士会活動の地域間格差を実感していた松岡は、自分の生まれ故郷で何か役に立つことができるのではないか――との思いを強くするようになる。

阪口罷免問題に取り組む中で、「お願いする立場」で要請行動を繰り返し、「運動の力で解決を実現できた」ことに自信をもつようになり、「支えてくれた地域の人たちへの信頼感を持ちながら仕事ができた」と感謝している。

「ひたすら、市民と結びついた弁護士会活動」を追求する中で、警察拘禁二法、国家秘密法阻止など、悪法阻止の取り組みとして、弁護士仲間による演劇上演を組み込んだ県民集会を度々開催。そうした活動の延長線上で、自由法曹団の支部長を務めながら奈良弁護士会会長や近弁連理事長などの要職についてきた。

「弁護士と住民との結びつきを強めたい」という思いは、日弁連が推進してきた弁護士偏在問題の取り組みにおいて結実する。弁護士不在地域に法律相談センターを開設する計画を具体化し、さらに事務所の法人化を通じて、弁護士不在地域に支店を開設する計画を実行。自らも五條市内に事務所を建設し、自ら常駐を開始している。23期という激動の時代にもまれ、全国で活動する同期に刺激を受けながら築いてきた松岡の立ち位置である。

【13】勝つために闘ってきた

村山晃　弁護士

むらやま・あきら　1946年6月19日生まれ

日弁連副会長や京都弁護士会長、自由法曹団京都支部幹事長などの要職を歴任し、京都を拠点に司法の民主化や司法制度改革に今も全力で取り組む村山晃は、既に15歳の中学3年のとき、当時の「全国一斉学力テスト」が「偏差値競争や差別選別教育につながる」として同級生らに非協力を呼びかけ、反対闘争を組織した、政治意識の高い少年だった。

その後、大学でも司法研修所でも「気がつけば不当なものとの闘いの真っただ中にいた」ような村山だが、それでも人生の中で、「裸の権力」「むき出しの権力」を最も実感したのは、司法修習生同期の阪口徳雄が終了式で罷免されたとき以外にはない、という。

村山は京都市の伏見稲荷神社の近くで生まれ、南区の名刹・東寺の近くで育った。10歳で父ががんで亡くなり、以後、4歳上の兄と母子三人で暮らしてきた。兄は大学進学を諦め、伏見工業高校に進んだ。「僕は兄貴のおかげで大学まで行かせてもらったんです」とふりかえる。村山も、中学1年生のときから夏休みになると新聞配達や氷屋の作業と配達、卸問屋の手伝いなどのアルバイトをした。

進学した京都市立塔南高校では、一時期、演劇とクラシック音楽の魅力に心を奪われ、のめり込んだこともあった。しかし、卒業が近づくにつれ、将来の針路を固めねばならない。教職員組合運動に熱心に取り組む恩師の姿を見て教師に憧れたりはしたが、普及しだしたテレビでアメリカの弁護士ドラマを見るうちに、弁護士という仕事にどんどん興味を持ちだした。

京大法学部に現役入学した村山だが、当時キャンパスは日韓条約反対闘争の真っ最中。そこに「軍事研究のための現職自衛官の入学反対闘争」や「憲法改悪反対闘争」が重なり、村山も学生運動に身を投げていく。「戦争への反省が、まだ生きていた時代」だった。同時に高校時代から関心を持ち続けてきた演劇サークルで活躍しながら、少年非行や犯罪問題の研究会にも所属した。

しかし、3年生になると本格的に司法試験の準備を始める。それでも単なる受験技術の勉強ではなく、民主的な司法をめざすために憲法や社会の在り方も共に学ぶ受験サークルを作り、どんな法律家になるべきかを議論してきた。そのやり方で、在学中の4年生のときに司法試験合格を決めてしまう。

卒業と同時に司法研修所に入ることになるが、当時の村山にとっては弁護士だけでなく、「社会を変える判決を書くことができる裁判官」も魅力的な選択肢。入所時の志望欄には「弁護士または裁判官」と書いた。しかし、修習に入ってもすぐに、東大生だけを優遇する「東大7月入所」問題の反対闘争などに巻き込まれ、再び闘争の日々となる。そんな中、志望先についての村山の考えも変わっていく。裁判官は判断を下せても、自分で自由に裁判所や事件を選べない。「弁護士は活動の場を選び、自ら闘いを起こすことができる」との思いに固まっていく。

一方、研修中の2年間で、最高裁による任官希望者への選別・弾圧＝青法協攻撃はどんどん露骨になっていった。「人権を守りたい、憲法を守りたいと考えている人たちが次々と青法協に入り、修習生にもそういう人たちが結集している時期でもあった。国際的にもベトナム反戦運動の盛り上がりなど、世界は民主的な方向に動いているのに、国内では自民党流の司法攻撃はあまりに時代逆行的で反動的だったので、皆が素朴な危機感を抱いていった」と村山は分析する。自民党の意のままに動く最高裁のトップ、それを支える司法官僚と、大多数の修習生の間の対立構造は深まるばかりで、1971年4月5日に向かっていったのだった。

終了式の夜、「阪口罷免」の報告を受けたときの衝撃を、村山は「問答無用の権力の恐ろしさ」と表現する。しかし、「討議に討議を重ねて行動を決定した我々の側に、あのとき、あれ以外のやり方があったのか」――今も村山の中に、答えはない。翌日の集会で、青法協修習生部会の副議長だった村山は、23期生としての抗議と阪口救援の行動提起をした。「処分を撤回させるために、できることは何でもする」という気持ちだったが、具体的には妙案はなかった。

故郷に戻って入所した京都第一法律事務所では、時代の趨勢でもある多くの労働事件の処理に追われており、いきなり現場に立たされた新人弁護士としては、「重い心」を引きずりながらの阪口救援という使命と、仕事の両立で苦悩が続いた。

村山の半世紀の法曹活動は、看護師による病院閉鎖反対闘争の仮処分事件での逆転勝利に始まり、ゴルフ場キャディの解雇無効、地元放送局の「偽装請負」社員の社員化獲得、職業病の労災認定など、粘り強くあきらめない闘い方で数多くの勝訴を重ねてきた。「現場に足を運び、とことん勝ちにこだわることで人権の救済と権利の創成につなげる」。その手法は23期の闘いの中で体得してきたものだ。闘って、勝って、権利を守る。罷免から50年が経った最高裁に、「建設アスベスト訴訟」で勝訴の決定を書かせる――京都訴訟の弁護団長として、その思いを実現させた。

【14】「もの言う裁判官」として、あの日を忘れない

森野俊彦　元裁判官・弁護士

もりの・としひこ　1946年9月26日生まれ

これまで見てきたように23期の法曹たちには、気骨ある闘士が数多くいて、名を挙げればきりがないほどだ。しかし、阪口罷免の前段で、その引き金となったのは、裁判官志望者七人に対する前代未聞の

大量任官拒否事件である。それは、当時もその後も、裁判官と任官志望者たちを萎縮させるに十分な大弾圧であっただけでなく、戦後の法曹養成史上の大きな瑕疵《きず》として刻印され、現在の司法民主化の障害の遠因にもなってきた（――というのが筆者の見方だ）。

必然の結果として、23期の元裁判官で、このことについて証言してくれる勇気ある人は今なお数少なく、筆者の取材に実名で応じてくれたのは森野俊彦と児玉勇二の二人だけ、匿名で応じてくれた人が一人いるだけだ。

◇　◇　◇

森野は、「開かれた司法の推進と機能の充実強化」をめざして現職裁判官らが1999年9月に立ち上げた「日本裁判官ネットワーク」の（設立当初からの）中心メンバーの一人だ。現職時代から司法の独立やあるべき姿について、実名で提言・発言してきた、異色の「もの言う裁判官」だった。その誠実で理路整然とした言説の一方で、関西弁による飄々とした語り口は庶民的で、「威厳ある裁判官」とは対極にある「市井の好々爺」風の人物だ。

しかし、穏やかに見える人柄の内面の最深部には、同期生の任官拒否と罷免に深く傷ついたトラウマを、半世紀にわたり引きずり、自らの罪として背負い続けてきた苦悩が宿っている。

司法修習の終了式の1週間前だった1971年3月末、森野は「判事補に採用内定」の電報を受け取ったが、同じく裁判官志望で採用面接に臨んだ同期生62人中7人が不採用であることを直後に知る。うち6人が青法協の会員であった。

「2年間一緒に研修を受けていたのだから、彼らがいかに優秀で人格、識見とも裁判官にふさわしい人材であることはよく分かっていた。何がいけなかったのか、せめて任官拒否の理由ぐらいは明らかにされるべきではないか」。森野らがそう考えるのはごく自然な流れだった。森野自身、同じ青法協会員でありながら自分は採用されたことの意味を自問しつつ、率先して最高裁裁判官会議宛の要望書を起案した。

「この不採用決定は団体加入、思想信条を理由とするものではないか。ともに研修所で学んだ中から納得する理由を示されずに不採用者が出る事態は深い悲しみであり、このような疑念を抱いたまま裁判官の職務につくことは耐えられない」と、良心の訴えを正直に綴ったのだ。この要望書には裁判官内定者55人中、なんと45人が署名した。今の時代では考えられないことである。

同年4月5日、マスコミが書きたてたところの「荒れた終了式」を迎える。しかし、阪口が意見を述べている最中に事務局長が突然、「閉会」を宣言するまでは、決して「荒れて」はいなかった。閉会宣言の直後にマスコミと一部修習生が演台に殺到して「混乱」したにすぎない。その夜、阪口本人から「罷免」処分を伝えられた森野は、「目の前が真っ暗になり、あふれ出る涙を抑えられなかった」という。

その1年前には、22期で3人の任官拒否が出ていた。森野はその直後にも、青法協修習生部会の機関紙に「異法人」というペンネームでエッセイを書いている。「思想・信条による差別をしたのでは、という疑念は晴れそうもない……何もなしえない腹立たしさに暗雲を見上げるだけである。そもそも一文をこのような匿名でしか出しえない自分を情けなく思う……屈辱であり、敗北である……こう言ってはあとで不利益に扱われはしないだろうかという自己検閲を繰り返すことになる」と将来を見通すような洞察を記し、任官拒否を「カフカの『審判』を思わせる不明朗さ」と、精いっぱい批判した。

森野は大阪市内で高校の数学教師の長男として生まれた。子どもの頃は持病の喘息に苦しみ、医師に憧れたこともあったが、地元で一番の進学校である府立北野高校に入学したころから、当時、社会問題化していた「八海事件」に興味をもつなど、弁護士を針路に定めるようになっていた。憲法を身近に感じたのも高校時代だ。社会科の教師は授業中に「緊急逮捕は令状逮捕といえるか」「死刑は憲法違反の残虐な刑罰ではないのか」などといきなり問いかけてくるような人だったが、のちに裁判官になったとき、司法実務の現場では、ほぼ無視されている重要問題だったことに、森野は気づかされる。

大阪大学法学部に進学し、八海事件に関連して正木ひろし弁護士の講演を聴いたときのことだ。「日本の裁判所は絶望的状況である」との指摘に深く考え込んだ。どうしたらいいか。「誰かがまともな裁判所に変えていくしかないのではないか」。裁判官を志望先に固めていく契機となった。司法試験には在学中の4年時に合格。阪口らと同期の23期生となった。

研修期間中、青法協会員が任官志望しないように、裁判官教官が「肩たたき誘導」で諦めさせていただけでなく、女性や身体障害をもつ修習生にも任官志望させないために「女性は裁判官に採用しない」「障害があっては務まらないのではないか」などの差別発言までしていることを見聞きした森野らは、こうした研修のあり方に少しずつ反発を強めていた。

研修終了間際の任官採用面接で、青法協会員であるかどうかを尋ねられたらどう答えるべきか、森野は同僚とも話し合い、前日まで悩んだ。「堂々と加入の事実を伝えよう。良心を売ってまで裁判官になっても理想は実現できないのだから」「いやそれで任官拒否されたら元も子もない。適当に受け流せばいい」。議論は尽きなかった。

幸い、人事当局が面接で森野にこの踏み絵の問いを発することはなかった。しかし当局が、森野が青法協会員であることを認識していたかどうかは「微妙」だ。面接では人事局長から「これからは赴任先の所長やいろんな人と話し合った方がいい」と助言された。この言葉で「採用されるんだな」と森野は思ったが、修習生時代の交友関係が「偏っている」と見られていることも感じた。

森野が修習生になった直後に、勧められるままに青法協に加入したのは「憲法を守るという理念、ただその一点」からだった。だから、裁判官になって判断に迷うときは「何があっても最後は憲法を守ろう」と決意していた――それが、任官拒否された仲間の無念を背に、「自分のような者が裁判官になったときの使命だ」と胸に刻んだ。

大阪地裁判事補を振り出しに広島地家裁尾道支部、大分地家裁など、同期生と比べて明らかに、事実上の家裁勤務が多かった。家裁から家裁に赴任するとき、上司から「君にはもう少し地方回りをしてもらう」と言われたことも印象に残っている。

福岡高裁裁判長として65歳で退官するまで、いわゆる「出世コース」である所長、支部長、外国赴任・駐在・出張などは一度もなかったが、森野にとって、それは誇りである。

そんな森野にとっても、福岡高裁裁判長だった2010年3月には違憲判断の機会が来た。前年の衆院選について「一人別枠方式は憲法の投票平等の要請に反し、制定当初から違憲だった」と判決した。「違憲状態」などという最高裁で相次ぐあいまいな判示を踏襲せず、明確に「違憲」を宣言したのだ。

家裁裁判官時代には、婚外子（非嫡出子）の遺産相続差別を最高裁がまだ「違憲」認定せずに是正が期待できない時期に、少しでも差別状態を解消するために嫡出子、非嫡出子の当事者双方を強く説得して婚外子の相続割合を増やす妥協案の調停を成立させたこともある。

政権与党の長期政権が続いていても、最高裁は「憲法の番人」としてのチェック機能を果たすべきだし、下級審の裁判官は「憲法に基づいて権力の濫用を防ぎ、少数者の権利を守る」ために、あらゆる方策を尽くして憲法の価値を司法の現場で実現すべきだ――退官後は大阪弁護士会に登録している森野は、機会あるごとに、まだまだ発言と提言を続けるつもりだ。
あの日に立ち返り、初心を忘れない。

【15】50年後の今でも同じ手紙を書く

山田万里子　弁護士
やまだ・まりこ　1945年11月8日生まれ

前略
はじめて御手紙いたします。
二三期修習生（今は卒業しましたが）の山田と申します。阪口さんとはクラスは違いますが　後期に　はいってからは　今の司法をめぐる問題について微力ながら一緒に運動してきました。
今度の罷免の処分については　さぞ御母様　御驚きと悲しみで一杯と存じます。六日付の各新聞の報道では阪口さんが式を混乱させ、修習生の品位をおとしたかの様な一部報道がありましたが、私は式場の最前列から三番目という前の方にいまして　一部始終をこの目で見ていましたが　その様な事実は全くありませんでした。

予め全修習生の意思により　阪口さんが全修習生の代表として、任官を拒否された五人の人に一人二分ずつ十分間　意見をいわせて欲しい旨を所長に対して申し出ることになり、阪口さんは全修習生の割れんばかりの拍手のもとで　礼儀正しく所長に対し「お願いします」と三度も礼をして　静かにマイクをかりて話しただけです。

この処分が出た時、その場に居合わせた三百人余りの修習生は怒りと悲しみ諸々の感情がいりまじり　皆　涙しました。泣いたのは阪口さんだけではありません。阪口さんは私達を代表して発言したので、もし阪口さんが処分されるなら修習生全員が処分される問題だからです。しかも私達　従って代表として発言した阪口さんの行動は誰がみても当然の要求でしたし　誰がみても礼節のある行為でした。

もう御存知の事と思いますが　裁判官を希望していた人で任官出来なかった七人の人達はいずれも人格といい考え方といい　立派な人達でした。ですのに最高裁判所は何の理由も示さずに任官を拒否したのです。その人達は何度も理由をききたいと最高裁へ行きましたが　面接すら拒否されていたのです。せめて終了式の時　これが最後の機会だからと　その理由をきかせて欲しいと発言することは　あまりにも当然のことだと思います。

阪口さんは正しいことをしました。正しいことをした人を罷免した最高裁こそ皆から責められるべきなのです。お母様。阪口さんは皆からほめられこそすれ　何ら非難されることはありません。

お母様はきっと阪口さんを信じ　阪口さんの行動は正しかったと思っておられると思いますが、真実を知らない世間の人、近所の人達は何を言うかわかりません。でも　どうか胸を張って　その様な事は気にせず阪口さんをむしろほめてやっていただきたいと思います。

私達二三期生は全国の人達に真実を伝え　全国の人達が　悪いのは最高裁で　阪口さんは本当に平和な自由な、一人一人の人権が真に守られる　そんな裁判所、日本にするために　本当に真剣になって　しかも礼儀をわきまえた行動で　頑張っているのだということをわかってもらえる様　これからも頑張りたいと決意を新たにしています。

もっと早く御手紙したかったのですが、五月一日に出産をひかえ、東京からの引越などもあり　何かと忙しく出すのが遅くなりました。

どうか御母様、皆が阪口さんを応援しています。

お母様もそれを信じて本当にご安心下さい。急いでの走り書き、乱筆乱文御許し下さい。

これは私だけの気持ちではなく、全修習生の気持ちです。

それではどうか呉々も御身体を大切に。必ず私達の力で阪口さんを弁護士にしてみせます。

かしこ
四月六日　山田万里子
阪口ヨネ様

23期司法修習生の山田万里子が阪口徳雄の母ヨネに宛てこの手紙を書いたとき、万里子は妊娠9カ月の身重だった。手紙にあるように、「阪口罷免」の現場にいた、真実の証言者のひとりである万里子は、研修所終了式直後に、就職予定の弁護士事務所のある大阪に引っ越しし、5月4日には長男を出産する。そんななかで書かれたこの手紙にあふれる真情は、23期生に共通する思いと言っても過言ではないだろう。

阪口の母ヨネは1902年（明治35）生まれの当時68歳。82年（昭和57）に79歳で亡くなっているが、阪口によれば、「当時、小学校を卒業できたかどうか、漢字などは完全に読めない」なかで、阪口の兄が代読し、涙ながらに喜んだという。

しかし、万里子はなぜ、阪口本人ではなく阪口の「母」の名前と住所を調べてまで、この手紙を書き送ったのだろう？　筆者は阪口からこの手紙の存在を教えられたとき、その理由を知りたいと思い、名古屋市内の法律事務所を訪ねた。

「母として子を思う気持ち？　母の連帯？　それは違います」——万里子はインタビューの冒頭で、筆者の「思い込み」を即座に否定した。竹を割ったような性格、単刀直入にてきぱきとものを言う人だった。

「母親は子どもを育てる中で母になるのです。おなかに子どもがいるからって母親の気持ちが分かるわけではない。なぜ阪口さんのお母さんに書いたか？　それは私自身の母の気持ちを思ったからです。母は表には出さないけど、間違いなく反戦、反権力、自由平等思考の賢明な人だった。その母が、当時の青法協攻撃の激しさが報道されるなかで、青法協だけはやめるようにと何度も私に勧めてきた。我が子が不利益を受けることを、心配したからです。阪口さんのお母さんのことを思うと居ても立ってもいられなかったのです」という。

最高裁が、修習終了者の罷免を強行した直後であり、同期の男たちの間では、ややもすれば絶望感も漂う中で、どうしたら「必ず私達の力で阪口さんを弁護士にしてみせます」という力強い希望の言葉が生まれ出てくるのか？　その自信の源泉は何だったのか？——筆者の二つ目の疑問にも万里子は「それは私の性格。おかしいことはおかしい。あってはならないことはあってはならない。理屈は関係ない。一緒に歩もうよという、私の内側から自然に出た言葉です。50年経った今の私も、同じ手紙を書くだろうと思います」。ここでも彼女は明言するのだった。

万里子は終戦の年の11月、朝鮮の釜山で裁判官をしていた父よりも一足先に大阪に引き揚げる途中、母方の親族が居た佐賀県伊万里市で生まれたから、「万里子」と名づけられた。万里子の少女時代、父は大阪を中心に裁判官を続けていたが、

「とにかく大酒呑みで、パチンコ、競馬、競艇……賭け事は何でもやる」という豪放磊落な異色の判

事。「母が結婚したときに持参した着物はほとんど質に入っていた」し、生活費は「母がその都度、父に頭を下げてもらっていた」と、まずは父への反発を語る。母の苦労と屈辱感を思い、「女もまず経済的に自立しなければ」と、少女時代から考えていた。

男女差別が公然と目に見えていた時代、将来の職業として「女性が自立して食べて行けること、男女間で賃金格差がないこと」を条件に考えると、「学校の先生」しか思いつかなかった。

大阪府立高津高校を卒業後、一浪して京大文学部に入学した。入学してすぐ、「教職をめざすより、もう少し学問を深めたい。でも学者になるまでの力はない。それなら、しっかり資格を持って男女関係なく仕事をしていけるのは法曹資格だ」と思い直し、2年生から法学部に転部する。

司法試験をめざす勉強を始めたのは3年生になってから。同じクラスの6人で始めた小さな勉強会の中に、のちに夫となる山田幸彦弁護士もいた。6人のうち万里子も含め4人が合格。万里子は在学中の4年生のときに合格している。

「学問の自由」や「大学の自治」などを掲げた学生運動に人並みには参加したが、今ふりかえってみれば、「しかし、そういう理念を腹に据え、人が生きていくうえでどれだけの意味があるのかまで掘り下げるまで、自分の血となり肉となるまではなっていなかった」とふり返る。そうした課題が、個の尊厳や人権問題と直結していることを実感するのは、修習生時代を経て弁護士実務を重ねていく中でだった。

修習生時代には青法協には加入していたが、「闘いの先頭に立つようなタイプ」では決してなかった。今回の23期修習生の記録出版活動についても、本の題名にある「闘い」という言葉に「腰が引けてしまって参加する気はなかった」。そんな万里子が参加するきっかけになったのも、「忘れっぽい私の忘却の彼方にあった、あの手紙」の存在を、50年後、阪口本人から示されたからだった。

修習の前期終了時点で結婚した万里子は、大阪弁護士会での4年間の活動を経て名古屋弁護士会に登録替えする。夫の幸彦の実家が名古屋の西隣の大治町にあり、長男である幸彦は実家の跡継ぎとして帰郷する必要があった。夫妻の人生にとって「数少ない夫唱婦随の決断だった」と夫妻ともに笑う。

「子どもが大好き」という万里子は4人の子育てをしながら、ほとんど休まずに弁護士活動に取り組んできた。その中で、多くのことを学んだ。非行少年や児童虐待の「加害者」たちの多くが、実は、過去に「いじめ」「虐待」の被害者だったのに誰からも手を差し伸べられなかったことを知った。

それまでの人生を知ることなく、今、目の前にいるその人を理解することはできないとの思いで、今も、家族の「事件」に力を注いでいる。

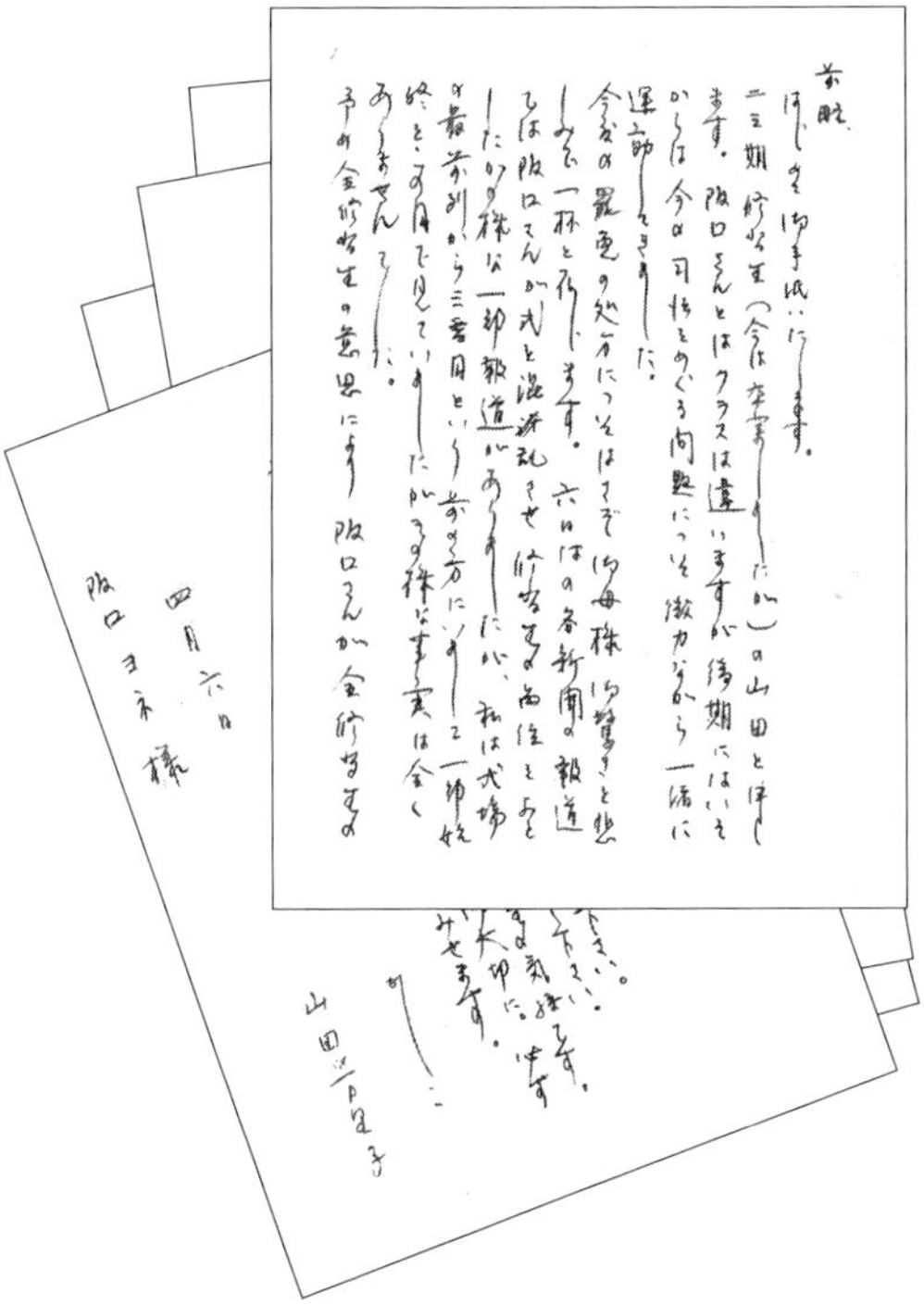
拝啓
はじめて御手紙いたします。

二三期修習生（今は罷免されましたが）の山田と申します。阪口さんとはクラスは違いますが後期にはいってからは今の司法をめぐる問題について微力ながら一緒に運動してきました。

今度の罷免の処分についてはさぞ御母様も御驚きと悲しみで一杯と存じます。六日は各新聞の報道では阪口さんが式を混乱させ修習生の品位をおとしたかの様な一部報道がありましたが、私は式場の最前列から三番目という前の方にいて一部始終をこの目で見ていましたが、その様な事実は全くありません。

今の全修習生の意思によって阪口さんが全修習生の

四月六日
阪口ヨネ様

山田万里子

【16】社会的弱者の救済に関わる仕事を

山田幸彦　弁護士

やまだ・ゆきひこ　1946年8月16日生まれ

名古屋弁護士会（現愛知県弁護士会）会長や日弁連副会長を務め、医療過誤や薬害訴訟、なかでも予防接種禍損害賠償訴訟や薬害エイズ訴訟などに取り組んで成果をあげてきた山田幸彦は、23期同期の阪口徳雄「罷免」事件に際して、阪口の母に励ましの書簡を送った山田万里子弁護士の夫でもある。ともに京大法学部時代、司法試験の勉強会で知り合い、ともに在学中に合格。ともに研修所に入り、研修1年目を終えたところで結婚。そして、ともに研修所に入ってすぐ、ごく自然に青法協の会員になっている。

幸彦は愛知県大治町の旧家の長男として生まれた。父は小学校教員。子ども時代の幸彦は「まじめ一筋のおとなしい少年」で、進学校の県立旭丘高校に入学してからは、バンカラの校風の同校の方針で部活動への全員強制加入もあり、硬式野球部に入ってレギュラーの外野手となった。といっても同学年の部員が9人だったからで、大会では1回戦か2回戦で負けることが多かったという。勉強はできたから京大法学部をめざして現役合格したが、法曹志望だったからではなく、旧家の跡継ぎとしていずれ帰郷しなければならず、地元の企業か公務員になることを想定しての手堅い学部選びだった。

大学でもスポーツを楽しみ、当時は関西一部リーグに所属していたサッカー部でゴールキーパーを務めていたこともある。

そんな幸彦が司法試験を受ける気になったのは、法学部のクラスメートから勉強会に誘われたことがきっかけだった。同時代の空気の中で、社会の不正に対する怒りや平和と民主主義に対する素朴な熱意は持っていたが、当時キャンパスで吹き荒れていた学生運動の闘士になりきることもできず、かといってカネや権力をめざす人生を選択できるほどドライな性格でもなかった。そんな幸彦が勉強会に参加する中で、「法律家の道を選べば、できる限り自分の良心に従った人生を歩むことができるのではないか」と考えるようになったのは3年生の夏。本格的に司法試験の勉強に取り組みだした。それでも、「もし在学中に受かっていなかったら法曹にはならずに別の道を選んでいたと思う」と淡々と語るような、冷静であっさりした性格でもある。

幸彦は、実は研修所入所当初は、裁判官志望だった。弁護士はある意味、人づきあいも大切で顧客相手の「人気商売」といった側面もあるが、幸彦自らも認める「きまじめで実直な性格」は「裁判官に向いている」と考えたのだった。

前期修習中には、休みを利用して青法協主催の安中公害の現地調査に泊まり込みで参加した。先輩弁護士たちが被害農家を一軒一軒訪ねていくのについていき、夜遅くまで農民と語り合う姿に多くを学び、観念的な法曹への認識を打ち破る強烈な体験をする。のちに万里子と共有する理念、「社会的弱者の人権救済につながるような仕事をしよう」という価値観の基礎となる経験だったが、こうした社会の実現のためにも、「最後に判断を下すのは裁判官であり、裁判官がしっかりしていなければならない」という若き法曹の卵の意気込みもあった。

幸彦が今でも鮮明に覚えている研修所主催の前期の行事があった。現役の東京地裁の判事を招いて模擬裁判を実演、訴訟指揮や進行の実際を学ばせるというものだった。その後、しばらくして今度は青法協主催の修習生歓迎会に参加すると、その同じ判事が青法協裁判官部会の代表としてあいさつに来ていた。

「僕らの入所直後の時代は、修習生の半数近くが青法協の会員だったというだけでなく、研修所主催の行事でも、青法協メンバーの判事が指導者となり、研修所が修習生に見せるべき、魅力ある裁判官のモデルだったのです。青法協の会員になるというのは、そのくらい自然だったのです」と幸彦はふり返る。

それが入所半年後の69年秋には長沼ナイキ訴訟に関連して「平賀書簡」事件が発覚。これに端を発するように青法協攻撃が激化する中、幸彦が京都での実務修習中の70年1月には、最高裁事務総局付判事補の青法協会員が全員退会させられるなど、最高裁による「裁判官統制」が一挙に進んでいく。「これはいかん。こんな裁判所に入っても他の役所に入るのと同じで権力の歯車、駒の一つになるしかないのではないか」と危惧した幸彦は、同期の青法協機関紙に最高裁の司法行政を批判する投稿記事を実名で書いた。幸彦が裁判官志望に見切りをつけた瞬間だった。

のちに幸彦は、日弁連副会長として司法改革に取り組む中で、国民の司法参加制度（裁判員制度）の導入に深く関わることになるが、「閉ざされた『官僚司法』の弊害を修習生時代に身をもって体験した」というこのときの経験が、「国民に開かれた司法を少しでも推進しよう」という熱意の原動力のひとつになったことは間違いないだろう。

幸彦が実務修習を終えて東京での後期修習に戻ると、状況も雰囲気も激変していた。22期で任官拒否された三人よりもさらに多い任官拒否者を出してくるだろうとの想定のもと、幸彦らは青法協より広い枠組みの「任官拒否を許さぬ会」などの組織で議論を拡げ、署名活動などの対策を検討していった。

終了式があった71年4月5日当日の記憶は、妻の万里子の証言とほぼ同じだが、阪口に近い席に座っていた幸彦が、今なお、何よりも違和感を抱いているのは、「任官拒否者の話を聞いてやってほしい」という阪口の極めて礼儀正しい提案、発言があったとき、所長の側から「いや、それは今はできないから」などという制止も一切なく、いきなり「閉会宣言」が出され、そこから混乱が始まったことだった。

その夜の阪口本人からの罷免の報告。「ショックだし、こんなことがあるのか」。研修所にとっていくら気に入らないことであっても、いきなり罷免というのはあるのか。「権力の恐ろしさ」を見た。

山田幸彦・万里子夫妻は終了式が済めばともに大阪に赴任することになっており、万里子の出産も近づいていたので、東京都内のアパートもすぐに引き払う予定になっていた。当時、約500人の修習生のうち、350人ほどが弁護士になっているが、幸彦の登録番号は同期の中でかなり遅い300番前後だった。仲間の代表が罷免されているのに、自分たちだけが先に弁護士になってもいいのか、幸彦の中に逡巡と迷いがあったことを示している。

だから2年後に阪口が法曹資格を回復したときは、「ようやく突き刺さっていたトゲが取れた。ほんとうにうれしかった」と語る。

万里子が阪口の母にあの手紙を出したことは、今回、「初めて知った」と幸彦はいう。内容を読んで「いかにも彼女らしい手紙」とほほ笑む。万里子と2人でつくってきた名古屋市内の法律事務所を経営する幸彦は、「彼女はやりたいことをやる人、僕はやるべきことをやる人。それぞれの個性を互いに尊重し、カバーしあってちょうどいい組み合わせでいいんじゃないんですか」と語る。

本田雅和（ほんだ まさかず）

ジャーナリスト。1979年、朝日新聞社に入社。社会部や週刊朝日記者として、在日朝鮮人や部落差別問題、日本軍「慰安婦」や強制連行問題、天皇制と戦争責任、非暴力不服従運動などの報道に取り組んできた。1992～93年＝米ジョージタウン大学公共政策大学院フルブライト客員研究員、98年＝米日財団フェローとして辺境先住民と都市スラムの調査研究に従事。フィリピン新人民軍同行ルポやアフガン、イラク戦争、パレスチナ難民と自爆テロ問題などを取材。著書に『原発に抗う』（緑風出版）、『環境レイシズム』（解放出版）。共著に『ジャーナリズムの可能性』『日朝交渉』（以上、岩波書店）など。

第三章　生涯と生きがいを語る

弁護士活動

阪口徳雄

法曹界のスタート

大学時代に学生運動の隅で活動した為に、司法試験の勉強は全くせず、大学4年末まで就職できなかった。長兄が「司法試験でも受ければどうか。徳雄なら合格するだろう」と勧めてくれた。卒業後に初めて択一試験を受けたが、惨憺たる結果であった。しかし翌年択一に合格し、翌々年には最終合格できた。これを認めてくれた長兄夫婦に感謝した。

罷免後、資格回復まで2年間は23期の方、多くの弁護士、国民の支援に感謝して、秘かに「多くの国民の為の弁護士になろう」と決意した。

2年遅れの弁護士のスタートは、東京の23期の澤藤統一郎弁護士が在籍する東京大田区蒲田の法律事務所にお世話になった。この事務所には1973年4月〜1981年4月まで在籍した。労働者、市民など庶民の事件が圧倒的で、事件数も多く、5年もすれば、一般の法律事務所の10年分に相当したほど、鍛えられた。一番印象に残っている事件は、当時はサラ金事件の取立は厳しく、夜逃げが一般であった。その中で「深夜、通勤途上、勤務先などでの取立禁止」の仮処分決定を全国で初めて東京地裁で勝ち取ったことがある。これが後日のサラ金法の条文に導入されるなど威力を発揮した。

司法問題への取り組み

9年目に大阪に帰ることになり、今度は23期の井上善雄弁護士の事務所にお世話になった。私は、ことある事に同期の弁護士に助けられた。

井上弁護士のおかげで、比較的時間的余裕もでてきたので、司法問題に取り組み始めた。

当時は、裁判所の中は「物言えば唇寒し」という風潮が支配していた。その露骨な風潮は石田和外最高裁長官から始まり、順次最高裁長官に引き継がれ、それを支える事務総局、それに迎合する官僚裁判官達がこの異常な「非常識」を押し進めていた。

司法問題は私に課せられた課題と思っていたので、最初に、裁判所内部で行われている、裁判官の任地、昇格、給与差別などの実態を、村松昭夫弁護士（大阪・34期）らと共同して現職の裁判官や退官した弁護士からヒヤリングする等の活動を行い、その調査結果は弁護士会報やマスコミなどに公表した。

秘密扱いであった裁判官会同、協議会執務資料を入手してシンポを開き判決統制の実態を社会に公表した。

しかし、最高裁という官僚組織は簡単な批判では変わらないことを知った。裁判に市民の常識を導入する陪審、参審制に関心が移った。ドイツ、スウェーデン、アメリカなどの調査に行き、日弁連などの司法シンポジウムなどにおいて、陪審、参審制の外国の制度の紹介に関与した。その後、矢口元最高裁長官が国民の参加などと言い始め、司法改革のはしりに関与した。

この間は、裁判所内部で行われている非常識を社会の常識で批判しようと試みたが最高裁の頑固な官僚制の前に挫折し、司法問題の活動は個人的には中途半端で終わった。

株主代表訴訟等の取り組み

１９９３年に松丸正弁護士（大阪・25期）と知り合い、この出会いがその後、四半世紀あまり株主代表訴訟等に取り組む契機になった。同年10月株主代表訴訟の印紙代が一律定額に改正されたので、これを活用して「企業の非常識を糾す」為に株主代表訴訟等に取り組むことになった。

ゼネコン大手のハザマの役員が賄賂で公共工事を受注していたことが発覚した。早速10月1日に代表訴訟を東京地裁に賄賂額が損害であるとして提訴を計画した。初めての代表訴訟であったので、弁護団（代理人は150名に達したが実働は東京と大阪で約25名前後）内部では議論が百出した。賄賂を配り会社が利益を受けたのだから会社に損害がないという「高邁」な理論を言う弁護士もいた。弁護団事務局長として、「そのような論理でもし裁判官が請求を棄却するなら、させれば良い。社会からその裁判官はもの笑い」「法理論より常識で裁判官を説得すること」と反論した。証人尋問もさせずに主張と書証だけで終結し、翌年12月に東地裁で勝訴して確定した。

この時に原告の松丸弁護士は「企業の非常識を社会の常識が裁いた」という名コメントを残した。この弁護団報酬が大阪の常任弁護団に入ったので、これを原資に株主オンブズマンを1996年2月に設立し、その後に、上場企業の約250社の株主から賛同を頂き、企業監視の日常体制を準備できた。

それ以降、高島屋総会利益供与事件を手がけた。原告は23期の木村弁護士が「俺、消費者問題をやっているので高島屋の株主になっている。もし代表訴訟するなら原告になるぜ」と連絡をくれた。弁護団長は山田庸男弁護士（大阪22期、民暴対策委員長、大阪弁護士会長など歴任）にお願いし、多くの民暴弁護士、消費者弁護士を公募して弁護団を結成した。提訴後、1年余り経過して株主代表訴訟において、会社を利害関係人に参加させ、総会屋との決別、株主総会のインターネット公開などを含む初めての和解が出来た。NHKがこの事件を特集したが、この中で、会社の役員が、自分の担当職務以外の問題でも責任を負うことを初めて知らされたとコメントしていたことが、非常に印象的であった。

その後、神戸製鋼所総会屋利益供与事件、三菱自動車クレーム隠し事件、橋梁談合事件など役員個人の「辞任」で終わる風潮を是正すべく、その個人的責任を問う株主代表訴訟を合計20件余提訴した。

２０１０年６月に由良尚文（51期）、前川拓郎（58期）の両弁護士が中心になって株主権利弁護団（現弁護団員数25名）が結成され、その団長を務めていたが、２０１６年９月、西松事件の東京高裁での和解で「公益財団法人政治資金センター」（http://openpolitics.or.jp/）の設立を契機に株主代表訴訟から引退した。

手前みそで恐縮であるが、多くの会社法の先生から大企業のコンプライアンスの定着について株主代表訴訟の果した役割について好意的な評価を頂いた。

代表訴訟だけではなく、株主総会のあり方について市民株主の目線で、改革を迫った。当時の株主総会は従業員株主を動員して「異議なし」「了解」と総会議場を圧倒して一般株主の発言を威圧していた。この訴訟の原告株主は泉南の柚岡一禎さんであった。大阪地裁、大阪高裁の判決では、結論が敗訴したが、従業員株主の異常行動の「不当性」が指摘され、従業員株主の発言による悪しき弊害の改革の大きなきっかけを作った。現実に株主総会のあり方を改善した事例として、２回も日経新聞の社説に評価された。

株主代表訴訟ではその限界を感じだしたので、高島屋弁護団と株主オンブズマンの共同で森岡教授の紹介でアメリカのモノ言う株主である「カルパース」（カリフォルニアの年金事業団）と交流する中で、株主提案の重要性を学んだ。

その翌年である２００２年に「ソニーの役員の報酬の個別開示の株主提案」を行った。２００７年には株主提案賛成が44％に達した。このような市民株主の常識が外国機関投資家の賛同を呼び、その後の1億円以上の役員の報酬の個別開示へのきっかけとなった。

当時は偽装事件が社会を賑わしていた。

雪印乳業の偽装事件が発覚するや、市民目線の社外役員の選任について株主提案をすることを公表するや、雪印の役員から当時の株主オンブズマンの代表であった森岡孝二（関西大学経済学部教授）と事務局長の私に面談要請があり、協議の結果、日和佐和子（消費者）を会社提案社外取締役として、実現した。その後、日和佐さんが社外取締役として、消費者の立場から雪印に貢献し、企業も消費者の立場から社外取締役の意見を参考にすることは「崩れた消費者の信頼回復」には役立ったのであろう。その後数年間、雪印の役員が、毎年報告に来てくれた。

株主権を行使する運動だけではなく、企業のコンプライアンスを現実に守る為に内部告発が大きな役割を果たすことを学び、大阪の学者、弁護士、公認会計士が公益通報（内部告発）支援センターを設置して、内部告発の具体的な相談を開始した。4年半に約350件の内部告発の相談を受けた。この成果を公益通報者保護法の制定の為に内閣府のプロジェクトチームに代表の片山登志子弁護士（40期）が選ばれ、国会の委員会で事務局長の私が参考人として証言するなど立法の作成に具体的に関与した。しかし、内部告発は威力があるが、この相談にボランティアで活動することは限界があり、法律の成立と同時に解散した。

株主オンブズマンは理念型の運動ではなく、現実の社会改革・改善を、市民の目線で、法を利用し、それを実践したので、成果もあり、世間の注目と評価を受けた。

成果ばかりではなく、完敗した事件もあった。企業の政治献金事件であった。企業献金を認めた八幡製鉄事件の大法廷判決（1970年6月）を見直すことにチャレンジした。熊谷組の福井地裁で一部勝訴する判決もで、企業献金を見直すチャンスを得たが、名古屋高裁金沢支部において、八幡献金事件を引用され全面敗訴した（最高裁に上告したが、棄却）。30年経過しても高裁、最高裁の裁判官達の頭は古い30年昔の八幡製鉄事件の化石のままであった。裁判所の古い体質を変えることができなかった。世間の常識でも企業の非常識＝政権政党が企業献金に依存する現実に迎合する常識に拘束される裁判官達の古い体質を突破できなかった。

政治とカネに関する政党、国会議員らの問題に取り組む過程で、弁護士、研究者、公認会計士と連携して、政治資金オンブズマンを結成して、これらの課題についても追及してきた。政治資金オンブズマン（https://seijishikin-ombudsman.com/）のサイトに活動歴をアップしている。政治資金規正法違反の国会議員を告発という法的手段で社会に明らかにしてきた。今まで告発した国会議員は50人を超える。最近では河井元法務大臣夫婦を広島地検に告発。これが広島地検を動かすきっかけとなった。

又、国会議員の政治とカネの収支報告書を一元管理してそれをインターネットに公開した。公益財団法人政治資金センター（https://www.openpolitics.or.jp/）の設立に関与し、現在共同代表だが、寄付が集まらず苦労している。

国の公文書の情報公開にむけて――官房機密費の情報公開

政権の裏金である、内閣官房報償費の情報開示請求をめざそうと原告の上脇博之（神戸学院大学法学部教授）と相談して2007年に情報公開の訴訟に踏み切った。政府の機密費とおおげさに言われているが、大半は政権の「国会対策費」などに支出されているのが実態であろう。政府の「常識」は世間の「非常識」であるという論理で取り組んだ。国の激しい抵抗で提訴後11年かかり、最高裁はやっと

2018年1月、「政策推進費」について一部開示命令をだした。官房長官の「掴みカネ」「闇カネ」の実態が一部明らかになっただけだが、マスコミに大きく報道され、苦労が癒された。

情報公開に詳しい最高裁判事になった宇賀克也氏から「情報公開・オープンデータ・公文書管理」の本の中で「内閣官房報償費の大半が政策推進費として支払われていることを国民が知ることができた意義は大きい」と評価して頂いた。

その結果、誰でも官房機密費の「政策推進費」については情報公開が出来ることになった。

2021年1月4日の赤旗新聞報道によると菅総理が官房長官時代に使った金は1日307万円×2822日の期間に86億円超という巨額のカネに達していることが明らかになってきた。

森友問題の取り組み

政府、官僚の常識は社会の非常識の典型事例が森友問題において露見された。

この問題を社会に明らかにしたのは木村市議の情報公開請求であった。情報公開請求を活用して政権を揺り動かした、豊中市の木村市議の果たした役割は大きい。日頃、税金などの使途に関心を持つ者が出来る事柄であると感動を覚えた。

私達弁護士・研究者らも約300名で、真相解明の会を結成し、2017年4月から活動を開始した。出来ることは全てやるとの決意で、刑事告発、情報公開請求、会計検査院などへの要請など活動の詳細はHPを参照して頂きたい。(http://kokuyuuti-sinsoukaimei.com/)

残念ながら、検察は安倍政権に怯え、又は忖度して告発事件を全部不起訴にした。真相はうやむやのままである。しかし、その中でも、2020年6月の大阪地裁判決は公文書の財務省の管理のデタラメを指摘し、しかも国の応訴態度について異例にも厳しく批判する判決を勝ち取ったことについて弁護団団長を務めた苦労の甲斐があった。（https://kokuyuuti-sinsoukaimei.com/7724/）

政府の公文書のあり方を考える弁護士・研究者の会の発足

政府の公文書は安倍政権になってから法の支配が中央省庁では通用せず、安倍の意向のみが支配した。森友問題、加計学園問題、「さくらを見る会」の招待者名簿の廃棄など多くの疑惑がうやむやになっている。国会では安倍が平気でウソをついても多数の議席の前にそれ以上追及できない。

「政権の守護神」と言われた黒川検事長の閣議決定による勤務延長などもその典型である。

発端は内閣官房人事局にあるのに、その文書は存在せず、法務省があたかも解釈変更したかのごとき文書一枚を原告上脇教授に開示してきた。誰が作成したのか、作成日時も不明の「怪文書」といえる代物である。その取消訴訟を大阪地裁に提訴して係争中。

評判の悪いアベノマスクの一枚当たりの単価も開示してこなかった。これでは安倍コロナ対策の失敗例の検証を国民ができない。いや国民にさせたくないのであろう。

私達は、今後、情報公開訴訟を活用して、安倍、菅政権が、如何に作成すべき公文書を作成せず、又は廃棄、改ざんし、中央省庁の公文書文化を破壊したか、今後数年かけて、この実態を明らかにしようと決意した。

「政府の公文書のあり方を考える弁護士・研究者の会」を結成した理由である。（https://kokuyuuti-sinsoukaimei.com/category/koukbunsho/koubunsho-activities/）

50年の総括

組織のトップ、特に人事権を持つ者が長く在籍すればするほど組織内には社会の常識と著しく乖離した「非常識」がはびこりがちである。組織の持つ本質的な欠陥であることを知った。それは外部からその是正がない限り、組織の自浄作用が期待されないことも知った。弁護士の役割は、法という武器を使って、この組織の「非常識」に向けての改革・改善のきっかけを作り出すことではないかと思う。公開の法廷や検察を利用して明らかにさせるという役割を果たせるのは弁護士にあたえられた「特権」である。同時にそれは社会・国民に対する弁護士の責務だと思う。50年の総括である。

どう生きて来たか。

梓澤和幸

辛い体験だった。生きた心地がしない。自分もともに決めた行動の方針通りに慎重に行動した友人が法律家の資格をはく奪されたからだ。厳しい試練にさらされた司法試験の結果獲得している法曹資格である。阪口君罷免から資格回復までの2年の体験は、自分の生き方、職業観、人間観の基礎となった。人を見る目が厳しくなったかもしれない。

「理屈、理論、組織、より自分の心の奥底まで降りて行ってこれだと納得できるまで一歩を踏みださない」

「父母、妻、子ども、兄弟、友だちを大切にする」

「人間はみな平等、事務局も弁護士も同じ人間」

「住民運動―労働運動関係の事件、弁護士会の活動、法律家の団体の活動などの活動と通常の民事事件、刑事事件への情熱に差を設けない。どの事件でも依頼してくださるお客さんとともに歩む」

「警察や暴力団、団体の幹部など力の強い組織や個人が出てきても後ろに下がらない」

「自分より若い世代である学生、高校生、司法修習生、小学生、中学生との行き来を大切にする」

これは理想である。突っ込まれると恥ずかしい失敗の体験もどっさりある。


〈韓国との交流、沖縄との交流〉


韓国には1990年初めて渡った。この国では軍事政権の支配が解かれたばかりで、たくさんの学生、労働者、活動家が命を落とした光州事件から10年しか経っていなかった。一緒に行った小野寺利孝弁護士は身柄拘束、退去強制の危険も気にしてさまざまの配慮をした末での旅行だった。韓国では家族が投獄されたり、弾圧で命を失ったりした人たちにもお話を聞いた。

民主社会のための弁護士集団（民弁）の若い弁護士と初めて食事会をし、著名な韓勝憲（ハンスンホン）弁護士、監獄に17年閉じ込められていた徐俊植（ソジュンシク）氏と出会った。京都出身の在日長期囚で徐勝（ソスン）氏の弟である。後にソウル市長になった朴元淳（パクウオンスン）氏にも初めて会った。ハンギョレ新聞のコラムを書いておられた。

どの人にも共通するのだが、自分の体験を感性豊かに、まるで詩をうたうように語るのに驚いた。韓勝憲（ハンスンホン）弁護士が40代の10年法曹資格を奪われた体験を話すのに「花の40代を奪われたのです。悔しいことだった。」といって傷の深さが痛むように顔をゆがめたのには胸をつかれた。

この交流の中で、韓国には友人と呼べる弁護士、研究者との知己を得た。

似た経験は沖縄の人たちとの交流にもある。

2018年、日本ペンクラブが開いた「平和の日の集い」を準備する過程で、作家、研究者、新聞社の記者、幹部と　肝胆相照らす仲になった。

通い合う感情が韓国、沖縄と共通している。どちらの場合も感性豊かな優しい人々であり、それぞれの個人との友情が長く続く。

2020年5月、コロナウイルスの鎮静化に成果を上げている要因について、日本に10年も留学した李京柱（イキョンジュ）法科大学院教授（憲法）にもズーム会議で詳しく教えていただいた。

この成果の底には、自分たちが選ぶことのできた政権と市民の信頼関係があるということを、根拠をもって受け取ることができた。日韓双方の不信感を超えて感染症検査キット、医療機器の支援、経験の交流にもつながってゆく民間外交の出発点にもしてゆく可能性を見た。

〈外国人事件と日本をアジアから見る視線〉

1990年代初め、アジア各国から日本に多数の外国人労働者が入ってきた。短期滞在の在留資格で入国し、在留期間を過ぎても滞在して働き、出身国に仕送りをする。

入管法で退去強制の対象になったり、入管法違反や入管法による別件逮捕が行われることがあった。弁護士会や外国人救援団体からの紹介で、在留特別許可の申し立て、起訴前の刑事弁護活動に取り組んだ。他の人が取り組まないが、ここに窮状にある人がいる。新しい人権問題は弁護士として取り組む意欲をそそった。次から次へと事件が押し寄せてくる。肉体的には疲労したが、精神的な高揚感を体験した。被害者が重傷を負い、殺人未遂として起訴された事件で一審実刑、控訴審で執行猶予という成果をあげたことがある。捜査官に取調べ中に拷問されたという主張が控訴審裁判官の理解を得たのだ。意味が分かっていない様子のフィリッピン人の被告人に法廷でその意味を説明したことがあった。天を仰ぐように顔をあげる男性の顔は印象的だった。

在留特別許可を獲得できて日本における結婚生活を保障されたパキスタン人とその妻となる女性がいた。背中いっぱいに幸福感をにじませて入国管理局から退出してゆくカップルを見送ったときの光景は記憶に鮮やかだ。まだ在留特別許可がそんなに出なかった頃だったが、新聞で大きく報道されたことが力になった。一緒に見送る新聞記者が「幸せそうですねえ」と言った言葉の響きが胸によみがえる。

このような「成功」といえる事件の記憶とともに課題が残されたこの分野での事件もあった。本当にそうだ。申し訳ない失敗もあった。

〈金景錫事件と徴用工問題〉

戦争中、官あっせんという労働力動員で、日本鋼管川崎工場に連行されてきた労働者が依頼人だった。ストライキという言葉が死語と化していた1943年、工場の食堂に座り込んで約800名の朝鮮半島から連行されてきた青年労働者が罷業した。民族差別を込めた日本鋼管幹部の書籍での発言に抗議した行動である。指導者と目された金景錫（キムギョンソク）さん――当時18歳――は、私服警官や日本鋼管従業員など4，5人によって、天井からつるされ、相当長時間にわたり、ストライキへの報復として、さんざんに木刀や竹刀で殴打された。右肩骨折、右腕脱臼の後遺症が残った（一審判決の認定）。帰郷は許されたが、会社への貯金、退職金、旅費は支給されなかった。仲間からの餞別で帰国した（同上認定）。金景錫さんは、1991年単身日本にわたり、自分で書いた手書きの訴状を東京地裁に出し、原告となった。若手に呼びかけて7人の弁護団を作り、6年後一審判決。時効で敗訴したが控訴審で410万円の和解が成立した。一審の詳しい事実認定と日本鋼管少数派労働組合、地元ユニオンの支援、ご本人の気高い意思、が要因となった。国内外のメディアが詳しく報道してくれた。TIME、オーストラリアの放送局、ハンギョレ、KBS（韓国の放送局）も伝えた。この件を詳しく書いたのは、今、日韓の外交問題になっている徴用工判決の第一弾ともいえる事件だからである。8年取り組んだ事件として獲得した金額はささやかだったが、軍事政権の下では渡日もままならず、初めての徴用工として先端を切り開いた取り組みの一端を担うことができた経験である。事件にかかわってみると、韓国の法廷で日本の企業を相手に立ち上がった人たちの内面を実感として認識でき、日本の国内にも語り掛けることができる。

〈報道と人権〉

弁護士会の勉強会で、幼児殺害冤罪事件の捜査段階の報道で、殺人犯扱いされた青年の悲痛な声を聞いたことがこの問題に取り組む端緒の一つとなった。新聞労連の勉強会に招かれて報告した。この事件を他紙に先駆けて取り上げた三大紙の記者が勉強会の幹事役だった。

会場となった旅館の玄関で出迎えた幹事役の記者は40前後だった。「今日はどんな話になるんでしょう」と、自分の会社の報道がやり玉に挙げられるのかどうかをひどく気にしている様子だった。メディア全体の報道の在り方を研究する会で、自社のことを過大に気にするその様子に違和感を持った。分科会の報告では事例の体験と改善の方向性にふれた。警察の情報を垂れ流すだけではだめで、自分の足で稼いだ情報を記事にすることというのが、わたくしの提案の核心だった。報告を聞いているうちはノートをよくとってくれ、ふんふんとうなずいていた社会部の記者やデスクが、1時間半ほど一巡するとほとんど例外なく「理想はわかるが、現実はそうはいかない」というのだった。深い敗北感を味わう体験だった。

法律雑誌やメディア論を扱うレポート誌、マスコミ関係の労働組合に呼ばれて講演することが増えた。ある年、人権研究交流集会で報道と人権の分科会が開かれた。実名報道で被害を受けた人々のアンケートを取り発表した。それが朝日新聞に取り上げられ、大きな反響を呼んだ。横領で逮捕されたが、不起訴になっていたことが分かったので、名誉回復の実現のため東京に隣接する都市の各紙支局を回った。深夜まで働く新聞記者たちの実態にも触れた。名誉回復記事は実現したが、真の報道改善のためには前線の記者を非難糾弾するやり方とは違う道を探る必要性を感じ、その研究と実践を継続する気持ちを固めた。

この時以来、この分野で仮処分、本訴の経験を積んだが、個別の救済とともに全体の改革をすることを忘れぬ取り組みを続け、提言のため書籍をまとめたりした。

この取り組みのなかで、報道被害にあった方々との交流を積んだが、記者、ジャーナリスト、報道機関幹部、メディア論の研究者との知己を得たことが大きな財産となっている。

記者が真実を書いたが、社内で冷遇されたり、自社の記事に掲載できずに社外で書くことによる不利益を受けたり、取材の上での不手際で退社に追い込まれるなどといった相談とバックアップも重要な活動分野となった。

巨大な影響力をもつ報道機関の外部からの干渉をはねのける力と、内部の自由がなければ、民主主義は達成できない。戦争も阻止できない。この命題は学者の論文の力ではなく、現場のジャーナリストと外部の支援の実際の力で達成可能である。血と涙のにじむ格闘の体験からそれはわたくしの信念となった。東京新聞望月衣塑子記者の体験記や『新聞記者』という映画がこの信念を裏付けてくれた。

この信念を深く共有した若手弁護士がいた。日隅一雄弁護士である。彼と一緒にネットメディアNPJを設立したこともこうしたメディア問題の実践の軌跡の上にあった。

〈若い人たちとともに——法廷での弁論〉

私の法的実践では、住民運動がかかわる行政機関、国、自治体を被告とする事案が多い。築地移転反対、石原都知事の豊洲移転目的の高額土地買い上げ違法を請求原因とする損害賠償請求訴訟、中央区再開発目的のための都市計画決定取り消し訴訟などなど。冗談だが、「たまにはあなたにも勝たせてあげたいわねえ」などと妻が言う。そんなことはないよ。俺だって勝ってるんだ」という応答があったりする。しかし行政訴訟ではなかなか勝訴判決を獲得することは少ない。

どう考えて事件に臨むか。

第一　法廷を、行政の過ちに対峙する民衆の演壇と考えて臨む。

裁判官に心からなる敬意をささげるが、腰を卑屈に曲げてお願いの姿勢をとらない。訴訟の正当で合理的な所以を、書面の朗読でなく、「弁論」——として行う。当たり前のことを言わずに自分の肉体を通した言葉として表現する。ふじたあさやという有名な演出家が新劇の若い女優さんに「自分の出した声が壁にあたって自分のところに帰ってきているか」と指導するのを聞いた。１００人の傍聴が入る法廷で、傍聴人から若い弁護士の言葉が聞こえないという苦情があったので同じことをアドバイスした。

結論まで決めてしまっているというそぶりの裁判官でも考え直すはず、という信頼を寄せて話す。

三人の裁判官が臨む合議事件でこんな言い方をした。「この法廷に立ち会うすべての法律家に次のことが問われている、すなわちあなたがなぜ法律家になったか、という初心に帰ることだ。私もそのことを問いながら今ここに立っている」と言って迫った。判決は敗訴したが、左陪席は起案しながらこの言葉が何かの思惟をもたらしたのか、判決読み上げの直前に少し感情をこめながら、わたくしの目を強く覗き込むようにしていた。判決文を読むと多少こちらの主張を取り入れた判決文だった。よろず無駄なことは何一つない、と思った。

第二　住民が主人公になる訴訟は情報公開の役割を果たす。

築地移転の訴訟では、都知事が交代したことで、膨大な内部資料が開示された。これは以前の都知事が行った土地買い上げ決定に至る以前の都政内部の内部資料をつぶさに明らかにするものであった。

〈若い人たちとともに　憲法運動〉

私の実践と思索の中で戦争に反対すること、民主主義に反する立法に反対する行動はかなり大きな部分を占めるのでそのことについても書きたい。

中心になるのは、学生、高校生、中学生、小学生とどう語り合うかということだ。

国分寺市の人権擁護委員を50代から60代にかけて10年担当したおかげで、中学生、小学生と対話する機会が多かった。５分か10分で朝礼の時間に人権の話をしてほしいと頼まれる。ハンセン病患者さんを強制隔離したことが違法だったとした熊本ハンセン病判決のことを話した。冬の朝、５００名の中学生の前である。話し出すと中学生の中に「聞いてらんねえよ」、という感じの笑いが少しずつひろがってゆく。慌てた。時間は5分だから、ストーリーは代えられない。家族から引き離されて隔離された子どもたちがどれだけ悲しかったか、調べたエピソードを話した。わきの下に汗がにじんだ。後半にさしかかると笑いが静まった。終わった。

そのとき感じ入ったように拍手が起こった。長く続く拍手だった。

2015年安保法制が国会の安保特別委員会を強行採決で通った日のことも忘れられない。国会議員面会所前から首相官邸前にさしかかるあたりを歩くと、永田町駅方面から地からわき出でるように人が次から次へと歩いてくる。学生、30歳前後の若いサラリーマンが多かった。まさか、と思うような知り合いの大企業の取締役幹部にもあった。

学生らしいかたまりの一人に聞いた。横顔が理知的で、きっと口を結んでいる。いろいろ聞いてみたかった。

「シールズですか」

「いや違います」と言って学生は前方を見据えるように視線を投げ、口をきっと結んだ。

こういう日々の中、国会前で知り合った、都内私立高校、中学校の生徒たちを座談会に誘い、書籍『改憲　どう考える緊急事態条項、9条自衛隊明記』（同時代社　2017年）という拙著に収録した。

平和、憲法、共謀罪、集団的自衛権、沖縄をめぐる集会、講演のどんなときにも最優先に考えるのは若い人たちのこと、学生のこと、子どもたちのこと。彼らの参加の道筋である。

任官拒否、修習生罷免の当時、わたくしは28歳だった。これまでの50年を振り返るに、それを韓国、フィリピン、イラク、アメリカ、ドイツ、フランスなどの世界の若者が歩んできた歴史と照らし合わせるに、あまりにもわたくしたちの世代がなしえたことは未完である。

しかし、次のことは信じている。人権を守るために立ち上がった人たちの尊い精神や若いなりに未熟に取り組んできた弁護士たちの熱意は今という時代に必ず反響する。

この文章は試練と向きあった20代、30代の若者たちからの、今を生きる青年、学生、司法修習生への時を超えたメッセージとして読んでいただければと思う。

市民オンブズマン活動の可能性を追い続けて

井上善雄

1．1960〜70年代の学生運動にはのめり込まず司法試験の合格を目指した。

学生運動には一定の意義を感じながらも人生をかける事はできなかった。幸いにも京都大学入学・司法試験に1回で合格し、1969年4月、23期修習生として採用された。修習期間中、松戸寮から都内の紀尾井町の研修所に通った。学生気分が残り、教官たちに学生並みの要求もした。修習生として最も若い年齢で世間知らずだった。

青年法律家協会を敵視していた最高裁判所は青法協差別を始めていた。

このような下で、私たちは反発を深めていた。前記修習中の4月以降、私たちはクラス連絡委員会という自治組織を作った。そして東大生を優遇した7月入所について対象学生らに質問と要望書を出した。それに対して研修所は処分も辞さないと発表した。連絡委員会（委員長井上善雄）は、こんな状況では運動が出来ないと要望を撤回し、組織の在り方を考えるようになった。

この為、後期修習期間では委員長に同じ組の阪口徳雄氏が選ばれた。この経過を得て、1971年3月阪口氏は修了式での「任官を拒否された修習生の意見を聞くよう」伝えた発言が修了式を混乱させたとして、一切の事情を聴かず最高裁（石田和外長官）から罷免された。

修習生はもとより研修所教官も含め罷免処分の非条理さは明らかであった。しかし、身分回復のためにその無効を裁判等で争うことは少数意見であった。

2. 修習生の運動で挫折した私は大阪の平和合同法律事務所（亀田得治所長）に採用され弁護士としてスタートを切った。

事務所は労働事件や在日韓国朝鮮人の依頼を受けた事件が多く、新しい事件は自由にやらせてもらった。

当時問題となっていた道路公害問題（大阪泉北線高速道路）に23期グループとしてボランティア本位で住民の側で活動を始めると、新聞は私に「奉仕弁護士」とネーミングを付けて紹介した。以来、私は公害問題や消費者問題についてはその活動が私的報酬を受けるに足りるかどうか考えるようになった。

現在でも続いている中津コーポ横の高速道路問題や近畿各地の道路公害問題、加えて事務所が依頼を受けていた農薬ニッソール散布中毒死問題がそれである。

さらに、大阪市西淀川区の出身であった私は四日市大気汚染裁判の成果をふまえ西淀川区の公害裁判の相談を受けるようになった。西淀川公害は四日市公害のような加害企業が限られたコンビナート公害ではなく、無数の発生源が地域内外にあり、大気汚染物質の排出量も不明であった。このため若い弁護士が集まり西淀川大気汚染研究会をつくり文字通り零からこの問題に取り組まねばならなかった。大阪弁護士会の公害対策委員会で取り上げてもらい、弁護団を結成するまで約10年を要した。西淀川裁判は原告団の声を受けて企業への損害賠償請求だけでなく国道2・43号線の道路公害を含む大気汚染の排出差し止めを求めるものになった。この裁判は20年に及ぶ闘いとなり、原告団住民の勝利の和解で終えた。

現在も「西淀川患者と家族の会」は活動し、裁判で勝利した基金を基に「公益法人あおぞら財団」として世界に「西淀川公害と住民のたたかい」を発信し、国内外からの学習視察者が絶えない。

3．弁護士になって奈良県橿原市の近鉄沿線に住むようになった。通勤で利用する近鉄特急料金が利用者の意見を聞かないまま値上げをすることに疑問を持った。1972年6月5日、大阪地裁に特急料金の認可処分の取り消し訴訟をした。このような訴えは極めて珍しく、同期の修習生の仲間にも「珍訴奇訴」と言われた。この訴訟は多くの原告代理人団さらには阿部神戸大教授の鑑定書も頂き、大阪地裁（古崎慶長裁判長）は戦時立法に基づく認可は違法と判じた。このような困難な戦いも正当性があれば取り組むようになった。（路上自販機の撤去要求と裁判、食品の不実販売による損害賠償裁判、深夜電気料金裁判、運賃値上げをめぐる公聴会や電力値上げをめぐる公聴会での意見陳述など）

4．1980年12月、弁護士・税理士・公認会計士が集まり、大阪で「市民オンブズマン」を結成した。当時はなかった情報公開法や情報公開条例の制定をめぐる活動、政治家の倫理条例の制定をめぐる活動をした。また、大阪府・市等での自治体の公金支出をめぐり住民監査請求・住民訴訟に取り組むことになった。この裁判は行政よりの裁判所の司法判断で勝利は難しかったが、いくつか成果を上げた。

しかし、困難な闘いの割には経済的な負担が市民にとっても受任弁護士にも大きかった。この中で公正取引委員会が自治体の大型焼却場の受注入札で談合をしていたことを認定した。

市民オンブズマンはこの談合をめぐる自治体の損害を求めて住民監査請求と住民訴訟を提起した。当時、地方自治法の定めによれば、自治体の住民が直接談合企業ら不法行為企業に自治体に損害賠償をするよう求める制度であった。ごみ焼却場の建設費用は数十億円にも上るもので、談合の損害金は民事訴訟法の推定条文で裁判所が認定するところ受注額の5～10％と判断されたため損害額は数億円になった。この認定は原告らが勝訴判決を得た場合の原告らへの報酬規程によって原告らに大きな経済的利益をもたらした。

この事実は、自治体が入札での契約で企業が談合した場合の損害を予約し、自治体自身が損害賠償を求める契機となった。さらに市民オンブズマンが中心となって近畿の他府県兵庫・京都・奈良・和歌山のオンブズ活動を目指す人に「近畿オンブズネット」の結成を呼びかけ、毎月のように報告会や相談会を持つようになって今日に至っている。

１９８４年から、徳島県では県民の依頼で10件以上の情報公開請求訴訟・１００件以上の住民訴訟で戦った。16年の裁判の戦いをまとめ、２０００年、地元のオンブズマン徳島県民会議の名で『住民裁判に「敗北」なし』を出版している。

市民オンブズマン活動は１９９０年代に全国化し、毎年全国大会が開かれている。地方議員の政務調査費・政務活動費の不正支出、無駄使いも告発されている。

ユニークな活動としては、２０００年より自治体の行う包括外部監査を評価する「通信簿」とその通信簿に基づく当該自治体の対応度について点検を行いイエローブックとして毎年発行している。

5．１９９２年より第5大阪弁護士ビルにプロボノセンターが設置された。これは中坊公平弁護士の無償提供する施設を利用するものであった。プロボノとはProbomo Publico（良き社会のために）という事で社会的価値のある活動をする法律家や市民団体に様々な施設提供をして応援するものであった。私、井上はプロボノ運営委員会の長として管理責任者となった。（センターは２０２1年1月現在も続いている）

この第5弁護士事務所の1・2階を賃借して、１９９９年「大阪こうせつ法律事務所」を開設した。この事務所は大阪弁護士会が作り私が所長に選ばれたもので、アメリカ等でつくられている「公共利益法律事務所」のようなものになればと夢見ていたものである。少額事件、報酬が期待し難い事件の都市型法律事務所であった。こうせつ事務所は3年間継続し、一定の役割を終えたとして閉所されている。その後大阪では「刑事こうせつ法律事務所」が開設された。さらに日本弁護士連合会の援助もあって全国の弁護士不在の地方での法律事務所が次々と生まれている。

6．２０１１年から自ら刑事弁護の在り方について反省するようになった。

アルコール依存や各種薬物違反による犯罪や、ギャンブル依存による犯罪に対し従来型の弁護活動に疑問を持つようになった。これらの事件の犯罪については真の社会的原因を回避し、ひたすらのめり込んだ依存を反省させたり、依存の実態を現実よりも小さく言う弁護活動に疑問を持つようになった。真実は、酒、薬物、ギャンブルについて依存者を拡大する企業活動、政府こそギャンブル依存症の発生拡大の責任があると思うようになったのである。

アルコール、タバコは政府も販売に関わり、特別の税収を得ている。一方、覚せい剤等の薬物は厳しく取り締まり処罰している。

また、賭博、富くじは刑法で禁じられているが、政府、地方自治体が競馬、競輪、競艇、オートレース、宝くじ、スポーツくじで違法行為を適法として認めている。

これら依存性と使用の拡大を伴う行為は今日に至っている。

パチンコは実質賭博行為であり民間業者が全国に展開する。

パチンコやパチスロは、ゲーム機が全国で400万台以上あり、店が1万店以上あり、1店あたり100台以上集める一大ギャンブルセンターとなっている。店には遠方地からの車の来客の為に巨大駐車場を造っている。新聞の折り込み広告を使い新台導入で出玉を増やしているとの広告をして客集めをしている。

ギャンブル依存の中で最も多いのはパチンコ依存である。

例えば、刑事弁護をしていて盗犯、横領はパチンコが原因であることが多い。

逆に、盗まれた金が何に使われたかを詳しく調べるとギャンブルやその借金が多い。

これらを知って、2012年4月「ギャンブル依存症を生む公認ギャンブルをなくす会」を結成した。2013年4月より「ギャンブルオンブズマン」と称し、毎月ニュースを発行して今日に至る。

（2020年12月97号）

最近では「大阪舞洲に計画されているIRカジノに反対するキャンペーン」「大阪府市IR推進局による学生向けリーフレットへの取り組み」「IRカジノ推進の手段としてコロナ禍の下でも多額の費用を使って建設する舞洲万博への反対運動」等に取り組んでいる。

7. 私の今の仕事は一般の弁護士に比べると地域での活動が多い。（橿原市白橿町自治会・地域マンション管理組合・町つくり）への自主活動と、地域住人の相談・学習活動・季節行事（とんど・雛飾り・花見・こいのぼり渡し・七夕・夏祭り・案山子大会・月見等）の企画参加がある。白橿9条を守る会・しらかしの未来と文化を語る会の地域活動もある。

これらの活動をまとめた出版活動もある。

個々の依頼者の代理人の仕事、住民の監査請求や住民訴訟での原告代理人、市民オンブズマン活動の仕事が続いている。

8．阪口徳雄弁護士は1973年4月に弁護士登録を認められ、東京で弁護士をしていたが1981年4月から私のいる平和合同法律事務所に入所した。以来、私は阪口弁護士と同僚として仕事をするようになった。司法修習生時代の活動で阪口氏に多大な辛苦を負わせた一人として有り難かった。彼の仕事は司法の正常化を訴えることであった。その関係での仕事も担当された。

その後、阪口弁護士は平和合同法律事務所から独立され、政治資金の不正使用を徹底して追及されるようになった（政治資金オンブズマン等）。その活動は今も続けられている。

阪口弁護士による政治的問題点を指摘する告発の特徴は、若い弁護士と共に活動を行うことである。そのテーマは市民オンブズマン活動が追求しない企業や財界の刑事告発に及ぶ。企業の民事責任の追及、時には民事賠償責任の裁判、企業役員にまで及んでいる。

市民オンブズマン活動や公益追及活動について若手弁護士等の参加が求められている。しかし、我々の世代の働きかけと努力が私の身の回りでは期待するほどにはなっておらず反省している。

クレサラ運動、反貧困運動に取り組む

宇都宮 健児

はじめに～司法反動の嵐が吹き荒れた時代に修習

1971年3月、最高裁判所（最高裁）は、青年法律家協会（青法協）に加入していた宮本康昭判事補の再任を拒否し、23期司法修習生7名（うち6名が青法協会員、他の1名は「任官拒否を許さぬ会」の会員）に対する任官を拒否した。さらに、最高裁判所は同年4月5日、23期司法修習生の修了式で同期修習生の任官拒否問題について質問しようとした阪口徳雄クラス委員会委員長を即日罷免した。私自身23期司法修習生であり、任官拒否をされた7名の修習生や阪口君をよく知っていたので、大きな衝撃を受けた。

私たちは、宮本判事補の再任と任官拒否された同期司法修習生の任官、阪口君の罷免撤回を求めて運動を行ったが、宮本判事補の再任と同期修習生の任官は実現できなかった。阪口君に関しては、1973年に司法修習生として再採用され、弁護士となることができた。

司法反動の嵐が吹き荒れた時代に司法修習生であったこと、司法修習の期間中に素晴らしい仲間と出会えたことは、その後の私の弁護士活動に大きな影響を与えることになった。

1. クレサラ運動

(一) サラ金事件との出会い

サラ金問題が大きな社会問題となったのは1970年代後半である。当時はサラ金を規制する法律がなく、サラ金業者は年100％近くの高金利で貸し付けて、返済が滞ると暴力的・脅迫的な取立てを繰り返していた。このため、サラ金苦による自殺や夜逃げなどが多発し、大きな社会問題となっていった。

当時は、サラ金被害者が弁護士会の法律相談センターに相談に行っても引き受け手がなく、たらい回しにされるような状況であった。丁度その頃、私は8年勤めた最初の法律事務所をクビになり、2度目の法律事務所で働き始めていた。私が暇そうに見えたのか、東京弁護士会の法律相談センター担当職員から誰も引き受け手のないサラ金事件を紹介されたのが、私がサラ金事件と出会うきっかけであった。

私のところに相談に来るサラ金被害者は、自殺を図って手首に傷跡が残っている人、夜逃げをしてきた人など、さまざまであった。睡眠不足で目が充血し、青白い顔で頬がこけているような人がひっきりなしに相談にきた。弁護士である私が代理人になれば取立てが徐々に和らいでいくので、次に面談するときは、目の充血も治り、こけた頬も心なしかふっくらとして赤みを帯びている。「死なずにすみました」という言葉を聞くうちに、大きなやりがいを感じるようになった。

(二) 立法運動に取り組む

多くのサラ金事件を取り扱ううちに、弁護士会や法律事務所に相談に来るサラ金被害者はサラ金被害者のごく一部に過ぎないことに気づくようになった。大勢のサラ金被害者を救済するためには、サラ金3悪（高金利・過剰融資・過酷な取立て）を規制する立法運動が必要だと思い、23期同期の木村達也弁護士らが1978年に結成した「全国サラ金問題対策協議会」（現在の「全国クレサラ・生活再建問題対策協議会」）に参加して立法運動にも取り組むようになった。

この結果、1983年に「サラ金規制法」（貸金業規制法と出資法改正法）を成立させることができた。このときの出資法改正法で、出資法の上限金利が年109.5％から年40・004％まで引き下げられることになった。また、貸金業規制法により、無登録営業は禁止されるとともに暴力的・脅迫的取立てを禁止する取立規制が導入された。この取立規制によって、弁護士がサラ金業者へ事件受任の通知を出すだけで、サラ金業者の取立てが止まるようになった。

しかしながら、サラ金規制法では金利規制や過剰融資規制が不十分であったため、多重債務問題はその後、商工ローン問題、日掛け金融問題、ヤミ金融問題、違法年金担保金融問題などと形を変えて社会問題となり続けた。このため、私たちは引き続き立法運動に取り組み、商工ローン規制法、日掛け金融規制法、ヤミ金融対策法、違法年金担保金融規制法などを成立させた。

(三) クレサラ運動の歴史的勝利

2006年当時、大手サラ金業者は一部上場企業となり、経団連にも加盟していた。サラ金業者は、全国貸金業政治連盟という団体をつくり、活発なロビー活動を行っていた。また、アメリカ系サラ金会社や投資ファンドグループの意向を受けて、当時のブッシュ政権は、日本政府や自民党に対し金利引き下げに反対する働きかけを強めていた。さらに、前年に行われた郵政民営化を争点とする衆議院議員選挙で自民党が圧勝、国会の勢力図は政府与党(自民党・公明党)が圧倒的多数を占めていた。

このような金利引き下げに立ちはだかる巨大な壁を突破するために、私たちはそれまでの運動を飛躍的に拡大する必要に迫られ、私たちは労働者福祉中央協議会(中央労福協)との間で、私と菅井義夫さん(中央労福協事務局長)が代表世話人を務める「クレサラの金利問題を考える連絡会議」を発足させた。この結果、中央労福協の加盟団体である連合系の労働組合も金利引き下げ運動に参加するようになった。

また、日本弁護士連合会(日弁連)の中に私が本部長代行、新里宏二弁護士(仙台弁護士会所属)が事務局長を務める「上限金利引き下げ実現本部」を立ち上げ、全国の弁護士・弁護士会が一丸となって金利引き下げ問題に取り組む体勢をつくった。

私たちは、クレサラ運動のウイングを広げながら、340万人の金利引き下げ署名を集めて国会に提出した。また、43都道府県議会1136市区町村議会で高金利引き下げの決議を採択させることができた。さらに、与党のなかでも金利引き下げ派の国会議員が多数派となるようなロビー活動を徹底して行った。

このような取り組みの結果、2006年12月13日についに画期的な改正貸金業法を成立させることができた。改正貸金業法では、出資法の上限金利が年20％に引き下げられグレーゾーン金利が撤廃されるとともに、利息制限法の制限金利を超える貸付けが禁止された。また、年収の3分の1を超える貸付けを禁止するという総量規制が導入され、それまで不十分であった過剰融資規制が抜本的に強化された。

改正貸金業法が完全施行された後は、登録貸金業者数、ヤミ金融の数、多重債務者数、自己破産申立件数、経済・生活苦による自殺者数などは、大幅に減少するか激減してきている。

2. 反貧困運動

(一) 反貧困ネットワークの結成

私は、2006年頃から貧困問題にも取り組むようになった。多重債務問題の背景には、貧困問題があるからである。

もともと、多重債務者の多くは低所得者層・貧困層である。サラ金やヤミ金を利用する理由の多くは、生活苦や低所得、病気、医療費、失業、給料の減少など貧困に関わるものである。貧困問題に取り組むために、2007年10月「反貧困ネットワーク」を結成し、私が代表となり、湯浅誠さんが事務局長

（当時）となった。

(二)「年越し派遣村」の取り組み

2008年秋のリーマンショック後の世界的な経済不況により、日本では、自動車・電機などの製造業を中心に大量の派遣労働者の解雇、いわゆる〝派遣切り〟が行われ、職を失うと同時に寮や社宅を追い出され住まいを失い、野宿を余儀なくされた派遣労働者が大量に生み出された。

反貧困ネットワークは労働組合や市民団体と協力して、2008年暮から2009年初めにかけて野宿を余儀なくされた派遣労働者を支援するために東京霞ヶ関の日比谷公園に「年越し派遣村」を開設した。年越し派遣村の村長は、反貧困ネットワーク事務局長（当時）の湯浅誠さんが務め、私は名誉村長を務めた。

「年越し派遣村」の取り組みは、それまで見えにくかった日本社会で広がる貧困を可視化する取り組みとなった。反貧困ネットワークや年越し派遣村の取り組みはその後全国に広がっていった。

(三)「新型コロナ災害緊急アクション」の取り組み

新型コロナウイルス感染症の拡大に伴う政府や都道府県による自粛要請や休業要請により、多くの国民・市民が仕事を失い、住まいを失い、営業継続が困難となり、命と生活が脅かされている。とりわけ、非正規労働者やシングルマザー、障害者、外国人労働者といった社会的経済的弱者に大きなしわ寄せをもたらしている。コロナ災害の広がりや深刻さは、リーマンショック時を上回るものとなっている。そこで、反貧困ネットワークは、生活困窮者支援を行っている諸団体に呼びかけて、2020年3月24日「新型コロナ災害緊急アクション」を立ち上げ、仕事を失った人々、住まいを失った人々に対する支援活動を行ってきている。この緊急アクションには現在39団体が参加している。

また、反貧困ネットワークが呼びかけた「新型コロナウイルス緊急ささえあい基金」には、これまでに約２０００人を超える人から1億円を超える寄付が寄せられている（２０２1年1月15日現在）。

3．日弁連会長選挙

（一）無派閥で日弁連会長選挙に出馬

２００９年初め頃、弁護士有志から日弁連会長選挙への出馬要請があり、２０１０年2月に行われる日弁連会長選挙に出馬することになった。

それまでの日弁連会長は東京と大阪にある弁護士会の会長経験者が多かったが、私は所属する東京弁護士会の副会長の経験はあったが、会長の経験はなかった。また、それまでの日弁連会長は東京・大阪の弁護士会にある派閥に所属する会長が多かったが、私は東京弁護士会のどの派閥にも所属していなかった。

私の対立候補は、東京弁護士会の最大派閥である法友会に所属する前年まで東京弁護士会の会長であったY弁護士であった。Y弁護士は日弁連の歴代会長も推薦するいわゆる主流派の候補であった。東京弁護士会、第一東京弁護士会、第二東京弁護士会、大阪弁護士会のほとんど全ての派閥がY弁護士を支援した。

私は、①司法制度改革の中で２０１０年頃には司法試験合格者数を３０００人にするという目標が設定されていたが、法的需要が伸びていないことを踏まえて司法試験合格者数を１５００人程度に抑える②２００4年の裁判所法改正で２０１０年11月から司法修習生の「給費制」が廃止され、経済的に困難な修習生に対しては最高裁が生活費を貸し付ける「貸与制」に移行されることになっていたが、給費制を維持する取り組みを行う③日本社会に広がっている貧困問題を解決するための取り組みを行う、などを主要な公約にして日弁連会長選挙を闘った。

２０１０年２月５日に行われた投票結果は、Ｙ弁護士９５３３票（弁護士会９会で多数）、私８５５７票（弁護士会42会で多数）（弁護士会のうち１会は同数で引き分け）であった。日弁連会長選挙は、最多得票と同時に、全国52弁護士会のうち少なくとも３分の１で多数を得なければならないという規定であったため、日弁連史上初の再投票となり、２０１０年３月10日に行われた再投票の結果は、私９７２０票（弁護士会46会で多数）、Ｙ弁護士８２８４票（弁護士会６会で多数）となり、日弁連会長に当選することになった。

この日弁連会長選挙において、全国各地の多くの23期同期の弁護士から応援をしていただいた。

(二) 司法修習生の給費制維持問題に取り組む

私は、正式に日弁連会長に就任した直後の２０１０年４月、日弁連内部に貧困問題に取り組む「貧困問題対策本部」と司法修習生の給費制維持問題に取り組む「給費制維持緊急対策本部」を設置した。

給費制維持問題に関しては、給費制維持の運動を一緒に取り組んでくれるよう市民団体や労働団体に対し呼びかけを行った。給費制維持の運動が、単に法曹・弁護士の既得権を守ろうとしていると捉えられると、国民や国会の共感が得られないからである。

貸与制になってしまうと、経済的に余裕のない人が法曹になりにくくなり、それでは市民の人権の守り手がいなくなると訴えて市民団体や労働団体に働きかけた。多くの市民団体や労働団体にこの訴えを理解していただき、２０１０年５月には、「司法修習生に対する給与の支給継続を求める市民連絡会」が結成された。また、若手弁護士や司法修習生、法科大学院生、法学部の学生などが中心となって、給費制維持を求める当事者団体ともいうべき「ビギナーズ・ネット」も２０１０年５月に結成された。

日弁連の対策本部、市民連絡会、ビギナーズ・ネットが中心となって、全国各地で２０１０年だけで90回以上の給費制維持を訴える集会やデモ行進が行われ、私もその半分以上に出席した。２０１０年11月、臨時国会で給費制を１年延期する裁判所法の改正を実現させることができた。しかし、残念ながら給費制を恒久化させることまでは実現できなかった。

(三) 東日本大震災と福島第一原発事故の被災者・被害者支援活動に取り組む

２０１１年３月11日、東日本大震災と福島第一原発事故が発生した。震災発生当日に日弁連内に「対策本部」を立ち上げた。直ちに、私自身も被災地を視察するとともに、全国の弁護士、弁護士会に対し義援金の募集を呼びかけるとともに、被災地の弁護士会や全国各地の弁護士会、日本司法支援センター（法テラス）などと協力して、電話による無料法律相談や直接避難所を訪問しての無料法律相談活動を行った。このような無料法律相談活動をもとに意見書や会長声明を出して、政府に対しさまざまな立法提案や政策提案を行った。

当時は与野党ねじれ国会だったので、政府が法案を国会に提出してもなかなか成立しない状況であった。そこで日弁連が与野党の接着剤となって、意見書や声明をただ出すだけでなく、それを実現させるような立法活動を行った。

相続の承認または放棄の期間を延長する法律、災害弔慰金の支給対象を一緒に暮らしている兄弟姉妹にまで拡大する法律、義援金の差押えを禁止する法律などを成立させた。また、所得制限なしに被災者が法律扶助を利用できる制度、原発事故被害者の早期救済のための原子力損害賠償紛争解決センター（原発ＡＤＲ）の設置、被災者のローンを減免する個人版債務整理ガイドラインなども実現させた。

（四）2期目の日弁連会長選に立候補

東日本大震災と福島第一原発事故の被災者・被害者支援が継続中であったこと、司法修習生の給費制維持の問題が未解決であったこと、司法試験合格者数も1500人に減らすという日弁連の決議は採択したが実現してはいなかったので、2期目の日弁連会長選に立候補することにした。日弁連会長選で現職が立候補することは史上初ということであった。2期目の会長選挙は、1回目の投票では決着がつかず再投票となり、再投票でも決着がつかず再選挙となったが、再選挙の結果敗れてしまった。

2年間の日弁連会長としての経験はそれまでクレサラ問題や貧困問題といった弁護士が取り扱う分野ではどちらかといえばマイナーな分野しか取り組んでこなかった私にとって、弁護士としての視野を広げる貴重な経験となった。

4．3度の都知事選に挑戦

（一）貧困問題の解決のために都知事選に挑戦

厚生労働省が発表した2015年のわが国の相対的貧困率によると、国民の6人に1人が、子どもの7人に1人が、一人親世帯の2世帯に1世帯が貧困状態に陥っており、わが国は世界第3位の経済大国にもかかわらず、多くの先進国が加盟するOECD（経済協力開発機構）の中でも貧困率が大変高い国となっている。

わが国で貧困と格差が拡大している背景には、「社会保障の貧困」と「労働政策の貧困」がある。

生活保護制度は、生存権を保障した憲法25条を具体化した制度であるが、生活保護を利用する資格のある人のうち現に生活保護を利用している人の割合（捕捉率）は2〜3割にとどまっている。

非正規労働者は年々増加し、現在では２１００万人を超えて全労働者の約４割となっている。また、年収２００万円以下の低賃金労働者は12年連続で１０００万人を超えている。

このような「社会保障の貧困」や「労働政策の貧困」を解決できないのは、わが国の「政治の貧困」の結果である。

地方自治体法では、地方自治体の役割を「住民の福祉の増進」と定めている（地方自治法第1条の2第1項）。東京都も一つの地方自治体であるので、都政の役割は、外国人を含む都民一人ひとりの命と暮らしを守ることにある。

２０２０年度の東京都の予算は、一般会計の総額が7兆３５４０億円、特別会計・公営企業会計と合わせると15兆４５２２億円となり、スウェーデンの国家予算を超えている。この潤沢な予算を都民生活のために重点的に使っていけば、貧困と格差の拡大を解消し、都民一人ひとりの生活を豊かにしていくことが可能になる。

このような思いから、私は都知事選に挑戦することになった。

（二）２０１２年12月の都知事選

２０１２年10月石原都知事が国政に復帰すると表明し、任期途中で都知事を辞職したため、急遽２０１２年12月に東京都知事選挙が行われることになった。私は市民グループから都知事選への出馬要請を受け、反貧困運動をはじめとしてそれまで弁護士として取り組んできた運動を都知事になればさらに前進させることができると考えて、出馬することにした。都知事選の結果は石原前都知事から後継指名を受けた猪瀬直樹氏が当選し、私は次点となった。

（三）２０１４年２月の都知事選

２０１３年12月19日、猪瀬都知事が医療法人「徳州会」から５０００万円を借り入れていた問題で就任からわずか1年で都知事を辞任したため、再び都知事選が行われることになった。この時も市民グループからの要請を受けて再び都知事選に出馬することになった。都知事選の結果は、舛添要一氏が当選し、私はまたも次点であった。

（四）「希望のまち東京をつくる会」の活動

２０１４年の選挙からネット選挙が解禁となり、選対にはネット、ＳＮＳ配信を得意とする若い選挙ボランティアがたくさん参加してきた。

私は都知事選にボランティアとして参加してくれた若者たちと２０１４年2月の都知事選後「希望のまち東京をつくる会」を結成し、都政を監視するための都議会傍聴や都政の改革をめざす活動を行ってきた。

また、２０１４年10月と２０１７年10月に「希望のまち東京をつくる会」のメンバーと韓国ソウル市を訪問し、ソウル市の改革を学んできた。ソウル市では、完全無償給食の実施、ソウル市立大学の授業料の半額化、ソウル市で働く非正規労働者の正規化、福祉担当者が生活困窮世帯を訪問して福祉につなげる出前福祉制度の導入などが行われている。

（五）２０２０年7月の都知事選

新型コロナウイルス感染症の拡大に伴う政府や東京都による自粛要請や休業要請により、多くの都民が仕事を失い、住まいを失い、営業継続が困難となり、命や生活が脅かされるようになった。

２０２０年7月の都知事選は、コロナ禍の中で行われることになった。私は、２０２０年5月27日に行った都庁記者クラブにおける都知事選出馬の記者会見で、今回の都知事選は「都民一人ひとりの生存権がかかった選挙である」ことを強調した。

私の都知事選出馬宣言後、立憲民主党、日本共産党、社民党、新社会党、緑の党などが支援決定をしてくれた。また、多くの市民団体や労働団体からも支援決定をいただいた。

今回の都知事選はコロナ禍の選挙であり、感染防止のため三密を避けながらの選挙事務所の運営や街頭宣伝、ネットやSNSを利用した選挙運動など異常な選挙であった。また、テレビ局での公開討論会が一度も行われなかったことも異常であった。

都知事選の結果は、残念ながら今回も次点であった。しかしながら、私は選挙は一つの社会運動だと思っている。今後も都政を監視し改革する運動は続けていくし、私が都知事選で掲げた政策課題を実現する市民運動も続けていく決意である。

3度の都知事選を通じて23期同期の弁護士から温かいご支援をいただいたことに対し、心より感謝を申し上げたい。

ストレスと癒し

海川道郎（故人）

弁護士の仕事というのもストレスが多いものだ。事件処理がうまくいったときは気分がいいが、思うように解決ができないといって悩んだり、事件の相手方の態度に腹が立ったりと、心休まるヒマがない。

また負けスジの事件でも、和解ができずに敗訴判決をもらったりすると、「負けるべくして負けたんだから、オレが悪いわけではない」と思いつつも、後味の悪さが何時までも続く。

考えてみれば、我々を含めて普通の人間は、揉め事を一件でも抱えたら大変なストレスを感じるだろう。弁護士の場合はそれを一度に何十件も抱えるのだから、ストレスを感じないわけがない。ただ弁護士の場合は、それが自分自身の揉め事ではないからやれるのだ。人様のことなので、揉め事を客観視できる立場にある。だから弁護士の場合は、当事者と比べてストレスの質も度合いも違ってくる。

よく、身内や親しい人の事件をやるべきではないと言われるが、それも同じことを言っているのだろう。弁護士と当事者の関係が近すぎるため、ともすると揉め事を客観視できず、そのために適切な解決が図りにくくなったり、強度のストレスを感じてしまうことになる。そういう場合は、やはり他の弁護士にまかせた方がいい。

だが考えてみると、事件を客観視するというのもなかなか難しいことである。特に、バランスの取り方が難しい。客観視し過ぎてしまうと、依頼者の真意や要求を十分に汲み取ることができない。困難な事件になればなるほど、依頼者を突き放すような、冷ややかな事件処理に終わってしまう。これならストレスを感じないで済むかもしれないが、弁護士としての信頼を得ることもできないだろう。

これまでの判例や解決方法からすれば解決が困難な場合であっても、依頼者の要求が正当なものであれば、今までとは違ったアプローチの仕方を模索するなど、妥当な解決を図るための情熱や努力も必要になってくる。この情熱や努力が、新しい判例や解決方法を生み出す源泉になっているとも言える。そして、それが成功したときの達成感は言うまでもない。そこに、弁護士としてのやりがいがあると言ってもいい。

この依頼者のためにそそがれる情熱や努力は、別の言葉で言えば、「事件への思い入れ」とでも言えるだろうか。しかし、なんとか依頼者のために良い解決を図りたいというこの思いは、度が過ぎると、弁護士を当事者の立場そのものに立たせてしまう。そうなると事件を客観視することができなくなり、かえって妥当な解決を図ることも困難になってしまう。事件への思い入れを持ちつつ、しかも事件を客観視することが大切だというわけだが、そのあたりの加減がなかなか難しい。そのへんに弁護士のストレスの原因がひそんでいるような気がする。

こうしたストレスをどのようにして解消するのか。そのやり方も、人によって様々だろう。スポーツや趣味で気分転換を図ったり、一杯飲んでウサを晴らすといったところが多いのだと想像する。私も関西にいたころは、休日にスポーツをしたりして気分転換をしてきた。また時には、面白くないことがあると、ちょっとしたことに腹を立てて妻に当たったりもしていた。結果的にはそれで自分のストレスを解消していたようだが、妻にとってみればそれがストレスの原因になっていた。

私は六年前に北海道に移住したが、弁護士ゼロ地域での開業だったので、仕事の方もガラッと様相が変わった。相談を受けたり依頼を受けたりする事件の数は以前より多くなり（当然報酬の単価は安くなったが）、それだけに仕事上のストレスも多く感じるようになった。だが、そのストレスを日常生活のなかで何時までも引きずるようなことは、以前より少なくなったような気がする。それは、日々自然や動物と接する生活をしているからだと思っている。

今の季節は、毎朝カッコーなどの野鳥の声で目を覚ます。窓を開けると、そこは一面の緑の世界。厩舎に向かうと、馬房から顔を出した二頭の馬とその下に並んだ一匹の犬が私を迎えてくれる。彼らは言葉は話さないが、その表情や態度から、私を歓迎してくれているのがよく分かる。「おはよう」と声をかける私の顔も、自然と微笑んでいる。

馬に乗ったり、馬の世話をしたり、犬と散歩したりと、動物たちと楽しい早朝のひと時を過ごした後、仕事に出かけることになる。通勤の間も、きれいな景色や放牧された馬や牛を眺めながら、気分よく事務所に向かうことができる。もちろん、満員電車に揺られたり渋滞に巻き込まれたりすることもない。仕事が終わって帰宅するときも同じだ。そして自宅に到着すると、そこは大自然の真っ只中。あたりの景色を眺めるだけで、自然と気分が落ち着いてくる。

こうした日常の生活が、ストレスの解消に大いに役立っているように思う。以前のように何かをして気分転換を図るというより、今は日々の生活そのものによって癒やされているというわけだ(もちろん妻に当たるようなことは、全くないとは言わないが、大分少なくなっている)。

ところで、この「癒やす」という言葉は、最近よく使われるようになった。英語で言えばヒール(heal)。物の本によれば、その語源は古い英語のhalという言葉で、「全体の」とか「無傷の」ということを意味するらしい。そこから、「癒やす」という概念を理解するには、人間を自然との有機的なつながりを持つ全体として捉えることが必要になってくるとのことだ。

たしかに、自然のなかにいる自分を意識することで心の安らぎを感じることがよくある。森や林に一歩足を踏み入れてその涼気や匂いに包まれたとき、何ともいえない安堵感を覚える。動物と触れ合い、心を通わせることも、同じように心の安らぎを与えてくれる。これも自然とのつながりを意味するのだろう。

日常の中に自然があり、自然の中に日常がある。これが人間社会の本来の姿ではなかろうか。ところが、現代人は自然とのつながりが希薄になっている。進歩、開発、効率、競争など、現代社会で追い求められてきたことは、人間を自然から引き離し、ときには自然を破壊する役割も果たしてきた。その結果、現代社会には様々な病理現象が生まれ、人々の心も傷つけられることになった。多くの人が自然や全体との調和を意味する「癒やし」を求めているのは、そのへんに理由があるのではないだろうか。

私は、北海道に移住したことによって、自然と一体化した生活を手に入れることができた。この移住は大いに迷った上での決断だったが、たった一回きりの人生を豊かなものにする良い決断をしたと思っている。

（札幌弁護士会会報2003年8月号より）

「花と嵐」の23期

大江洋一

司法研修所は、卒業後何年たっても、修習期で一括りにされるのが常である。11期は自らを「花の11期」と自称していた。私たちは「花と嵐の23期」と広言した。時代はわかりやすい時代であった。私たちは戦後民主主義の真只中で教育を受け、憲法を輝ける最高規範とする法体系を学んで難関の司法試験に合格し、前途に夢と希望と理想を抱く若人であった。今では信じられないだろうが、青年法律家協会に加入する修習生が過半数に達し、同期で検察官任官者が30数名程度なのに自由法曹団加入者が60数名であった。

松川事件など戦後の謀略事件が相次いで無罪となり、公務員のスト権を最高裁が容認し始めたことに危機感を抱いた支配勢力が、それを押し戻そうと動き始めた丁度その時期に、私たちの修習生時代が始まった。

「月光仮面」世代の私たちにとって、長沼訴訟への干渉や裁判官への青法協脱会強要、宮本裁判官再任拒否、23期の7名もの裁判官任官拒否に加えて阪口君の罷免まで強行されたことへの憤りが、実務家としての出発点であり原点であった。銀座裏通りの手動エレベータの古ぼけたビルに、最高裁への抗議を求める弁護士署名を手分けして集め回ったこと（まだ弁護士でもないのにそれは出過ぎたことではないのかと、些か違和感を感じはしたが）、毎日グラフに「同期の修習生と語る罷免された阪口修習生」とでかでか彼と私の写真入りで掲載されたことなど、今では懐かしい思い出である。

1．人権擁護の活動と日弁連での貴重な経験

出だしに理不尽な洗礼を受け、反骨精神をいやがうえにも高めて出発した弁護士生活であるが、ひたすら社会悪を正すという意気込みを日々実践に移す毎日であった。労働事件や、刑事事件、権利を侵された市民の救済その他、実に多様で雑多といえる事件に忙殺される日々であった。

実社会では、人生の裏側を見せつけられる日々の連続であった。在日2世のやくざらしき人物が「わしらは差別されて、どう頑張ってもあかん。信じられるのは金しかないんや」としみじみと述懐したこと、サラ金の取立屋が「これまで弁護士から頭ごなしに怒鳴られてきたけど、今日初めて俺の言うことに耳を傾けたうえで、こういう理由でいかんのやと人間扱いして話してくれたのが嬉しくて」と電話の向こうで突然泣き始めたことなど、様々な人生模様も垣間見た。人との通じ合いの大切さを思い知らされた。

そんな中で私の目を決定的に開かせてくれたのは、日弁連の刑法「改正」阻止実行委員会の事務局に

参加したことであった。

戦前回帰の刑法「改正」案に反対するのは、真面目な左翼なればこその専売特許だと単純に思い込んでいた私にとって、初めて参加した委員会の会合で、保守的な年配の弁護士が、本気で刑法改正案に反対しているのを目にしたときは、実に驚天動地であった。その人は陸軍法務官という経歴の持ち主で、「俺は軍法会議でも法の支配を貫いてきたぞ」と酒席の自慢話にする人で、日本法律家協会の事務局長を務める、まさに筋金入りの保守本流であった。「権力者が誰でも引っ張れるようなでたらめな刑法は絶対許せない」というのは、左翼の専売特許ではなかったのだ。その思いが共通であるなら、保守であろうと何であろうとこの点では「同志」ではないか。

この人からは実に多くのことを学んだ。文句なしに第一等の「わが師」であった。この刑法「改正」阻止運動は、戦後発足した日弁連として初めての本格的立法活動であり、全国の単位弁護士会が一致して取り組んだ。当初は日弁連などそのうちに腰砕けになるだろうと高を括っていた法務省も、日弁連の世論形成力に目を瞠り、一目も二目も置くようになっていったが、それが実現できたのはこの「オールジャパン」を標榜した委員会活動と、それを信頼して全面的に支えた当時の日弁連執行部の奮闘であった。

このような活動を弁護士会ができるのはなぜなのか?

現行弁護士法は、敗戦直後に先輩弁護士達の奮闘で議員立法されたものだが、世界にも珍しい制度である。司法試験に合格するだけではなく、日弁連に弁護士登録されて初めて弁護士の資格を得られること、その日弁連には弁護士自治が認められていることだ。医師は医師会に加入しなくても医師であるが、弁護士は弁護士会に加入しなければ弁護士ではない。司法という国家機構の一翼を担う存在の弁護士には、このような特別の扱いがなされているのである。その結果、日弁連には、あらゆる階層や思想・信条の人たちが含まれ、社会の縮図といえる。しかも、1条には、弁護士は「基本的人権の擁護と社会正義の実現」を責務とすること、そのために立法提言することができると法定されているのである。その職務は社会の諸利益、諸矛盾を受け止めて解決に導くことにあり、あらゆる階層の利益を代表し、必要なら権力とも対峙することがその職責である。このような弁護士会における「世論」は、社会全体の動向を色濃く反映する必然性がある。先輩たちはよくもこのような弁護士法を残してくれたものだ。最高裁も正面からこれを肯定しているのであり（最高裁平成10年3月13日判決）、何をおいても後に引き継がねばならないものだ。

弁護士は、政権与党の国会議員の地元後援会の有力なメンバーを占めている。これらの弁護士も、日弁連の一員としての意識は高く、その呼びかけには呼応して立ち上がる。日頃世話になっている弁護士の主張には議員も丁寧に耳を傾けざるを得ないが、内容に入りさえすれば「なるほど、そういう問題があったのか」となるのは必然の成り行きだ。法務省が日弁連の意見を無視できないことを思い知ったのは、このことによる。

しかし、それだけに、弁護士法1条に掲げる目的遂行にかかわる意思決定については、会内合意の形成に格段に慎重な配慮が求められる。一部の先鋭な意見で引き回すことなどは絶対にご法度であり、会内で大きく意見の分かれる問題について、単純多数決で意思決定することは避けなければならない。あくまで「大方の意見」が一致することが大前提である。弁護士会の委員会の中には、最先端の問題に取り組む少数の「先覚者」が中心に座り、その斬新さゆえに社会的に注目され、世論形成力も大きいものがあるが、それが日弁連の全体に浸透しているとは言えない場合がしばしばある。しかし、弁護士法1

条にかかわる日弁連の意思決定については、「先覚者」が突出することはNGだ。最先端の意見は貴重であるが、それは「強制加入団体」である日弁連の意思とは限らないのである。

それとともに忘れてはならないことは、「弁護士自治」は、弁護士の「特権」では断じてないことである。社会の安全装置として不可欠の弁護士制度とその制度的保障としての弁護士自治は、あくまで国民の基本的人権擁護の為に設けられたものであり、いささかも弁護士たちの私的利益の擁護などを目的にはしていない。日弁連はその権限を、高い倫理性をもって公益を図るために行使する責務があることを、常に深く自覚する必要がある。

結局、その後の私の弁護士人生のかなりの部分を日弁連の委員会活動（国家秘密法反対や情報公開法、個人情報保護法制定）に注ぐことになったが、それは、この日弁連の果たしうる役割に目覚めたからである。（その後の司法改革が、この点を勘違いしたまま進められたことから問題を抱えてしまったことは返す返すも無念というほかない。）

2. 立法運動から得た教訓

23期問題当時はまだ戦争の記憶が社会に色濃く残っており、平和や民主主義といえば、ことさらに説明するまでもなく国民の間に通じ合ったが、その後の世間の風潮は明らかに変化していった。そんな時代に先がけて取り組まれた刑法「改正」阻止の日弁連の活動の経験は、その後の同種の問題に対する対処としての貴重な前例となった。

その時々の焦眉の課題について、問題点を整理して絞り込めば、「大方の意見」の一致するところは必ず見いだせる。一切の予断と偏見を捨て、腹を割って話しあえば、意外と一致点は多く、立場が違うと思い込んでいた人も、具体的な問題について突っ込んで話してみると意見があうこと一再ではない。大筋さえ一致すれば、残る不一致点は、大抵は棚上げにすればいい程度の問題だ。「合意形成」とは一致点の探索・発見なのだ。こうして日弁連内部での意思形成が図れないようでは、到底一般社会の世論にはならないのである。

法の不備や欠陥を解消する法改正は不可欠であるが、何を変えなければならないのかは実態に即して検討する必要がある。善意で「改革」を目指す場合でも、新たな制度はいざ施行してみると、行き過ぎや予想外の副作用を生むことが多く、立法の難しさはそこにある。悪法に反対するのは一致しやすく、新たな立法は意見が分かれて難しい。理想を高く掲げる場合、そのテンションが高いほどこの陥穽に陥ることが多い。存続してきた制度はそれ自体合理的であり、その部分は維持しつつ、不具合部分の「改良」を積み重ねるという「まともな保守」の発想は立法において十分に傾聴に値する。

このようにして取り組まれた刑法改正問題は、きわめて「保守」的な「現行刑法の現代用語化」と、誰もが必要性を認める一部の改正がなされて決着した。日弁連が引き続いて取り組んだ国家秘密法や情報公開法などの立法課題も、日弁連執行部と緊密な連携を図りつつ、同様に成功した。成功の秘訣は上述の「刑法委員会方式」であった。

3. 時代が変わっても変わらないもの

ただ、個人情報保護法制定の辺りから、社会の雰囲気はそれまでとは微妙に変化し始めた。

そもそも個人情報保護の必要性は、国家が国民を管理・監視し濫用することを規制するところに主眼があり、その後の情報手段の驚異的発展から情報の偏在が極端となり、私人間といえどもビッグデータのような利用は厳格に規制する必要はあるにせよ、本来、人と人が互いを理解し協力していくためには、互いの個人情報はむしろ適切に交換・交流することが不可欠である。しかし、そこが曖昧にされたまま「個人情報の神格化」ともいうべき受けとめ方がマスコミや社会に蔓延してしまっていた。

主権者に情報を提供する情報公開制度は民主主義社会において不可欠であり、議論の余地なく当然であり、現にその後の社会に絶大な効果を発揮しており、日弁連の対策本部を通じてその制定に関与できたことは私も内心誇りに思っているが、個人情報保護問題は日弁連が関わり始めた時期には上記の歪な流れが形成されてしまっており、成立した個人情報保護法は、積極面はもちろんあるにせよ、社会に一定の混乱をもたらしてしまったことは遺憾である。

さらにそれ以降、安保法制や秘密保護法、共謀罪など、かつてなら国民の反発が強く実現できなかった問題が、恥も外聞もない安倍内閣になって相次いで強行突破された。一部マスメディアの堕落がかなり大きな要因であろうが、その責任はリベラルの側にもあるだろう。平和や民主主義の笛を吹いても、今の若者は踊らない。それが価値あるいいものだという実感がないのだろう。生きてきた時代が違うのだから、当然というべきかもしれない。

モリ・カケや桜などあからさまなウソやごまかしを平然と垂れ流す政権の存続を許す世論を見て、ともすれば我々世代は「今の若いものは」と愚痴りたくなるが、しかし、直近の検察官定年延長問題をみればその認識も改めなければなるまい。ひとたび立ち上がれば、民主主義の新たな武器となりうるテクノロジーとも相まって、社会を変える力を十分発揮するとの期待が蘇る。そして、その際こそ、真摯に思いを語り合う「刑法委員会方式」が力を発揮するであろう。

ファシズムをも生んだ民主主義は、絶対的善ではないとしても、独裁者の「善政」に期待し委ねるわけにはいかない。そうであれば、「大衆」を信じ、あきらめず訴えかけ続けるほかない。天網恢恢、嘘や誤魔化しは必ず明るみに出る。手間暇かかり迂遠ではあるが、一人ひとり面と向かって真摯に語らえば必ず理解され、道は開けてくる。

そのための時間さえ許せば、の話ではあるが……。

それが23期問題以来50年に及んだ弁護士としての実践経験の到達点であり、私の人生の結論でもある。

司法反動との闘いを顧みて、現在の生活を語る

河西龍太郎

私は日頃から70代になったら弁護士活動を辞めようと考えていたのですが、直接に弁護士を辞めるきっかけとなったのは、必ず勝たなければならないと思っていた二つの事件に続けて敗訴判決を受けて弁護士として活動していく自信をなくしてしまったことです。

一つ目の事件は知的障がいのある青年が覚醒剤中毒者と間違えられて警察官らに乱暴な扱いを受けショック死した事件です。この事件は担当の検事が、警察官らを不起訴処分にしたので付審判制度を利用し起訴にこぎつけました。しかし2009年3月に警察官らの無罪が確定しました。また、民事裁判でも、裁判所は知的障がいのある青年の遺族の訴えを全く認めませんでした。

現在、知的障がい者の社会参加が広く求められています。知的障がい者ができる仕事がたくさんあり

ます。しかし、障がい者が社会参加をするのに一番必要なことは社会の障がい者に対する理解です。

知的障がい者は、一般的に言うと穏和で誠実です。しかし状況判断が苦手で突然の変化等には対応できず、パニックを起こす場合があります。社会的弱者を救うべき義務を負っている警察官なのですから、知的障がい者の特性を知っておくべきです。現に、警察庁は全国の警察官向けに知的障がい者に対する対応の仕方を教えるパンフレットを作り、全国の警察署に配布しています。

しかし今回の警察官は知的障がい者に対する教育を一度も受けていないと言いました。青年の自転車のこぎ方がおかしいと思った警察官らはパトロールカーの中からいきなりサイレンを鳴らし停止を命じ、驚いて逃げようとした青年をコンクリート路上に押さえつけました。さすまたを持って応援に来た警察官たちやパトカーに取り囲まれ、青年は心肺停止のため死亡しました。

この警察官らは自分達の指示に従わないのは犯罪者であると考えており、裁判官も同様に考えたのでしょう。

本件は、青年が毎日自転車で通っている障がい者授産施設から自宅へ帰る途中に起きた事故で、本人は知的障がい者であると証明する療育手帳を当日も所持していました。パトロール中の警察官が青年の自転車のこぎ方が尋常ではないと感じた際に、サイレンを鳴らして威嚇したりせず普通に自転車を止めて話を聞いていたら青年はいつも通り帰宅できたはずです。警察官らの無知と冷静さを欠いた対応によって引き起こされた事故だと言うほかありません。

二つ目の事件は、高齢のアルツハイマーの夫が頭部外科手術を受けて死亡したという医療過誤事件です。依頼者は患者の妻でした。夫婦ともに60歳を超え、夫はカナダ人で長く夫婦で英会話教室を開いており、比較的経済的に豊かな夫婦でした。夫がアルツハイマーで仕事が出来なくなってからは、妻が英語会話教室を続けていました。大変仲の良い夫婦で、妻は夫の病気を何とか治したく医師に勧められて外科手術をしました。医療過誤事件として大変難しい事件だと思ったのですが、依頼者である妻が、医師の言うことが信用できないので裁判官の判断を受けたいと言うので受任したのでした。

この事件では私が失敗をしました。初めは、妻と医師が当事者交渉をしており、妻が自分でカルテの写しを入手していました。裁判では医療鑑定となったのですが、そのときにそれまでは出されていなかったレントゲン写真がカルテの添付資料として提出され、それが裁判上の有力な証拠となって医師側に有利な結果となりました。これは私が鑑定資料を十分にチェックしなかったミスですが医師側のフェアでないやり方を黙認した裁判所にも腹が立ちました。

何よりも、私は60歳を過ぎてアルツハイマーながらもそれなりに幸せに暮らしていた夫婦の生きる権利を裁判所はどう考えていたのだろうと思いました。その頃はアルツハイマー患者に外科手術をすることが多かったように思われますが、アルツハイマーの人の生きる権利というもの（これは他の病人や身体障がい者にも言えることと思いますが）を裁判所はどう考えているのだろうかと思います。

私は修習生時代に司法の反動化を阻止するという課題に取り組みました。前記の2件は、直接的には司法の反動化と関係のない問題のようにも見えます。

しかし、自分の思想の自由さえ守ることのできない裁判官に、国民の権利が守れるでしょうか。私は人権感覚を失った無味乾燥化した裁判官が多くなりすぎているのではないかと思います。残念ながら、裁判官が乾燥化すると弁護士も乾燥化していきます。裁判官と弁護士が乾燥化すれば当然司法も乾燥化します

私は近年の思想の反動化は新しい段階に入ってきたのではないかと思います。

思想の反動化だけでなく、権利意識の反動化が進んでいるのではないでしょうか。その権利意識の保守化というものは裁判官の中だけで進んでいくものではないと思います。弁護士の中でも権利意識の後退ということが近頃強く感じられます。弁護士のしっかりした権利意識が裁判所の反動化を押さえているのではなく、裁判所の権利意識の後退が弁護士の権利意識の後退を生み出し、そのことが司法全体をつまらないものにしてしまっているような気がするのです。

そんなことを考えている時に菅内閣の学術会議任命拒否問題が発生しました。「司法反動」は、司法自らが「司法の尊厳」を掘り崩したものでしたが、今回は行政自体が「学問の自由」を掘り崩そうとしています。

どうも、のんびりと老後を楽しめる時代ではないようですね。

想定外の我が弁護士人生に悔いなし

木嶋日出夫

1. 国政選挙の候補者として10回の選挙戦をたたかう

私は、参議院選挙に3回、衆議院選挙に7回（うち3回は、旧中選挙区制のもとで長野3区から、うち4回は小選挙区・比例代表制のもとで比例代表・北陸信越ブロックから）、都合10回の国政選挙を日本共産党の候補者としてたたかった。

最初の立候補は、1977年7月、参院選長野地方区であった。時に30歳、全国最年少の候補者であり「燃える30歳」がキャッチフレーズだった。2度目は、80年6月の参院選であり、直前に、突然の衆院解散があり、国政史上初めての衆参同日選挙であった。私の所属する法律事務所の所長であり、また、政治家としても大先達であった林百郎衆院議員とのアベック選挙戦であった。3度目は、83年6月の参院選であり、参院選挙制度が改正されて、全国区に比例代表制が導入されて初めての選挙であった。私の3回の参院選候補者としてのたたかいは、選挙制度や選挙状況に違いがあったが、長野地方区（選挙区）の定数2は変わらず、当時の長野県の政党状況は自民党と社会党が圧倒的な組織力を持っており、「自社指定席」の壁はきわめて厚く、当選には遠く及ばなかった。

86年4月、林先生が引退を表明され、私が、次期衆院選長野3区の日本共産党の候補者になることになった。負けるわけにはいかない。大変なことになった。3度の参院選立候補の経験があるとはいえ、衆院選と参院選では、その厳しさがまったく違う。衆院選は、政権をかけた第一院の選挙である。当時、衆院長野3区は定数4で、議席は、自民党2、社会党1、共産党1であった。日本共産党にとっては、全国27議席の中の大事な1議席であった。長野3区は、大きく三つの地域（諏訪、上伊那、飯田下伊那）に分けられ、それぞれの地域内での人的、経済的、社会的結びつきはきわめて強く「地域モンロー」が威力を発揮する地勢である。自民党の候補者は3人であり、それぞれ、自分の出身地域を固めれば当選できる地盤を持っている。他方、社会党と共産党の候補者は、3地域からまんべんなく得票して、当選ラインに食い込むというのが選挙戦の基本的構図であった。衆院選は、激しい党派間闘争であると同時に、候補者と有権者との結びつきの強弱が問われる選挙戦でもある。新人候補の私が、ベテラン議員を相手にして、容易に勝てるような生易しい選挙ではなかった。

私が林先生にかわって立候補することを表明して、わずか2か月後に衆院が解散となり、86年6月衆院選が行われた。この時も衆参同日選挙であった。私は、44210票、前回の林先生の得票を1万票も減らして、あえなく落選した。当選者は、自民党3、社会党1であった。ある全国紙は、この選挙結果を受けて「日本共産党は、長野3区は林さんだから議席を持てた。他県出身の木島では議席は取れない」と論評した。私は、この論評を見て、意気消沈するどころか、このような見方をなんとしても見返してやろうと心に誓った。しかし、弁護士活動の合間に候補者活動をやっているようでは勝てない。当時、法律事務所では、私を含めて実働5名の弁護士が多忙をきわめており、私が候補者活動に専念することは、容易なことではない。だが先輩・同僚の弁護士と事務職員の皆さんは気持ちを一つにして、私の弁護士としての持ち事件を最小限にしてくれた。それから3年半、私は、選挙区内の広大な地域を徹底的に歩いた。十数軒しかないような山奥の集落にまで宣伝カーを持ち込んで、街頭演説をした。演説後は、各戸を訪問して、対話した。このような地を這うような活動をとおして、私は、弁護士活動だけではわからない、地域住民の皆さんの切実な要求や状態を肌で知ることができた。

私は、90年2月の衆院選挙で、64948票、前回得票を2万票以上増やして4位で当選した。長野3区での日本共産党の得票としては、過去最高であった。前年89年6月の中国・天安門事件、11月のベルリンの壁撤去や12月のルーマニア・チャウセスク政権の崩壊など激動の東欧情勢のもとで、「社会主義・共産主義は崩壊した」との異様なキャンペーンが吹き荒れた。日本共産党が全国的には議席を大きく後退させた中での長野3区の議席回復であった。私が当選したことに対し、マスコミは一様に「番狂わせ」と書いた。しかし私には、3年半の候補者活動があり、長野3区の有権者は必ず応えてくれるという確信があったので、この結果に驚きはなかった。

次の93年7月の衆院選は、「政権交代、是か非か」「自民か、非自民か」「共産党は蚊帳の外」等の大合唱を打ち破ることができず、また定数削減で3となったこともあり、私は、4位次点で落選した。得票は、前回より1万1千票以上も減らして53240票であった。

その後は、選挙制度が変えられて小選挙区・比例代表選挙となったので、私は、北陸信越ブロックの比例代表選挙の候補者として、96年10月と2000年7月の2回の選挙で当選させていただいた。しかし、03年11月と05年9月の2回の選挙では、議席を得られなかった。それで私は、政治活動の第一線から退き、弁護士活動に復帰した。30歳で初立候補してから、すでに30年の時が流れていた。

2. 3期10年、衆議院議員として活動

私は、1990年2月から2003年11月まで、1期の空白はあるが、3期10年間、衆議院議員として活動した。

初当選の年の夏8月2日、イラク・フセイン政権は、突如としてクウェートを侵略・併合するという、国連憲章を蹂躙する無法を行い、世界を戦慄させた。国連安保理事会は、直ちに決議660を採択し、イラクのクウェート侵略を非難し、イラクに対し即時無条件撤退を求めた。アメリカ・ブッシュ政権は、多国籍軍をイラク国境に進駐させた。イラクが国連決議を無視し続けたので、国連安保理は、11月、決議678を採択して、国連憲章42条による武力行使を容認した。それを受けて、91年1月17日、アメリカを中心とする多国籍軍がイラクへの武力攻撃を開始し、イラク戦争が始まった。アメリカは、日米軍事同盟を盾にして、日本に対し、自衛隊を派兵して多国籍軍に参加するよう求めてきた。憲法9条を持つ日本は、戦後初めての重大な「試練」に立たされた。

私は、91年2月13日の衆院予算委員会で、海部総理以下全閣僚を前に質疑に立ち、湾岸危機・湾岸戦争に対して日本の取るべき立場について、3点を明らかにした。一つは、湾岸危機の元凶は、イラクのクウェートに対する侵略にあり、これを糾弾して撤退を求めることが国際正義にかなう要求であること。二つは、この問題はあくまでも平和的解決を迫ることが大事であり、アメリカは、開戦を急ぎすぎたということ。三つは、日本政府がアメリカの武力行使を絶対化して、自衛隊の海外派兵、九十億ドルの戦費支援という形で日本を戦争協力の道に引き込むのは憲法の立場から許されないということ。そのうえで私は、九十億ドルが平和目的に使用されるという日本政府のウソを追求し、それが武器弾薬の輸送に使われることを認めさせ、それは憲法9条に反し許されないと強く反対する論戦を展開した。

この年9月、海部内閣は自衛隊の海外派兵に道を開く「国連平和維持等協力法（PKO法）案」を国会に提出した。しかし野党の一致した反対で廃案とさせ、海部内閣は退陣した。後を継いだ宮沢内閣は、再びPKO法案を持ち出してきた。衆議院での最後の攻防が、92年6月の本会議での牛歩であった。自民党議員席からのヤジと怒号で騒然とする中、私は、16人の日本共産党衆院議員団の先頭にたって、牛歩を貫徹した。歴史に残るたたかいであった。

宮沢内閣は、総理はじめ10名の閣僚がリクルート・コスモスから未公開株の譲渡を受けていた金権腐敗政治復権内閣であった。この内閣の下で、「共和」汚職、ゼネコン汚職に続いて東京佐川急便事件が明るみに出された。東京佐川急便から金丸信自民党副総裁への5億円ヤミ献金や竹下内閣が暴力団の力を借りて成立したという驚くべき疑惑も吹き出した。私は、日本共産党の金権腐敗政治追及チームの事務局長として、これら続出する腐敗政治の追及のために全力を尽くした。5億円のヤミ献金をもらった金丸信に「略式・罰金」とは甘すぎると追及した。93年3月、金丸信が逮捕され、自宅から金の延べ棒が大量に発見された。私は、「やった」と心の内で喝采した。

自民党は事実上分裂し、宮沢内閣に対する内閣不信任案が可決された。衆議院は解散され、93年7月の衆院選挙の結果、自民党は、過半数を割り込み、戦後続いてきた一党支配は終焉した。そして細川連立政権が「政治改革」を旗印にして誕生した。政治改革の目的は、金権腐敗政治の一掃であり、その核心は、企業献金の全面禁止である。しかしそれには手が付けられず、選挙制度の問題にすり替えられてしまい、小選挙区制が導入された。このごまかしの「政治改革」とりわけ小選挙区制の導入が、今日の日本の政治の劣化を招いている最大の原因である。残念ながら、私は、この時期衆院に議席を持てず、外から見ているほかなかった。

96年10月、初めての小選挙区・比例代表並立制による衆院選挙が行われた。私は、定数1の長野4区に立候補するとともに、比例代表北陸信越ブロック（長野・新潟・富山・石川・福井）に重複立候補した。比例ブロックの定数は13であり、政党名で投票し、議席が各政党に比例配分される。選挙の結果、比例代表で日本共産党は1議席を配分され、私は、3年半ぶりに衆院に復帰した。

2001年9月11日、アメリカで同時多発テロ事件が発生し、世界を震撼させた。アメリカ・ブッシュ政権は、ウサマ・ビンラディンを首魁とするアルカイダの犯行と断定し、それをかくまうアフガニスタン・タリバン政権に関係者の引き渡しを要求した。それが拒絶されるや、アメリカは、国連安保理決議1368を根拠にして、アフガニスタンに武力攻撃を始めた。続いて、アメリカは、03年3月、ドイツやフランス政府にも反対されて、イラク攻撃のための国連安保理決議を得ることもできないまま、イラク侵略戦争を開始した。このアメリカの暴挙に対して、全世界の人々から抗議の声がわき起こった。圧倒的多数の国々の反対にもかかわらず、自民党小泉総理は、いち早く戦争支持を表明し、「ブッシュの忠犬ポチ公」と揶揄された。

03年6月、小泉政権は自衛隊を戦地イラクに派兵するために「イラク特措法」を国会に提出してきた。国際法違反のイラク侵略戦争をしているアメリカ軍支援のために、武装した自衛隊を戦地イラクに送り込もうというのである。これを許せば、憲法9条は死んでしまう。私は、衆院のイラク特別委員会などで、国連憲章と日本国憲法の平和原則を蹂躙するイラク戦争を糾弾する論戦をおこなった。アメリカが主張していた大量破壊兵器などイラクにはなかったことが明らかにされ、ブッシュの戦争は歴史の審判を受けている。日本の司法も、自衛隊のイラク派兵違憲判決を出し、憲法の平和原則を擁護した。

3. 想定外の弁護士50年、悔いはない

私の弁護士50年は、司法修習生の時代に思い描いていたものとは、まったくかけ離れたものになってしまった。学生時代に朝日訴訟（憲法25条）に関心を持ち、先輩から「憲法感覚を磨け」と言われ続けた私は、弁護士になって、弱い立場に置かれている人たちの権利を守る活動をしたいと考えていた。実際の私の弁護士50年は、弁護士活動から離れ、政治活動の横道に入ってしまったが、底を流れている思いは一つ「憲法の精神を、くらしに、政治に、法廷に」である。我が人生に悔いはない。

（追記）特養あずみの里事件、東京高裁で逆転無罪判決

60歳の還暦を前に、私は、政治活動から弁護士活動に戻った。「弁護士1年生」になった気持ちで、国選弁護事件からサラ金・債務整理事件など、なんでも手掛けてきた。そんな中で、総勢15名の弁護団の長として取り組んだのが、特養あずみの里の准看護師に対する業務上過失致死被告事件の弁護活動で

ある。

事件は、２０１３年12月12日のおやつ時に特養あずみの里の食堂でドーナツを食べていた85歳の女性が、突然意識を喪失して心肺停止状態となり、救急搬送された病院で翌14年1月16日死亡したというものである。准看護師をはじめ施設職員の皆さんは、食事中の急変ということで「窒息」と思い込んだ。長野県警も検察も「窒息との思い込み」に乗っかって、まともな捜査もしないで、准看護師を「注視義務違反」で起訴した。

弁護側は、死因と過失の二つを徹底的に争った。急変の原因は窒息ではなく脳梗塞であるという死因論がひとつ。もうひとつは、注視義務は認められないという過失論である。

第1審の途中で検察は訴因の予備的追加的変更を行い「おやつ形態確認義務違反」を新たに追加してきた。19年3月25日、長野地裁松本支部は、ドーナツによる窒息を認め、注視義務は否定したが、おやつ形態確認義務を認め、罰金20万円の有罪判決を言渡した。

東京高裁第6刑事部の控訴審で、弁護側は、死亡直後に撮影された頭部ＣＴ画像を解析した脳神経外科医らによる7通の意見書を証拠として提出し、急変・死亡は窒息ではなく脳底動脈梗塞によるものであることを明らかにした。しかし、高裁は、弁護側提出の証拠をほとんどすべて却下し、即日結審した。「控訴棄却」を覚悟せざるを得ないような訴訟指揮であったが、東京高裁は、20年7月28日「ドーナツを食べて急変・死亡するとの予見可能性は相当に低い」として、おやつ形態確認義務を否定して、第1審の有罪判決を破棄し、無罪判決を言渡した。死因論について証拠調べと判断が回避されたことは残念であったが、無罪判決の過失論は、まことに説得力のあるもので、素晴らしいものであった。検察は上告できず、無罪判決は、同年8月12日、確定した。

この裁判には、わが国の介護の未来がかかっていた。第1審の有罪判決後、各地の介護施設では「介護の萎縮」が始まっていた。高裁判決は「食事は、精神的な満足感や安らぎを得るために有用かつ重要」「幅広く様々な食物を摂取することは人にとって重要かつ必要」と高い見識を示した。それは、介護の萎縮を払拭させるだけでなく、そろそろ要介護年齢に近づこうとしている私をはじめ、全国の高齢者に対する大きなプレゼントでもある。

消費者弁護士50年の回想

木村達也

1. 嵐の23期

私達司法修習23期生は先輩弁護士達から「嵐の23期」と呼ばれてきた。23期の司法修習は1969年4月に始まったが、最高裁判所による青法協攻撃が強化され始め、平賀書簡問題、最高裁による青法協裁判官の脱会勧告、宮本裁判官の再任拒否、青法協会員の裁判官任官拒否と続き、司法の在り方が問われる由々しき問題が頻発した時代にあった。そして、司法修習の修了式に発生したのが阪口徳雄修習生の罷免事件であった。それ故、23期生の結束は固く、法律家の社会的役割、果たすべき責任について常に考え続けさせられた世代であった。後年、同期生はそれぞれ生涯を掛けた社会正義を追い続け、励まし合い、互いに刺激し合いながら生きてきたように思う。私としては「言うべき時に言い、立つべき時に立つ」と言う法律家の使命を果たしてきたと満足している。

2. 井上弁護士との共同作業

(一) 私達が弁護士登録した1971年4月頃は、日本社会は経済成長が続く一方で、河川の汚染、排水、排気ガス、光化学スモッグなど、公害が発生し、国民生活は各種の公害被害に蝕まれていた。私達の目の前では大阪空港騒音訴訟、西淀川公害訴訟などの訴訟が継続し、多くの先輩弁護士達が一生懸命に取り組んでいた。井上善雄弁護士から誘われ、阪神高速道路公団・大阪泉南線高架工事反対運動に参加した。この計画はJR阪和線を高架化し、その上の3階部分に高速道路を通すというもので、沿線住民2000人位が反対運動をおこし、大阪府に公害調停の申立てをした。この反対運動は10年程続く内に、高速道路計画自体が中止されることになり終了した。この中で、私は事務局長として、地域住民2000人の意向を調整し、足並みを整えさせることの困難さを学んだ。

(二) この後、井上弁護士とは大阪弁護士会の消費者委員会で共に消費者問題に取組む仲間となり、長く一緒に仕事を続けることになった。

この中で井上弁護士は消費者運動として、天才的なアイディアを発揮した。近鉄特急料金取消訴訟など、世論喚起目的の訴訟を提起し、私達を喜ばせ、驚かせた。

私は、井上弁護士のこの種の訴訟を仲間に「珍訴・奇訴の井上」と称して賛辞を送ってきた。

(三) 井上弁護士との最後の大仕事は、大阪市と北京が第29回夏季オリンピック開催地を競う中で、「大阪オリンピックいらない連」を結成し、大阪誘致反対運動をしたことであった。結果的に北京開催が決まり、大阪は惨敗したが、大阪市にとっては地元の市民が五輪反対運動をするなど、全く嫌な運動であったに違いない。井上弁護士とは大阪市の南港からの地下鉄延伸工事の反対訴訟を提訴して争ったが、大阪市が工事中止を決めたので、訴えを取り下げた。実質的な勝利であった。しかし、お陰で私は大阪市の消防学校の講師や「なにわあきんど塾」の講師をクビになるなどの被害を被った。

3．クレサラ被害者運動40年

私を知る友人、知人の多くは「サラ金の木村」と呼んでくれることが多い。しかし、私は、サラ金問題だけでなく、クレジット、その他の悪徳商法被害の根絶のため、これまで数多くの運動組織を結成し、その組織的活動を通じて消費者問題を実務に定着、前進させてきたと自負している。

（一）「サラ金被害者の会」の結成

弁護士5年目、１９７７年4月、大阪で15名の弁護士により「サラ金問題研究会」を結成し、サラ金被害の救済と法規制運動を出発させた。「サラ金１１０番」を開設し、一時は全国に唯一の「サラ金被害の相談窓口」として踏ん張り、同年10月には全国初の「サラ金被害者の会」を結成させた。サラ金運動の勝利の原点は、サラ金被害者の結集、サラ金被害者の会の結成にあった。言うまでもなく、多額の借金の取立に追われる人達を結集させ、立ち上がらせ、サラ金業者に向かって闘いを挑ませることがどれだけ困難な仕事であるかは容易に想像できる筈である。この組織を30年かけて全国に80ヶ所結成し、遂には、台湾、ソウルにまで組織化させ、日夜、サラ金被害者の予防と救済のための被害者運動を継続し、その運動の継続の中で世論を借主責任論から貸主責任論に変更させ、遂には国会で貸主責任論に立つ究極の借主保護の貸金業法を成立せしめたことが私の最大の誇りである。

（二）練り上げられた全国組織・クレサラ対協

この運動の過程では、サラ対協（後のクレサラ対協）、日弁連、日司連、その他多くの市民団体が参加したが、関係する諸団体間の利害調整、内在する諸問題（人事、財政、運動方針問題）の解決をしつつ、40年間一糸乱れず運動を継続展開させたことは事務局長であった私の誇りである。もちろん、同期の宇都宮健児弁護士は東京でクレサラ対協の副代表幹事として、日夜、クレサラ対協活動を支援、協力し続けてくれたことは言うまでもない。東京の宇都宮弁護士の顔が無ければ、クレサラ運動はここまで成功しなかったであろう。

(三) 消費者破産の実務への導入

多重債務者の救済として自己破産の申立をすることは、今日では当たり前の手続となっているが、この制度を消費者破産として実務に定着させたのはサラ金問題で自信を持って推し進めた研究会とサラ対協の大きな功績であった。これは私達が米国西海岸に米国破産法の実務を見学に行った成果であった。消費者破産制度は、バブル崩壊後の国民生活の最大の救済制度として大きな役割を果したことは多くの人の知るところである。

(四) 全国から結集した立法運動・ロビー活動

私達サラ金問題研究会が作成した小口金融業法案を日弁連案として昇華させ、大蔵省や各政党に立法運動を重ねた。貸金業規制法の成立に6年、貸付金利を年73％から54％、40％、そして、利息制限法金利（年15～20％）にまで引き下げるのに都合24年を要したが、この間、全国の被害者の会とクレサラ対協のメンバーは各地で世論喚起の集会やシンポジウムを続け、且つ、東京でのロビー活動のため、東京に何度も何度も参集し、妥協のない立法運動を続けた。そして、平成22年6月、貸金業法がようやく完全施行され私達のサラ金法規制運動は終え、被害者救済も山場を越えた。

（五）日栄・商工ファンド対策全国弁護団　（団長 木村達也、事務長 牧野聡）

この弁護団はクレサラ対協が主催した沖縄の第18回クレサラ被害者交流集会で取り上げられ、１９９８年12月、急遽京都で結成された。

無担保、無保証の消費者金融と違って、手形、小切手、不動産を担保に取り、保証人を何人も取って融資する、所謂「商工ローン」は消費者金融とは趣の違う特別な知識を要する事件であった。この弁護団は最終的に弁護士・司法書士４００人余が参加して、武闘派、理論派の弁護士らが全国で出される利息制限法に関する判例理論を細密に研究分析して、最高裁判決獲得に向けて懸命に取り組みを行った。そして、グレーゾーン金利は〝黒〟とする最高裁判決が出され、全国で過払い金取戻し訴訟が急増した結果、２００９年（平成21年）４月21日に商工ファンドが、同年11月７日に日栄が倒産し姿を消した。私はこの弁護団は我国史上、最強最大の弁護団であったと信じており、団長を務めたことは人生最大の誇りと考えている。

4. 消費者運動

（一）日弁連消費者問題対策委員会の設置

１９８４年（昭和59年）、大阪で日弁連の人権大会が開催された。この時の会長が中坊公平弁護士であった。シンポジウムには「消費者被害と弁護士の役割」が取り上げられた。中坊弁護士はこの機会に日弁連に消費者委員会を作ろうと呼びかけられ、当時の司法制度調査会の業務から消費者問題に関する取り組みを独立させる運動をし、１９８５年10月には日弁連に独立した委員会が設置された。

この時、私は、中坊弁護士の指示の下、クレサラ運動に取り組む仲間に日弁連消費者委員会への参集を求め、且つ、全国の弁護士会に消費者委員会の設置を要請した。5年後の1989年（平成元年）の鳥取県松江市での人権大会、第2分科会の「消費者問題に対する国のあり方を問う」とのテーマを担当するなど、日弁連委員会の活性化に努めた。

私は、1988年4月から1年間は大阪弁護士会の消費者保護委員会委員長を務め、日弁連では副委員長を長く務め、その後の1995年（平成7年）から1997年（平成9年）迄の2年間は日弁連消費者問題対策委員会の委員長を努め、これらの委員会の組織的活動や活性化に尽力した。

（二）任意の消費者運動組織の結成

私の運動方針は、早期に被害を発見し、これをマスコミを通じて公表し、世論の支持を得て被害救済のための弁護団や任意の組織を結成すると言うものであった。このため、委員会活動の下に具体的な被害救済と被害防止策を講ずる任意の研究会や運動組織を次々と結成した。仲間の議論が熱く燃えている時に組織化すると言うのが私の運動戦術であった。以下の組織は私が関与して結成させ、その役割をよく果たし得た組織であった。

①呉服過量販売対策会議（代表 木村達也）

「愛染蔵」「たけうち」を始めとするクレジット契約による呉服の過量販売が全国各地で大きな被害を発生させていた。この問題に取組むため、弁護士と司法書士が結集し、呉服過量販売対策会議を結成し、毎日新聞の前田記者と連携して告発キャンペーンを続け、約8ヶ月で大手2社「愛染蔵」「たけうち」を倒産に至らしめた。このマスコミと連携しての消費者運動で大手2社を倒産に追い込んだことは、私にとっての密かなる誇りである。

②プライバシー研究会（代表木村哲也）

③興信所問題研究会（代表 久米川良子）
④「関西相互住宅」国賠弁護団（団長 由良登信）
⑤欠陥住宅全国ネット（１９９８年12月）
⑥全国霊感商法対策弁連（１９９０年）
⑦公正証書問題研究会（２００２年12月結成）
⑧裁判を傍聴する会（１９９1年3月）

こうした委員会活動を任意の運動団体として組織化することで多くの弁護士は消費者問題への取り組みは避けることのできない使命であると認識し、消費者問題への弁護士の取り組みは広く深く浸透していった。

今日では、消費者被害救済は弁護士の当然の業務となっている。

5. クレサラ・生活再建協（2014年1月）、貧困問題への脱皮・変身

40年余に亘るクレサラ運動は、平成22年6月貸金業法の完全施行により法規制運動は終了し、多重債務者救済も山を越えた。大手サラ金は軒並み日本社会から姿を消した。

しかし、時を同じくして２００８年9月にリーマンショックが世界を襲い、日本社会では貧困問題が可視化し、大きな社会問題化することになった。クレサラ対協は、２０１4年1月、「クレサラ生活再建協」と名称変更し、本格的に貧困問題に取組むことになった。クレサラ対協の傘下に以下の生活再建目的の組織を結成した。又、日弁連の宇都宮会長の下に設置された貧困問題対策本部の初代本部長代行に就任し、弁護士と弁護士会が貧困問題に取り組む道筋を開いた。

①２００７年６月　生活保護問題対策会議（代表 尾藤廣喜）
　　　　　　　　社会保障問題研究会（代表 木村達也）
②２００８年７月　依存症問題対策会議（代表 加藤修）
③２００９年２月　全国追い出し屋対策会議（代表 増田尚）
④２００９年11月　非正規労働者の権利実現全国会議（代表 脇田滋）
⑤２０１３年３月　奨学金問題対策会議（代表 大内裕和、伊藤達也）
⑥２０１４年４月　全国カジノ賭博場設置反対連絡協議会（代表 新里宏二）
⑦２０１５年４月　生活弱者の住み続ける権利対策会議（代表 田中祥晃）
⑧２０１７年４月　滞納処分対策全国会議（代表 角谷啓一）
⑨２０２０年４月　ＮＰＯ法人社会保障サポートセンター（代表 土井裕明）
⑩２０２０年７月　東アジア生活再建市民会議（代表 宇都宮健児）

いずれも国民生活の貧困・困窮化対策として必要な施策を提言し、啓発救済活動をする組織である。コロナ禍の下、クレサラ・生活再建協の運動は益々重要になっている。多くの仲間を募って活動を継続している。しかし、一人の人間がいくつものテーマに取り組み、熟すことは不可能である。今、密かに運動の世代交替と若い人達への引継ぎを考えている。次世代へのスムーズな引継ぎこそが今の私に残された課題である。

統一協会の、人を奴隷にする技術の解明に取り組んで33年

郷路征記

統一協会からの人身保護請求事件

１９８７年9月にびっくりする事件が持ち込まれた。統一協会の京大原研の責任者をしている京大の卒業生が、札幌市のアパートに両親や支援者によって拉致監禁されているということを理由にする人身保護請求事件だった。

そのアパートの窓には外側から鉄格子がセットされており、ドアは中からも施錠されていて出ることができない。電話もないので外部との連絡は不可能とされていた。そこに両親と一緒に被拘束者がいるわけで、その状況がすでに20日も継続しているという申立であった。

人身保護法などという法律は聞いたこともなかった。調べてみたら憲法に直結している法律で、人身の自由を拘束する明確な理由がなければ裁判所が迅速にその解放を命ずることを趣旨としている、憲法規範に照らして極めてまっとうな法律であった。ところが、依頼したいというのは、息子を京都から札幌まで車、飛行機を乗り継いで連れてきて、そのアパートで一緒に生活をしている会社員夫婦だった。「改宗を目的とする逮捕監禁を許すことはできない」という申立書の主張に対して、どう考えても反論する理屈を見いだすことは困難に思われた。ところが、支援者や両親の話を聞くと、驚いたことに、「こうしなければ統一協会員は統一原理の誤りを自覚することはできないのだ」、「このような環境であれば元の彼や彼女に戻るのです」と言うのである。じゃあ、その元に戻った人達に会わせてくれないか

と頼んだところ、数名の大学生や大学卒業生がやってきた。彼らの話はまことにびっくりするようなものだった。

ある人の言ったことで今も記憶にあるのだが、そのような拘束状態にいたとき、脳内に発生した事実として、どこからか矢が飛んできて、堅固に構築していた原理の城にあたって、それがぴしっとひび割れしたのだと言う。そのひび割れを契機にその原理の城はもろくも潰えさって、あとに何も残らず、元の自分に戻れたのだと言う。初めて聞く話である。「へえー、そんなことがあるのか」と思った。そうやって子どもを統一協会から脱会させることができた親達の感謝の手紙、アパートを運営している人（拘束者として訴えられていた。姪を統一協会から救出した体験を持つ）に対する切々と窮状を訴える手紙もたくさん読まされた。なるほど、私は全く知らなかったのだけれども、家族にとってはとても重大な、信じられないように大きな問題がここにはあるのだなと思ったのである。でも、法的にはどうすればいいのだ、やりようがあるのか？　と考えてしまった。

それで、統一協会の問題について日本で一番詳しい人を知らないかと聞いたところ、東北学院大学の浅見定雄先生の名前があがった。すぐ連絡をしてみると、とても忙しい方で、3日後仙台で講演会がある、その講演会の後その日のうちに岡山に移動して講演を行わなければならない、その新幹線の中であれば空いているというのである。こちらも人身保護請求への対応はものすごく急がされていた。それで飛行機で仙台に飛んで、東京まで新幹線の車中をご一緒して、統一協会とそこからの救出の問題について話を聞いたのである。

確か、先生は親子関係の問題、統一協会による洗脳の問題、という話をされたのだと思う。私はそのときの浅見先生の話を聞いて、今思えば甘い判断なのだが、この問題を「判った」と思ったのである。

後日、浅見先生はこの時の私のことを、私の本への推薦の言葉のなかで「不思議な弁護士さんと知り合いになった。人の心のことが深くわかる人だ」と書いている。

東京で降りた私は、当時救出活動をおこなっていた荻窪栄光教会に出向いて、そこで救出活動をおこなっている人と会い、その人の紹介で霊感商法の霊能師役をやらされていた若い女性の体験談を聞いたのである。その時の彼女の態度が私にとって衝撃的であった。とても静かな昼下がりの教会の一室で、窓の近くに座っていた彼女は、自らが正しいことと信じて加害行為を行わされていた点について話をし始めたときに、涙を流し始めた。顔を伏せず、涙を拭うのでもなく、そのままの状態で大粒の涙を滂沱のように流しながら話し続けたのである。私の心には彼女の苦しみがストレートに伝わってきてしまった。なんの罪科もないこのような若い女性に、ひどい加害の苦しみを与えてしまう統一協会という組織。この組織の不正は到底許すことはできないという、深い深い決意を私はその時に持たされてしまったのである。

それからの約1ヶ月半、毎週土日に本州への出張を繰り返して、この問題の最先端の現場で闘っている方、あるいは被害の事実に苦しんでいる方々に面接をして話を聞き、それらをまとめて次の週には準備書面にして提出するという作業を繰り返した。

事件そのものは、あまりにも拘束状況が強すぎると考えた私が、拘束された本人の「(11月)16日の期日には必ず出頭する。外出の自由の許可をもらっても絶対に逃亡しない」という裁判所宛の誓約書を根拠に、両親と保護をしている人達に対して、保護のレベルを落とすことを勧告した。その結果自由に出入りができるようになった本人は、新しい説得者が神戸から札幌に向かっているという状況になった時に、統一協会と電話連絡の上だと判断されるが、裁判所への誓約も踏みにじって、その場から逃走したのである。そのことによってこの事件は統一協会側が訴えを取り下げて終結した。

統一協会は、統一協会員をマンション等に保護するという両親達に対して、それまでは人身保護請求によって対抗してきていた。人身保護請求で21勝1敗という状況であったと記憶している。この1敗は20歳以下の子どものケースで、親権を根拠に統一協会の請求が認められなかったものである。

統一協会は、本件の直後に京都で発生した事案について人身保護請求の申立をしたがそれもうまくいかなくなり、結局その後、人身保護請求を提起するという方針はあきらめ、刑事告訴するという方針に転換した。警察、検察庁は最近に至るもこの種の事件の起訴をしていないので、統一協会のもくろみは実現できていない状態になっている。

ただし、保護が途中で失敗した場合、統一協会に戻った子ども達が両親等に対して民事の損害賠償を請求するという対応は継続的に起こされてきており、その闘いでは、損害賠償金を支払うべしという判決が定着しつつあるし、認定も賠償金額も両親の側に対して厳しいものになってきている。

私は２０１８年2月から、統一協会員の子供（といってもすでに40代）から両親等への訴訟を、広島地方裁判所、広島高等裁判所で他の弁護団員と共に闘った。一審の広島地方裁判所では全面的な敗訴であった。認定もひどいものであったが、２０２０年11月27日に言い渡された控訴審判決は、両親の行為の動機を「専ら親としての情愛から、孫等を含め子供達の幸せを願っての行動」と認定するなど、今後の闘いへの土台となる成果をあげることができた。

青春を返せ訴訟第1陣

１９８７年3月に起こしていた原告一人による青春を返せ訴訟は数年間で20名の原告による裁判へと

発展していった。救出され、脱会する若者が増えていた時期なのである。この訴訟を最初に提起した時の主張は、壺を買わされた原告が、壺を購入させられたことは公序良俗違反の不法行為だと主張するとともに、統一協会員にするための伝道・教化活動を洗脳による人格破壊と構成して１００万円の慰藉料を請求したのであった。なぜ慰藉料を請求することができるのかということをその後、ずっと考えて、提訴から1年半経過した頃には、統一協会の伝道・教化活動は宗教団体による被勧誘者である国民に対する思想信条の自由の侵害だ、自主的主体的な信仰選択の侵害で不法行為なのだとの認識に到達した。金銭被害はその結果発生することなのだという位置付けである。その認識は現在まで変わらない。

しかし、そのような主張を裁判所に認めてもらうためには、統一協会の伝道・教化課程でおこなわれている具体的事実を積み上げていくとともに、成人である被勧誘者の自由意思が侵害されて信仰を植えつけられたということを説明しなければならない。1回2回の行為でそうなるのではない。3ヵ月から長い時には1年以上もかかる複雑な過程なのである。そのような期間の「信仰を受容させられていく」過程の全体像を、事実を詳細に積み上げたうえに、人間の心の中に生まれる変化を中心に跡づけていき、信仰を植えつけられたのだと説明できるのかということが、現在に至るまでの課題なのである。

当時は人格改造とか洗脳とかに関する書物がほとんどなく、朝鮮戦争で捕虜になったアメリカ軍人に対しておこなわれた洗脳というものだけがモデルとしてあるという状況だった。しかし、それは拘束下における人格の改造であるから、拘束が解かれた時にはその洗脳は解けていってしまうと考えられていた。統一協会の伝道・教化課程は、身体的拘束がなく、物理的強制の要素もなく、教えられることの受容と同意や承諾が積み重ねられていく結果、信仰を得ることに至っているのであるから、洗脳という概念で説明することには無理があった。

裁判を起こしたことは起こしたけれども、そこの説明をどのようにしたらよいのか、なかなか解答がみつからず、苦闘の日々を送っていた時、有益な本がないかなと思ってたまたま入った本屋さんで偶然にも見いだしたのが、チャルディーニの「影響力の武器」だった。読んでみてこれは有効なのではないかと思い、当時脱会した青年達に声をかけて毎週土曜日の午後2～3時間、チャルディーニの本とスティーヴン・ハッサンの「マインドコントロールの恐怖」（当時未出版だった。本の一部を訳して用いた）を読みあいながら、これらの本に書かれていることを統一協会の中で体験したかという質問を繰り返す会合を持つことになった。そうすると、出てくる出てくる……こういう事があった、こういう事があったと該当する事実が出てきたのである。これをマインドコントロール研究会と称して1年半くらい継続した。ここで得た知識をもとに準備書面を書いたのである。その準備書面が十数通、合計17万字になった。

その成果をまとめたのが私の書いた「統一協会マインドコントロールのすべて」（1993年　教育史料出版会）という本である。発行して28年も経つのだが統一協会はこの本の内容について何一つ反論していない。そして、まだ、アマゾンで中古品を買うことができる。上智大学の島薗先生には、洗脳について解明した有名なリフトンの書籍と対比しつつ、マインドコントロール論を批判する立場から紹介された。それでも「統一協会の入信勧誘と説得・強化について優れた記述と批判がなされている書物がある。……元信者らが統一協会に傷つけられ、危害をこうむったと感じている理由が如実に語られており、その点で高い価値を持つ資料となっている」と評価されている。

20名の原告で行ったこの訴訟は、13年の闘いを経て一審の勝訴判決を得ることができた。統一協会の伝道・教化課程の中でおこなわれている事実を原告らは真正面から主張して、裁判所は真正面からその事実を認定した。そして、それが違法である理由としては、正体を隠して勧誘するということが信仰の自由を侵害する「おそれのある行為」であるからと判断したのである。原告は皆統一協会員になってしまった人達だったのに、「おそれのある行為」という認定にとどまったのは、伝道・教化課程の事実関係を詳細に主張立証はしたけれども、人がなぜ文鮮明をメシアだと信じさせられてしまうのか、その経過を説明することができず、それを違法であると主張することができきらなかったからであると今では思っている。当時、そのことを私もわかっていなかったのである。だから、裁判所は伝道活動の最初の、正体を隠した勧誘の事実に着目して、人間が信仰を持つということは、超自然的な事象への非科学的な確信を本質とするものだから、そういったものを持たされてしまった後では引き返し不可能あるいは困難であるという特性から考えると、正体を隠して伝道・教化課程に引き入れることは信仰の自由を侵害する「おそれのある行為」で不法行為だ、としたのだと考えられる。この判決は、統一協会の伝道・教化課程の事実認定において、全ての裁判の基礎になりうる判決である。判決はA４版５２１頁、約５０万字である。裁判官達の熱い情熱が伝わってくる分量である。

青春を返せ訴訟第２陣

第1陣訴訟の最高裁判所での判決が確定してから3年以内に、信者原告40名を中心に新しい訴訟を提起した。この訴訟については、最高裁までいって確定した同種の裁判があるのだから、それを基礎に闘えば問題なく早期に勝訴できるのではないかと考えた。ところが裁判はそのように進展しないのである。もう一度新たに、原告になっていた人達が持っていた資料を読み込み、それを伝道・教化課程に位置づけ、伝道・教化課程の具体的事実を詳細に、証拠によって主張立証していくことを求められた。そのうえで、私は統一協会の伝道・教化課程のなかに配置されているイベントとか講義とか、それらがいったいどのような意図を持ってそこに配置されているのか、統一協会は何を狙いとして、被勧誘者の何についての考え（思想）を変えることを意図して、この段階のここにこの講義を配置しているのか、ということを克明に解明するという作業に取り組んだ。

この訴訟の札幌地方裁判所の判決は、裁判所として、なぜ人は統一原理を真理として信仰してしまうのかということについて、正面から取り組んでそれについて解答を与えようとしたのだと考えられる。そこで裁判所が判示したことは、「信仰による隷属は、あくまで自由な意思決定を経たものでなければならない。信仰を得るかどうかは情緒的な決定であるからここでいう自由とは、健全な情緒形成が可能な状態でされる自由な意思決定であるということができる」ということであった。私は信仰を得るという決定は論理的な決定ではなく、情緒的な決定であるということに、それまで十分に気がついていなかった。受講生の多くが統一協会の操作によって号泣させられ、その状態で文鮮明をメシアとして受容するという事実を指摘してはいたけれども。確かにそれで説明できることはおおいにあったのである。判決のこの重要な部分は控訴審判決できれいに削除された。控訴審判決は、正体を隠した勧誘があるから不法行為だという内容であった。しかし、私は地裁判決の判示に触発されて、考えを深めることになった。

全国展開と共同受任

第2陣終結後、私は、この訴訟を闘う場を東京地方裁判所を中心とする全国に広げる決意をした。統一協会の伝道・教化活動が被勧誘者の信仰の自由を侵害する不法行為だと主張して闘う弁護士は私以外いなかったからである。その結果、２０１７年11月に東京在住の1名の方を原告に統一協会に対する損害賠償請求訴訟を起こしたのを皮切りに、熊本の方2名、北海道の方1名、埼玉の方1名の訴訟を、いずれも東京地方裁判所に提起している。その外に、群馬の方5名の訴訟を前橋地方裁判所に提起し、札幌地方裁判所にもう1件提訴している。

以上のうち、埼玉の方の事件は、ビデオセンター受講決定の段階で、「文鮮明師の統一原理と世界の様々な、心理学等の観点から救済プログラムを提示する」と記載した申込書に署名・押印して提出させるように統一協会が伝道方法を変えた後のもので、正体を隠していないと主張される難しさがある。又、札幌地方裁判所の事件は、被相続人と同居していた長男夫婦（統一協会員）が被相続人の預金を勝手に引き出して献金したことについて、長男以外の相続人が長男と統一協会を間接正犯である等として訴えているものである。この2件が抱えている論点は、日本で初めて裁判で争われることになるものである。又、群馬の事件は横浜の弁護士の方との共同受任である。前述した広島の事件を含め、それ以外の形でも、若い弁護士達との共同の訴訟活動等によって、私の闘い方の成果を引き継いでもらう努力をしている。

以上の事件で、3年にわたる弁論によって、統一協会の伝道・教化課程が受講生に自然人である文鮮明をメシアという超自然的存在であると実感させ信仰を持たせてしまう手法の解明に取り組んだ。それをなし得たのではないかと自分では思えるようにまでなってきている。判決でどのように認定されるのかは全く未知数だが、この裁判が最初からかかえていた難題に裁判所が明確な判断をされることを期待して、努力を重ねている日々である。

弁護士は自分を偽らずに生きることと、他者のために生きることを統一しうる可能性を秘めた仕事。

そのためには、自立できる力が必要。その力は、誠実に事件に向き合うことによって作られていく。誠実に向き合うとは、構成要件で事実を切り取るのではなく、事実全体を受け止め、それに答えようとする努力を継続すること。

子どもの人権と東京大空襲裁判

児玉勇二

子どもの人権

裁判官時代、長男が仮死出産で生まれ、色々苦労し、自分も病気となって2年間で裁判官をやめました。その後子育ての中で子どもに関する市民運動に参加して、弁護士になってからの中心的活動は子どもの人権に関する弁護活動でした。

最初は、1980年前後の校内暴力が社会問題となって、教育福祉援助の少年法を治安的厳罰的な改悪、改正を政府が目指していたのに対しての、日弁連による反対の意見書作りなどの少年法改正反対運動に参加しました。そして、数々の少年事件を扱っていきました。浮浪者襲撃事件などで、管理競争教育に対する不満を、学校では難しいので、学校外で発露した路上生活者への差別的暴力でした。少年法の家裁中心主義の、少年の成長発達への援助の視点で、生きがいをもって、3月になると「先生、ようやく卒業できた、後輩が逮捕されたのでまたよろしく頼む」との電話手紙などでの楽しい数々の付添人弁護活動で忙しい毎日でした。毎年の日弁連での付添人活動全国集会の源流を私達は作っていったのです。その後の数々の少年法の治安的厳罰改正への反対の武器となっていったのです。

また1980年代の校内暴力を沈静化させるため、校則の詳細化を図り、生徒にこれを守らすため、体罰、自主退学の勧告、管理教育が強化されて1985年には沈静化されました。しかしその副作用として、その後、その生徒たちの不満がいじめに、不登校に、援交女子売春に、無気力非行に転嫁し増大していきました。その後もこれらへの対応を同じ管理強化の対処療法で行ったため、いまだこのいじめ、不登校、無気力非行などが起き続けて、今、戦後最大の統計数となっています。私達子どもの人権弁護士はこれらの事件にも追われ続けてきました。1985年の日弁連の秋田の人権大会での子どもの人権宣言や、1998年東京での関弁連での子どもの権利条約の宣言に取り組んでいったのです。日弁連の付添人マニュアルと子どもの人権救済マニュアルを作ったのもこの頃です。そして1989年、国連で子どもの権利条約が採択され、1994年、日本で批准され、この国際的NGOの活動にも参加していきました。5年毎の国連での審査に参加し、国連からの日本政府への勧告を実現させるため、カウンターレポートをつくる会などNGO組織を作って、その共同代表とした活動も続けてきました。「日本の過度の教育競争によって、一般の子どもたちの多くは、精神的な悪影響を受け、いじめ、不登校、非行など増加させ、これを解決すべき」との重要な国連の勧告を引き出して、政府に迫っていきました。今もその2000年以降の新自由主義のもとでの生活の貧困、大人との関係性の貧困、全国学力テスト実施、また近時の新国家主義での、国旗国歌の強制、道徳の教科化、教科書の一定方向への検定強化など日本の誤った教育政策に反対し続けて来ました。安倍政権による教育政策への反対声明の会も結成し、多くの学者、弁護士などで、道徳教育の教科化、国定教科書化などへの反対活動もしてきました。

1985年にできた各地の弁護士会の子ども人権110番活動は、東京弁護士会から始まり、僕も電話だけでなく学校福祉機関などにでかけて子どもの代理人としての当番弁護士的活動を拡げていき、一時その子どもの人権救済センターの議長も体験しました。この人権救済センターに、虐待の相談が来て、世田谷に虐待防止センターを作り、今の児童虐待の防止活動の基礎を作りました。また14歳未満の冤罪救済システムがない、触法少年事件の冤罪事件の相談が来て、今まで目の届かなかった触法少年を救済するために、触法少年研究会をつくり、今も児童福祉機関の関係者などとの研究会の集まりをもち続けています。また障がい児への体罰の相談が多く来て、特別に障がい問題に関心のある全国の弁護士を集めて障がい問題人権弁護団を作りました。この弁護団がその後、2001年の奈良の人権大会で障がいのある人々の人権宣言がなされ、日弁連に障がいのある人々の人権に関する委員会が結成されることにつながり、その後障がいをもっている弁護士も当事者運動として参加し障がい問題の弁護士活動が拡大して行きました。障がい人権問題弁護団はその後、障がい人権ネットとして組織替えし、自立支援法、優生保護法裁判など、また障がい者権利条約批准、実現の運動として発展していきました。

その他に夜間中学校の関係者から頼まれて夜間中学校拡充の日弁連意見書につながる人権救済の中立、東京のナンバースクールの男女比率の格差問題で女性の人権団体の関係者から日弁連に申し立てられ、その差別禁止の意見書作り、また定時制高校の統廃合の人権中立を調査したりしてこれら教師の教育運動への応援もしてきました。人権救済センターでは少年事件の被害者の相談も来て、2000年頃の被害者問題が社会問題になったときも、被害者問題と加害者問題を対立に考え法規を厳罰化するのではなく、加害者の立ち直りが被害者のためにもなる同時保障の視点で少年犯罪被害者救済の弁護士の全国のネットワーク組織も立ち上げたりしました。世田谷で、イギリス発の子どもの話を聞くことに徹する子どもの人権相談組織のチャイルドラインも立ち上げ、今では全国化して、理事、幹事としての活動もしてきました。

個別的な事件も多くの弁護団に参加して、一番記憶が残ったのは教育基本法改悪の先取りであった国旗国歌の強制で有名な石原都知事の教育反動化事件の中での障がい児の性教育の学習権、教師の教育の自由侵害の七生養護学校事件でした。判決は、右翼政治家の手作り教材の奪取に対して政治的不当支配禁止違反を、応援した都教委にも阻止しなかった保護義務違反を、学習指導要領は詳細過ぎて教師の自主性を縛りすぎてはならないことを、そして本件障がい児性教育は障がいのある子にふさわしいものであったことを認めた画期的なものでした。その後の安倍政権の反動教育に対する政治的不当支配介入の歯止め武器として機能しています。

東京大空襲裁判

僕の初めての言葉は「ボーク」のようで、一歳半の僕はおそらく防空頭巾をかぶって防空壕に入ろうとして覚えたものと思われます。浅草の入谷に生まれ3月10日の東京大空襲に遭いました。近くの防空壕に入ろうとして断られ、母は僕をおぶって兄を連れて死体を踏みつけながら逃げ回りました。その防空壕が全滅しました。あの防空壕に入っていたら僕らはいませんでした。母からよく聞かされていました。また、黒い雨を広島で浴びて12歳の時佐々木禎子ちゃんと同じように白血病で急死した親友の死にショックを受けた体験もあって、弁護士に転じてから、子どもの人権救済活動をやりながらも、戦争裁判には関心をもっていて、僕の昨年出した『戦争裁判と平和憲法』（明石書店）でその体験した戦争裁判をまとめてみました。そこで書いたように、まず１９９０年の初めての海外派兵裁判の湾岸戦争の戦費

90億支出掃海艇派遣の差し止め裁判を、同期で事務所を一緒にやっていた安田秀士君や多くの同期の仲間と取り組みました。事務局長は澤藤統一郎さんでした。大法廷での尋問は同期の亡くなった小林和恵さんと一緒にやりました。ピンポイント爆弾の下で、イラクの子どもたちが殺されていっている実態を大法廷で明らかにしました。東京の裁判では、その後のイラク裁判での画期的な名古屋・岡山での平和的生存権判決の基礎を判示させました。その後90年代には中山武敏さんと一緒に中国戦後補償全国弁護団が結成され、強制連行の裁判に参加しました。この時、強制連行され戦後も北海道の山奥に逃走して後で見つかった劉連仁という中国人の裁判で、戦後の保護義務救済違反として2000万円の一審の勝訴賠償判決を獲得して法廷で万歳を叫んだことも印象に残っています。その後のこの弁護団の西松、三菱マテリアル、などの事件での和解も、今の韓国との対立で、我が国の未だ残っている植民地主義の残骸に抗している役割を果たしています。コスタリカは第二次世界大戦後、内戦を経験したあと、二度と戦争をしてはならないと、国家予算の30％を教育予算にあてるなど、教育福祉にお金をかけて、日本と同じように憲法で軍隊を放棄した規定を持っている国です。有事立法の危険性のもと2001年、コスタリカの映画を上映し、世界反核弁護団のコスタリカ大学のバルガス教授を呼んだ平和集会を代々木で開き300人が参加し、大成功しました。その後そのときの実行委員会で「コスタリカに学び平和を作る会」を中山さんと立ち上げました。現在まで特に安倍首相の戦争をする国の積極的平和主義でなく、戦争のない軍隊も捨ててあらゆる生活の中に平和を、特に平和教育を小さいときから話し合いで解決を目指したノルウェーのガルトゥングの本当の積極的平和主義を日本において広げる活動を現在まで中山さんと一緒に共同代表として活動してきました。今月に国連で発効される核兵器禁止条約も、案の作成にバルガスさん、国連で成立されたときも議長はコスタリカのホワイトさんと、コスタリカは世界中の平和と人権確立のため活躍しています。

この映画は早乙女勝元さんのお嬢さんの愛さんが作りましたのでその関係からこの会に東京大空襲の被害者の方々が参加してきました。修習生時代に読んだ岩波新書で「私の人間としての執念のすべてをこめて」と書いた早乙女さんと親しい東京大空襲の被害者の方々が、裁判を起こせないかと、多くの弁護士から断られて、中山さんと僕のところに頼みに来たのです。戦後補償の裁判で多くの事件が受任論すなわち戦争は非常時なので誰でも我慢すべきとの反人権的な論理で負けていたので、多くの弁護士も断ったりしていて、僕も当初断っていました。しかし中山さんの熱い情熱に負け、中山さんが団長として運動を、僕が副団長として理論をと分担してこの裁判がスタートしたのです。

僕は理論を担当しましたので色々な論文と判例資料を調べ自分でも考えました。勝てるポイントが多くあったのです。１９７３年からの名古屋空襲の判決に、軍人軍属が補償されても空襲被害者の方々には補償されていないことの不平等性が判示で指摘されていて、でも国会裁量の範囲内として負けていたこと。もう一つは「もう30年以上も経って国会は早く救済立法を制定すべき」との付言でした。等しく受忍せよといいながら、この判決以降も原爆、シベリヤ、など数々の補償立法がなされ、ほとんどの国内的な戦争被害者は補償され、空襲と連帯して闘っている沖縄地上戦などしか取り残されていないことの歴史的事実を強調しました。また軍人軍属には今まで50兆円以上も補償している格差からも、もはや「等しく受忍せよ」ではなく「等しく補償せよ」の時代に入ってきていることとの憲法14条違反を強調しました。また名古屋判決から20年以上も経っていても未だ補償されていないことを、もはや平均年齢が80歳以上と高齢であることから早く補償すべきことを、そして一人一人の被害の実態はそれを放置できない違法性が大であることを発見していったのです。またこの大空襲はアメリカの日本に対するいわゆる民間無差別爆撃で東京裁判でも問われなかった国際法違反であることも付加して、裁判で闘っていったのです。創造的な論理を判例から作り上げて周りから無理でないかと言われても時には勝つこともあり、前記の七生裁判と同じように困難な事件にもチャレンジし、世の中を変えていく、変えていけるのは大きな弁護士の生きがいと醍醐味です。判決はその通リになりました。1審も2審も、受忍論は採用できず、その戦争の被害は軍人と同じように実態は悲惨で、もはや立法機関でその多様な裁量をもってしても解決すべきことを判示し、形式的には負けたけれど、その後の立法運動に武器を与えたものでした。したがって、最高裁で敗訴が確定した後も、補償立法運動を全国空襲連という全国的な組織を作って続けていったのです。自民党の鳩山邦夫議員、鳩山氏の死後は河村建夫議員を超党派の議員連盟の責任者として、安倍政権の官邸や自民党・公明党の壁にあってなかなか最後の壁を突破できないでいますが、この判決に依拠してコロナ収束後には立法化ができるように頑張っています。

「お母ちゃんごめんなさい、ちゃあちゃんポンポン痛いよう」と叫んで死んでいった子ども、孤児として親戚をたらい回しにされ戦後もいじめられ就職差別を受け講談社から本が出た金田茉莉子さん、ケロイドで結婚も就職も差別されて100歳まで闘い生き抜いた杉山さんなどの被害実態は裁判官にも我々弁護団にも支援団の人たちにも国民の人たちにも響きを、昨年の8月15日、NHKスペシャルでこの空襲問題が放映され、多くの人たちに響きを与え、今この立法化運動の中で、将来立法化されるのは間違いないと確信して闘っている次第です。

このような多彩な、子どもの人権救済活動、空襲裁判、空襲立法運動など平和の裁判運動の体験を今、安保違憲訴訟にも生かしています。あの研修所の司法の嵐時代に知り合った23期の人たちとの一緒の闘いの原点があったからこそです。この本での各人のその後の多様な群像があったからこそ、その人間の連帯とその人間の尊厳実現の闘いの目標をもって、その生き方を学び、切磋琢磨しての人生があったからこそ、このように今振り返れば困難の体験もあっても、弁護士として幸せな人生を送れてきたことの基本となっていると考えています。

堂々とした闘い

小林和恵（故人）

「我々は勝利するぞ」というシュプレヒコールが鳴りひびいた。

１９９６年４月１日、ここは福岡地裁那覇支部前である。米軍楚辺通信所（通称・象のオリ）内の土地の所有者である知花昇一さんとの賃貸借契約が、前日終了したにも拘わらず、返還しない国を相手に仮処分申請をしたが、その支持のために約２００人が集まっているのである。私も、安保条約に風穴をあける日がきたと、じっとしていられない気持ちで前日から、この沖縄に平山知子先生と池田眞規先生などと駆けつけた一人である。

沖縄では、軍事基地をなくして平和の発信基地となる壮大な展望の下に、堂々とした闘いが行われている。「我々は勝利するぞ」というシュプレヒコールが、単なる常套句ではない、非常に現実味のある、説得力ある言葉として受けとめられるのである。

この原因は何なのか。

私は沖縄の平和を求める運動が統一しているということが、勝利を確信させている大きな源泉となっていると思う。4月1日の夜、那覇市民会館で開かれた県民集会も、社民党・社大党・共産党及びそれぞれの系列の運動体もきていたが、基地をなくしていくということでは一致した取り組みがなされていた。沖縄の反戦地主の一人が、先日、本土のそれぞれの政党のいう通りにしてこなかったからだと半ば冗談でいっていたが、これは大切なことだと思う。政党の意見は一つの参考意見としながらも、自分たちの頭で何がその時点で大切なのかを判断して、行動する誠実な人間関係の積み重ねが今の運動の厚みをもたらしているのではないだろうか。ぜひ、そのノウハウを学びたいものである。

それにしても、沖縄の主要部分が米軍の占領下であり、まだ戦争中であるという過酷な現実がある。あの沖縄県民8万5000人大集会の発端となった少女強姦事件について、地元の人は日常茶飯事であるといい、確かに3月18日にも大人の女性がナイフを持った米兵と思われる男性に、自宅に入ろうとしたところを強姦されており、未だ犯人は捕まっていない。

ある前労働組合幹部は、基地と女性の人権との関りについては、基地の中が戦場であり、人を平気で殺す訓練を熱心にしている男性が、一歩基地の外に出た途端に平常な気持ちになるということは不可能であり、そのすさんだ気持ちに民族蔑視、女性蔑視もからんで、このような女性に対する人権侵害が頻発していると考えられるといっている。

その証拠に米軍の女性に対する犯罪は、沖縄が一番高いということにも現れている。

しかし、沖縄の女性達はこの事件を契機に単なる被害者として米軍を告発するだけでなく、自らの手で自助組織の強姦救援センター（レイコ）を精神科医、専門家が関わって作り、活動している。9歳の少女の勇気ある行動が、米軍の犯罪を告発しただけでなく、人間の尊厳を取り戻し、女性全体が堂々と自分の人権を主張していくことに大きな励ましを与えているといい得る。

これを沖縄だけの取り組みに終わらせないで、嫌なものは嫌というはっきりした意思表示のもとに自分自身を大切にし、自分の値打ちを見直し、高めていく活動に取り組んでいく必要がある。

夫からの暴力・強姦・ポルノ・セクシャルハラスメント等の性暴力は、女性の人間の尊厳を侵すものとして、もっと解明されなければならないと思う。また、救援センターのスタッフである女性精神科医は、法律家に考えてもらいたいとして、強姦が成立する要件として、裁判所で、女性がどれだけ抵抗したかを問題とし、抵抗の度合いが低ければ強姦罪は成立しないと解釈していることは、精神医学的に間違っていると指摘し、女性が、激しい恐怖にさらされたとき何の反応や抵抗もできないのは当たり前であり、それどころか、恐怖のあまり、犯人の言いなりになって、何でもいうことを聞いてしまうのはテロリストの人質と同様の心理的メカニズムであるといっている。私は意にそわない姦淫行為そのものが暴行行為であり、強姦罪を構成するものであると考えている。

昨年暮れ、日弁連として調査した際、米軍沖縄最高司令官（ヘイズ准将）に会ったが、在沖縄米軍の任務は、東はハワイから西は東アフリカまでであり（極東などではない！）、あらゆる紛争をアメリカが勝利的に解決するために、日夜をわかたぬ熱心な訓練を沖縄で行っているのだと誇らしげに語った。

今、米軍は陸・海・空・海兵隊・日本の5軍体制であるといわれている。つい最近新聞報道されていたが、有事の場合において、日本の自衛隊基地の米軍との共同運用の合意が日米政府間でなされているという事実等に照らせば、これは決して誇張でも何でもない。

また、いま安保再定義の下に、日本本土の米軍基地機能は強化され、沖縄はいわばその支援基地となりつつある。

このように沖縄の問題は沖縄だけの問題ではなく、正に日本全体の問題なのであり、沖縄の人々は本土の沖縄化を防ぐためにも闘っているのである。

私達は平和の中で、人間の尊厳を全うしながら生きる権利を共に手を取り合って実現しなければならない。

「我々は勝利するぞ！」

（自由法曹団通信1996年6月11日843号・和恵弁護士が病で亡くなる1月ほど前に掲載された論考です）

弁護士人生の原点を振り返る

澤藤統一郎

50年は「理想と現実の相克」

私が弁護士登録をしたのは1971年4月だった。あれから50年である。後期高齢者となった自分の年齢も信じがたいが、弁護士生活の年を重ねて半世紀になったことにも、われながら驚かざるを得ない。50年前に、弁護士生活の原点となる出来事があった。その初心を顧み、半世紀の弁護士生活を振り返ってみたい。それは、自分が何を目指して、どのような人生を送ってきたのかという半生の回顧でもある。

私は、弁護士を自分に与えられた天職と思っている。弁護士という職業に巡り逢えて好運であった。

好運という所以は、自由や矜持を保ちつつ、反権力という生き方を貫くことができたということがまずある。しかし、それだけのことではない。もっと重要なことは、日本国憲法の存在するこの時期に、この憲法を手に法律実務に携わることができたことである。人間の尊厳を第一義とした憲法があり、これを頂点とする法体系がある。その法の運用実務を職業とし、憲法理念をどう現実化するか、憲法の理想を社会生活にどう根付かせるかという壮大な事業の一端に関われたことが幸運でないはずはない。

しかし、私の弁護士人生は幸運の側面ばかりではなく、天職にも陰があった。憲法の理念を実現するための主要な場としてあるはずの司法が、憲法が想定するものではなかったことである。憲法の理念は、司法の場ではたちまち輝きを失って曖昧となり、あるいは無視され、蹂躙さえされた。そこは、けっして憲法の理想を実現するにふさわしい場ではなかった。

私の弁護士人生は、憲法の理想に恵まれた幸運と、裁判実務の現実における不幸との確執を軸とするものだった。《憲法の理想と司法の現実との相克》の人生と言ってもよい。憲法の理想を常に高く掲げてきた私だが、現実の訴訟の場では妥協を余儀なくされ、あるいは苦汁をなめさせられてきた。

実は、この理想と現実の相克ないし落差の存在は、司法修習の時代に漠然と予見していたことではあり、弁護士人生スタートの時点で厳しく思い知らされたことでもあった。

司法修習時代の体験

法学部で学んだ経験のない私が弁護士を志望した60年代の後半の時期は、司法が比較的健全な時代であった。反共の闘士・田中耕太郎最高裁長官（1950年3月〜1960年10月）時代以後で、裁判官の独立を蹂躙した石田和外長官（1969年1月〜1973年5月）時代以前の、比較的穏やかな司法の時代だった。国会には、護憲勢力の「三分の一の壁」が築かれ、60年安保闘争の国民的高揚の余韻の中で、労働運動も市民運動も学生運動も盛んだった。その社会の空気を反映して、裁判所が真っ当な判決、あるいはずいぶんとマシな判決を重ねていた時代。裁判所に正義があると国民からの信頼を得ていた、今は昔のことと語るしかない頃のこと。

そのような時代に、弁護士の自由に惹かれて私は23期の司法修習生となった。１９６９年春4月のこと。同じ年の1月、東大安田講堂への機動隊導入があり、典型的な司法官僚であった石田和外が最高裁長官に就任している。

当時の修習期間は2年。この2年間が、実務法曹としての私の心構えの土台を作った。学生運動を横目で見ていた私だったが、修習生運動にのめり込んでのことである。

当時憲法理念に忠実でなければならないとする若手の弁護士だけでなく、裁判官や司法修習生も、青年法律家協会（青法協）に結集していた。

時の自民党政権には、これが怪しからんことと映った。当時続いた官公労の争議権を事実上容認する方向の判決などは、このような「怪しからん」裁判官集団の画策と考えられた。反共雑誌「全貌」が執拗に青年法律家協会攻撃を始め、自民党がこれに続いた。驚くべきことに、石田和外ら司法の上層部はこの動きに積極的に迎合した。こうして、裁判所内で「ブルーパージ」と呼ばれた青法協会員攻撃が行われた。

攻撃側の中心にいたのが、「ミスター最高裁長官」石田和外（5代目長官）である。彼は、青法協会員裁判官に、協会からの脱退を勧告し、あまつさえ内容証明郵便による脱退通知の発送までを強要した。

私は、修習開始と同時に、当然のごとく青年法律家協会の活動に加わった。東京で修習した実務期には修習生部会の議長を引き受けた。時節柄、この時の活動は最高裁当局との対決色を濃くするものとなり、22期から2名の任官拒否者（裁判官への任官を希望しながら、最高裁から採用を拒否される者）が出たことで、決定的になった。私たちは、これを最高裁の思想差別ととらえた。そして、この差別は自民党や右翼勢力の策動に司法部の独立性が脆弱であることの反映と理解した。

修習後半の1年は、ひたすらに「同期の仲間から任官拒否者を出すな」、「担任の教官は青法協脱退工作に加担するな」、「逆肩たたき（任官辞退誘導）をするな」という具体的なテーマを追及する運動に明け暮れた。その運動は、同期の内部にとどまるものではなく、弁護士をも巻き込むものとなり、市民運動にまで発展した。

怒りに震えた1971年4月5日

2年の修習を終えて、忘れることのできない71年4月を迎える。

最高裁は、23期7人の任官志望を拒否した。そのうち6名が青法協会員だった。当局の覚え目出度くないことを知悉しつつ、良心を枉げることはできないと覚悟した潔い人びとである。運動は目的を達成できなかった。その意味では手痛い敗北だった。

それに先んじて、最高裁は13期裁判官である宮本康昭氏の（採用10年目での）再任を拒否していた。青法協裁判官部会活動の中心人物と見なされてのことである。われわれは、最高裁の頑迷な、そして確固たる裁判所内部統制の意思を思い知らされた。

23期の修習修了式は4月5日。その前日に、「この事態を看過できない。明日の式では、修習生を代表して誰か抗議の一言あってしかるべきではないか」との話し合いがあり、クラス連絡会の代表だった阪口徳雄君がその役を引き受けた。

式場は、当時紀尾井町にあった木造司法研修所庁舎の講堂。当日開式直後に挨拶に立った守田直研修所長に、阪口君は「所長、質問があります」と語りかけた。５００人の出席者から、「聞こえない。マイクを取れ」「こちらを向いて話せ」と声が飛んだ。彼が少し前に出て、あらためて任官拒否の不当について話し始めた。とたんに、かねてからの手筈ででもあったかのように、司会の研修所事務局長から、突然に声がかかった。「終了式は、終了いたします」。この間、わずか1分15秒である。

そして、そのあとの長い長い教官会議があり、夕刻、最高裁は阪口君を罷免処分とした。私は、その酷薄さに怒りで震えた。同時に、権力というものの非情さと理不尽さを、肌身で知った。このときの怒りと反権力に徹しようという決意は今に続いている。

こうして、「司法の嵐」「司法の危機」あるいは「司法反動」といわれた時代に、私は実務法律家となった。憲法改正を阻止し、憲法の理念を擁護する、だけではたりない。独自の運動課題として、憲法が想定する真っ当な裁判所をつくる必要がある。司法の民主化なくして人権も民主主義もありえない。人事権を握る司法官僚が、第一線裁判官の採用・再任・昇進・昇格・任地を左右する権限を恣にしている実態を改革しなければならない。

私は、仲間とともにそのような決意を固めて実務法律家となった。反権力を貫こうというだけではない。司法の改革が必要ということも、石田和外が教えてくれた。１９７１年4月5日の出来事こそが、弁護士人生の原点となった。

弁護士人生の素描―あの怒りを原点として

最高裁のこの暴挙には、国民的な抗議の世論が巻き起こった。最高裁自身が思想差別の張本人となっているのだ。しかも、そのことを不当とする声を上げようとした者を問答無用で切り捨てたのだ。これが、司法部の実態であれば、わが国の人権も民主主義も危うい。弁護士となった私の最初の活動は、この市民運動に参加することだった。阪口君は、資格を剥奪されたまま最高裁の不当を訴えて、全国を行脚していた。同期の者が安閑としておられるはずはなかった。

この運動への関与は、阪口君が2年後に世論を背景として資格の回復を勝ち取り弁護士になるまで続いた。弁護士になった彼は、私と同じ法律事務所で机を並べて同僚としてしばらく仕事をした。

その後私は故郷の盛岡に独立開業し11年を過ごしたが、再び東京に登録替えをして通算50年の弁護士生活を送った。その間、労働者の解雇事件や職場での思想差別、不当労働行為、労災職業病、薬害、医療過誤、学校事故、悪徳商法被害事件、行政訴訟などに携わってきた。それぞれの事件との出会いは、半ばは偶然であるが、半ばは必然だったと思っている。人権擁護や反権力の姿勢を保持していればこその、事件との出会いが少なくない。

盛岡での開業直後から、公選法弾圧事件を立て続けに受任した。なかで、最高裁まで争ったのが、釜石市議の戸別訪問に対する刑事弾圧事件だった。3名の弁護士で公職選挙法の戸別訪問禁止規定の違憲を争い、一審限りではあったが、違憲判決を勝ち得た。この訴訟で、実践的な人権論と民主々義論を学んだ。同時に、高裁・最高裁の頑なな壁の厚さに改めての怒りを覚えた。

ややあって、岩手靖国訴訟を受任して、憲法訴訟に本格的に向かいあった。靖国とは、今日的な戦争と平和に関わる問題であり、個人の信仰や内面の自由の問題でもあった。憲法の平和主義と人権とが、社会的多数者の意思によって圧殺されている構図を自覚した。一審盛岡地裁で手痛い敗訴を経験して、在仙弁護士諸氏とともに、仙台高裁で実質的な勝訴判決を得た。受任から確定までこの間14年であった。

その後、岩手銀行女子行員の「家族手当不支給差別事件」が印象に深い。カムフラージュはされていたが、男女間の差別そのものは明瞭であった。ところが、東京から来た経営法曹会議のお歴々がこう言い放った。「男女の平等が憲法の理念と言っても、そんなにたいそうなものではない。要は、現実にある社会通念において許容し得ないほどの不平等に至っているかどうか。それだけが問題なのだ」。なるほど、そうなのか。「憲法の理想よりも、社会通念という現実こそが規範」という思想がまかり通っているのだ。憲法の、現実批判の機能を鈍麻させてはならない。多数者・多数派が形成している社会通念に席を譲ってはならない。人間の尊厳や人権は、社会の多数派が形成する常識の圧力に屈してはならないのだ。

東京に舞い戻って、湾岸戦争への掃海艇派遣や軍費の支出を差し止めようという「市民平和訴訟」の旗振り役となり、弁護団事務局長を務めた。憲法9条を巡る論争は、まさしく理想と現実の相克である。規範としての憲法は、常に理想を宣言している。現実との抵触を根拠にこの理想を後退させてはならない。むしろ、どのようにすれば市民の手で平和を構築することができるか、どのようにして平和的生存権を訴訟実務に定着できるかを考えさせられた。

現在は「日の丸・君が代強制」反対の訴訟と運動に取り組んで、17年余となる。ここでも、個人の尊厳という憲法の理想が、ナショナリズムや社会的同調圧力に負けてはならない、と主張し続けている。語るべき成果もなくはないが、最高裁での違憲判決を勝ち得ていない。最高裁を変えなければ、憲法の理念を判決に生かすことができないことに、歯がみを続けている。

そして、ささやかな決意の表明として、今、憲法にかかわる思いを毎日ブログに発信している。題して、「澤藤統一郎の憲法日記」。2013年4月1日から連続更新して8年になる。「憲法の理想と司法の現実」の相克が、メインテーマとなっている。

50年前のあの日の震えるほどの怒りを忘れまい。あの日に身に沁みた権力の理不尽と非情を忘れまい。円熟や老成に抵抗して、怒りを燃やし続けたい。

今もなお、《憲法の理想》は《司法の現実》によって曇り続けている。この相克を解決すべく努力を続けようと思う。

弁護士稼業

城口順二

1. 司法試験以前

その頃は、名古屋市内でトップセーラーの3名と私が1台のハイエースに100点を超える複製絵画を載せて、市内の公務所や銀行などで展示販売をしていた。超有名な画家の作品を高度な技術で色形を複製し、手ごろな価格で販売をしていた。

私はただの、販売管理の社員で、3人は一般社員と違い5倍程度の収入を上げるトップセーラーである。私も見よう見まねで販売の手助けをしていた。仕事場は、千葉、長野、名古屋と移動していた。

その頃、本社から、横浜支店の支店長に抜擢され、3人と別れたが、3人のチームが飛騨高山に行く折に、呼ばれて一緒したとき、「城さん、将来一緒に組んでインテリアの店をやらないか」との誘いがあった。心では、司法試験をきちんとやってからと考えていたので丁寧に断った。横浜支店の仕事が忙しく、試験勉強どころではない時期に、親友から何時まで仕事しているかと問われ、退職し、暮れのころから答練に参加し、幸い翌年に合格した。

2. 合格者の勉強会に参加

合格すると、東京近辺の者で自主勉強をしようとの誘いに乗り、哲学書などを読み合い、この集まりが、後の司法修習生の青法協加入の原点になったように思う。また別に、論文試験に際して、たまたま話したり意見交換した人が何人もその後の修習生活に関わることとなった。

3. 修習生活と任官拒否と阪口問題

研修所は、麹町の木造の施設であり、10組500人の修習であった。

クラス委員は委員会をつくり、多くは青法協加入者であって、憲法を大切にし、事実認定を大事にするものであったことから、当時の公害現地研修に出かけたり忙しく過ごした。

こうした同期の中で私も3組の委員となり、多くの課題を議論したものであるが、修習最後の卒業式に、突如、阪口徳雄氏が所長に発言を求め、その見解を糺しはじめたのであった。当時、司法の右傾化が激しくなりはじめ、同期の任官希望者7名が任官拒否にあった。主として青法協加入をきらったものであった。この発言をとらえて、阪口氏が卒業を目前にして修習生を罷免された。委員会で阪口氏が代表で発言することに決したとのことであったが、たまたま、その会議に私が参加していなかったのは悔いが残った。

4. 阪口罷免撤回活動

その後は多くの同期生や応援の司法関係者は罷免の不当を訴え撤回を求めて、弁護士会や有力な先輩弁護士を軒並み訪問するなどして歩いた。その結果は二年遅れの修習回復となったのであった。記録によると、日弁連も罷免の不当決議をしている。各弁護士会も同様であった。

5．東京合同法律事務所入所

卒業後の就職先は、青法協の本部の内藤功弁護士から紹介された、メーデー事件・松川事件などで中心となった東京合同法律事務所という最も先進的な事務所であった。

事務所訪問にあたり、少し遅れて事務所近くの交差点に差し掛かったところ、面会の中田先生の乗る車がその交差点を左折し、その交差点の歩道上で私を認めたのであった。その車には同期の西山・佐藤氏が同乗していた。

後で思うがこの時にすれ違っていたら、私の弁護士生活はごく平凡なものだったのではないかと思う。縁は異なもので、面接の中田直人弁護士とは、狭山事件高裁事件をご一緒させてもらい、その後狭山事件弁護団に参加していた宮澤洋夫弁護士と埼玉総合法律事務所を運営する機縁に繋がったのであった。

6．数々の事件に関与

①沖縄軍用地調査

東京合同では、沖縄軍用地現地調査に参加し、その参加資格の意味で自由法曹団に加入した。約15人で組織し、未だ日本復帰前であったことからビザを得て行った（2名の弁護士は拒否された）。伊江島の米軍射爆場のための用地強奪に反対し、断固たる闘争をしていた阿波根昌鴻氏をたずね、闘争の実体を学び、その他軍用地などを視察し、激しい米軍優先の事態を視察した。

②本土並み復帰行動隊の請願と勾留取消

1971年当時沖縄から行動隊が来て、国会に請願していた。その行動隊の一人が逮捕勾留された。

激しい怒りがあった。私もその一人として勾留取消を求め、部長裁判官と交渉をした。一般では勾留直後に勾留取消はないとの風潮があるが、本土並みの要求を掲げる沖縄行動隊の正当性などを訴え、時の有力国会議員の協力も得て、裁判官を説得し、勾留取消を勝ち取った。あたかも日比谷公園では大集会が持たれており、ここに久高氏が釈放報告をした。感動的であった。日本復帰後に訪問した沖縄で官公労の歓待を受けた。

③スモン訴訟への参加

スモン訴訟は、キノホルム製剤を服用し、全身の神経を傷害される極めて重篤な薬害訴訟である。全国23カ所の裁判所で戦い、当事者・弁護団・地域・各支援組織の一致団結した裁判闘争になった。これに参加し、徳島の原告を何人も担当し、原告家族や各地の弁護士とも多く知り合った。10年の激しい戦いであった。優れた原告・スモン映画上映・厚生省交渉・妥結など想いは多くこの紙面が足りない。

④狭山事件

狭山事件は、東京合同の中田先生を中心に1審を戦ったものの、被告人石川氏は、捜査官の甘言を信じ、公訴事実を認めたまま死刑判決を受けた。これがとんでもないことだと知り、高裁で否認に転じた。ここから実質審理が進行していた。重要な論点が多く、何度も合宿を重ね私達は無罪の立証を果たしたと考えたが、判断は無期となった。

この以前から解放同盟等が支援を強めていたが、私達は最高裁に参加できなかった。

⑤校舎等多重放火無罪

埼玉の中学校舎一棟や神社などが放火された事件があった。妻城口美恵子の国選事件を引継ぎ受任した。被告人が貧しく学校にも行けず、一般の常識がないことを奇貨とした検察は、被告が些細な窃盗を認めたのを利用し、地域のすべての放火事件を被告に被せて起訴した。校舎の放火の主張と証拠を徹底的に分析し、かつ、学校関連者を尋ね卒業アルバムなどを大部に収集して検討したところ、被告は完全無罪であること、学校侵入者の存在や出火場所が異なるなど供述に反する事実が判明した。

その他の事件も冤罪であることが判明した。控訴もない。

⑥その他事件処理

その他、闇金事件、債務整理事件、公安条例事件、労働事件などを担当し、公務員組合とは公平審理を通じ、長年の交流を持ち続けている。また、視力障碍者のホーム転落死亡事件においては、国鉄を相手に損害賠償請求をして、成果をあげ、ことに、ホームに点字タイルを設置させ、これが早期に全国に及ぶ契機となった。

7．埼教組刑事弾圧事件

4・25最高裁判決に見るように司法の右傾化と共に教育界の民主団体への弾圧が激しくなっていた。警察庁は、74年春闘で日教組を襲い、埼玉県教組に対しても地公法の争議行為あおり等で刑事大弾圧がかけられた。122の捜索、1000名を超える呼出・事情聴取は、組合員を震え上がらせるに十分であった。すぐに、埼玉弁護団に参加し、逮捕・勾留への対処、反弾圧闘争の組織と実践、東京からの弁護士の応援要請など様々な活動に参加し、全組合員は地域の民主勢力と一体となって大きなうねりとなった。当初の弾圧をはねのけ、起訴は委員長のみとなり、16年の裁判闘争を戦った。争議行為の「あおり」と「あおりの企て」が起訴内容であるが、判決は「あおりの企て」を無罪とし、「あおり」で10万円の罰金とした。最高裁判決では、補足意見と反対意見がなされ、ストの正当性に触れるなど大きな成果を得て終わった。

この教組事件の間も、スモン・狭山事件は継続し私にとっては大きな経験と力になっている。

8. 埼玉弁護士会に移籍・その後の弁護士会活動

75年に埼教組事件を支えるために埼玉に移籍し、そこに根を下ろした。

埼教組事件は16年に及ぶが、その間スモンは10年、狭山事件は75年10月判決まで尽力した。

主として取り組んだスモン・埼教組事件が解決を見、埼玉弁護士会の活動と参加を強め、あるいは日弁連の人権活動に参加するようになり、約10数年尽力した。

埼玉弁護士会の副会長を2期（82・86）、94年には会長を務めた、それまでは会長は県中央に限定されていたが、会長を県全域から選出できるように改革し、各支部を活性化し、弁護士会館建設の足掛りを築いた。

会員の親睦にも力を注ぎ、全国野球大会に参加するために野球部の創設に参加し、一時は全国制覇の期待もあった。

関東弁護士会連合会や関東10県会は緊密な関係を誇り、大会や研修会、ゴルフ・野球の交流は大いに盛り上がりを見せている。

弁護士会と士業の関係を広げ10士業の交流を全国に先駆けて行い、相互の検討事項を討議し、士業間の理解と関係強化に努力した。

日弁連では2000年に副会長に推され、司法制度改革の大きな流れの中、努めて日弁連の活動を支えてきた。

9. 埼玉総合法律事務所の発展

埼玉に移転した後、埼玉総合法律事務所は、後輩の入所が続き、たちまち埼玉最大の事務所に発展し、事務所維持・拡大の努力を惜しまなかった。県内各地に民主的事務所も設立され、全県の民主事件にはほとんどで関与することが出来るようになったと自負している。事務所関係者が各地にて今も大いに頑張っている。

10. 個人事務所に移行

96年4月から個人事務所を起こし、事務局との静かな時を得た。弁護士稼業のみならず趣味を深めるつもりであった。

しかし2000年には日弁連の副会長を会の総意で推され、就任した。人権担当となり、司法制度改革審議会の刑法関係責任者になり、意見を述べたりもした。わずか数年後には、司法人口の飛躍的増大の変化・うねりがあった。

日弁連役員退任後は、多くの新規弁護士の採用を繰り返し、後進養成に踏み切り、中規模の事務所が続いた。この間2012年には中国人を被告とする大量の覚せい剤輸入罪の刑事事件を争い、裁判員制度下の無罪を勝ち取ったことは忘れがたい。

現在2021年をもってまた個人事務所になることを考えているが、先の見通しは不確かである。いずれにせよ、可能な範囲で業務を続行したい。

11. かわぐち九条の会

社会的には、憲法9条改正の動きが強くなり、2004年にはこの潮流を阻止すべく全国9条の会が組織され、その流れは全国に波及した。2005年埼玉県の川口市にも大きなうねりがあり、「かわぐち九条の会」が組織された。先の埼玉県教組事件を機に知り合った組合関係者からの呼びかけを受け共同代表として活動をしてきた。

会員は実に１０００名を超え、会費を徴収して活動を毎年活発に行ってきた。事務局会議は通算３４０回を超えている。

ようやくにして安倍の改憲意欲をも打破し、今後も気を抜かずに活動をしていくだろう。

12．今後の生き方と後進に対する期待

既に弁護士50年を超えた時期に当たり、改めて、来し方を眺め、行く末をじっくり眺めてみたい。

弁護士として、生涯を終えることの意味は何だったろうか。日々の処理する事案は個々にとってはどれも大切極まりないので、手を抜いてはならないが、十分だっただろうか。

一気にこれまでの生きざまを洗い出し、記述した。

これまで、適度に、時間を見つけては、油絵・スケッチを楽しみ、過去にはハーモニカに励んだ。野球やゴルフをもするが、目の傷害で、野球は出来なくなった。ゴルフは手指や腰を痛めていていつまでできるやら。

しかし、気力はそんなに落ちていない。負け惜しみかもしれない。

さて、これまでの自分を振り返り、これを要約すると、以下のとおりの姿勢で処理してきたと言えよう。

①仕事は誠実に受任し、いかなるときにも、基本的には逃げず、放棄しない。
②分野の異なる事案は適切な専門家に依頼替えする。
③事案解決には多角的・多面的な検討を惜しまない。
④困難を放置せず、最も困難な事項から解決策を検討する。
⑤出来るだけ現地現場に足を運びその上で考える。

⑥いかに社会的正義や関係者間のバランスを取るか、いわゆる恥ずかしいことをしない。依頼者のみの損得に偏らない。
文章にすると意が十分ではないが、受任事件は誰のためのものか、社会的なものかなどを念頭に置いている。ましてや自分の為や金の為ではないと思う。仕事を通じて、民主的な考えが広まって欲しい。
以上いくらかでも参考になればよいと思う。

常に民衆の立場に立ち、権力と向き合い、平和を求めて

瑞慶山　茂

決意
最高裁判所による阪口罷免と修習生7名の裁判官任官拒否事件は、私に沖縄での米軍基地権力者の横暴を彷彿させ、司法に対する幻想を打ち砕いた。司法の民主的改革のためには、民衆の力に依拠することと、弁護士活動の立ち位置を明確にすることが必要と考えて、「常に民衆の立場に立ち、権力と向き合い、平和を求めて」活動することを決意した。

活動内容
71年に「沖縄返還協定の研究」（幻想の「核ぬき・本土なみ」返還論）を執筆。72年に東京の小島成一法

律事務所（現　東京法律事務所）に入所し、主に労働事件（昇格差別事件）を担当した。75年に自宅がある千葉県松戸市に「東葛総合法律事務所」を設立し、地域住民のあらゆる法律問題を取り扱った。その後、「瑞慶山総合法律事務所」を設立。08年に松戸に「弁護士法人　瑞慶山総合法律事務所」を開設し、その後、沖縄県那覇市に沖縄事務所を設置し沖縄戦・南洋戦・フィリピン戦民間人被害救済運動（国家賠償訴訟と立法運動）、米軍基地問題を取扱い、東京大空襲訴訟常任弁護団となり活動は広がっていった。特に戦争被害者の救済については既に「群像」でも述べたように、玉砕の戦場で奇跡的に生還した戦争体験からして「天命」によるものと思っている。

民衆を組織しそれを力にして事件解決を図るというスタイル

法律相談件数は50年で1万件を超えた。事件解決のスタンスは依頼者や関係者を組織し、それを力にして問題の解決を図るというスタイルである。具体的には、「松戸・根本の太陽を守る会」、「真理子ちゃんの死をむだにしない会」、「赤ちゃんの急死を考える親と弁護士の会」、「悪徳不動産業者から庶民を守る会」などである。全国的な活動をする会に発展した例もある。建築公害については『災害事故トラブル解決大百科』（講談社）に執筆した。02年発行の週刊朝日（12／20日号）では、全国の弁護士の中で「勝てる弁護士」の一人として紹介された。

弁護士会活動――千葉県弁護士会会長に

弁護士会活動を積極的に行い、94年には千葉県弁護士会会長と日弁連理事、関弁連常務理事となった。商工ローン被害対策千葉県弁護団長、中小零細業者の救済運動などを行った。

平和出版活動

2007年から宇都宮軍縮研究室発行の月刊『軍縮問題資料』の編集発行責任者として平和の為の出版活動をしている。そのときの連載をまとめた本が「法廷で裁かれる日本の戦争責任」である。

たった9ヶ月の命――赤ちゃんの命と人権を守る戦い

真理子ちゃんは、1974年2月18日、千葉県松戸市の認定を受けていた家庭保育福祉員が経営する無認可の零細保育施設でうつ伏せ寝中、口にいっぱいタオルをつめて鼻口閉塞により窒息死した。たった9ヶ月の命であった。教師の森岡廣茂と綾子の長女である。私は事故発生日の夜中に相談を受けた。翌日、事故現場を調査した。

事故の原因が劣悪な保育環境と貧困な保育行政の実態にあることが明らかとなってきた。その頃は、保育所や病院などで赤ちゃんの死亡事故が全国に多発し大きな社会問題となっていた。両親を中心に「真理子ちゃんの死をむだにしない会」を結成し、行政の責任を追求した。

両親は77年、千葉地裁松戸支部に保育ママ、松戸市、千葉県、国を被告にして、憲法25条第2項や児童福祉法違反などを理由に国家賠償訴訟を提起した。被告側は、死因について窒息死を否定して、乳幼児突然死症候群（SIDS）を主張したが、一審判決は窒息死と認定し、SIDSの主張を退けた。そのことは大きなニュースとなり、判例時報などにも掲載された。保育ママについては損害賠償請求を認めたが、市、県、国については認めなかった。

控訴審では、死因についてSIDSの可能性ありと判断し請求棄却。上告したが上告棄却。しかし、この事件を中心に全国的に保育所改善運動は前進した。署名は5万筆を超えた。

全国的に赤ちゃんの両親を中心に「赤ちゃんの急死を考える会」を結成し、厚生省（当時）にうつ伏せ寝をやめさせる陳情を行った。その結果、危険なうつ伏せ寝は行政指導により全国で原則禁止となった。それまで赤ちゃんの急死事故が当時年間400〜500件で推移していたが、その後は200件前後に大幅に減少した。運動の大きな成果であった。「赤ちゃんの急死訴訟研究会」を結成し、全国的に弁護団を結成し（関与した弁護士は50人を超えた）、北は旭川から南は沖縄まで頻発した同種事件に対応した。ほぼ45年この種の事件にかかわっている。もう一つのライフワークである。

障害者の尊厳を守った裁判

第1話　健常者並の逸失利益、慰謝料を獲得

「毎日新聞　全国版日刊　85年2月19日（火曜日）1面トップ」は、ほぼ次のように報道した。国際障害者年が始まった頃である。


「交通事故に遭って全面介護がなければ生きていけない状態になった身体障害者が、健常者に比べきわめて低額の差別的な逸失利益、慰謝料しか支払われなかったことを不当として、保険会社を相手取り千葉地裁松戸支部に起こしていた民事訴訟で、保険会社側が逸失利益を含め3400余万円の保険金を支払い、和解が成立したことが明らかになった。身障者の慰謝料と労働能力喪失率をほぼ健常者並みに認め、高額の賠償金を支払ったのは国内で初のケースだろう。」原告は千葉県柏市のAさん（26）。

事故直後、Aさんは保険金の支払いを請求。保険会社は「Aさんは、小児マヒのため事故当時、すでに5級の後遺症があった」と認定し、慰謝料分も含めて1級の給付額から5級の給付額を差し引いた、

健常者の4分の1以下の差別的金額を提示してきた。そのためAさんは訴えを提起。原告訴訟代理人として弁護士瑞慶山茂の氏名も報道された。そのため全国から数十件の難解な法律相談があり、その一つが次の2話として記する山口県宇部市の例である。

第2話　最高裁判所逆転破棄差戻し判決―車椅子生活者の主張を認める―

99年6月11日、最高裁第2小法廷は、「原判決を破棄する。本件を広島高等裁判所に差し戻す」との判決を下した。

山口県宇部市に住むH氏（50歳）は、83年に軽四輪自動車を運転中、加害者の運転する普通乗用車に追突された。H氏は、両側変形性股関節症による股関節の機能障害により、歩行その他の移動動作や日常生活が困難となり、介護が必要な状態で生活保護を受けていた。事故と両側変形性股関節症の発症と悪化に相当因果関係があるか否か争われた事件である（山口地裁宇部支部）。

医師が6人も証人となり医学論争。自動車工学鑑定士も鑑定証人として尋問。裁判所は、H氏の主張通り因果関係を認め、保険会社などに対し損害賠償金5210万円の支払いを命ずる判決を下した。画期的勝利判決であった。被告が控訴。広島高裁は因果関係を認めず、H氏が逆転敗訴。

H氏が上告。上告後、私は専門医の大西啓靖先生（国立大阪南病院副院長・整形外科・人口関節クリニック）の因果関係ありとの鑑定書を提出した。上告してから4年半後に、審理不尽を理由に原判決を破棄し、広島高裁に審理のやり直しを命じたのである。

広島高裁でH氏の勝訴が確定した。勝利確定まで15年かかった。利息損害金が加算されたため、補償額は合計1億円を超えた。生活保護者であったため、交通費、印紙代などの実費約数百万円はすべて私が義挙心から自腹を覚悟で立替えていた。最終的にはH氏から全額支払っていただいたので、最後まで諦めずに闘って良かったと思った。

「沖縄戦」被害・謝罪及び国家賠償訴訟―初めて問う日本軍の国家賠償責任―

至言 ― 命どぅ宝 ―

沖縄には、昔から「命どぅ宝」という至言がある。人の命は何よりも尊いもの、至宝であるという意味である。アジア太平洋戦争の末期に、日米の地上・空中・海上の総合的戦闘が3ヵ月の長期に行われた沖縄戦では、県民の4人に1人（15万人）が戦死し、数万人が重度の後遺障害者となった。未補償の被害者・遺族が原告となり、国を被告として、12年8月15日の「終戦記念日」に謝罪及び1100万円の損害賠償請求の訴を那覇地裁に提起した。沖縄戦被害について、日本の国家賠償責任（対内的戦争責任）を問うた初めての裁判である。原告79名（平均年齢83歳）、未補償の死者約7万人。

国体（天皇制）護持・本土防衛のために〝捨て石〟にされた沖縄県民の命

沖縄戦は、住民の住む日本国内において唯一戦場となった。天皇直属の日本軍最高司令部である大本営は、沖縄で本土侵攻を可能な限り食い止めるための出血持久戦を実行した。即ち沖縄県民の命は皇室を宗家とする国家・国体護持と本土防衛のための〝捨て石〟とされた。この事実は沖縄と日本の歴史に深く刻み込まなければならない。

日本軍は「強制」集団自決、住民殺害、壕の追い出し、食糧強奪など住民に対し残虐非道で反人道的な犯罪行為を繰り返した。長期に及ぶ地上戦のため、一木一草焼き尽くされ、県土は焦土と化し、社会的共同体と生存の基盤が根本的に破壊された。

訴訟の目的と性格

この訴訟は、旧日本軍の軍事的公権力の行使である軍事行動とその中で住民を守らず（保護せずに）、住民を殺害するなどの残虐非道な加害行為を行った軍隊の非人間性を深く明らかにすることを直接の目的とした。旧日本軍の軍事的公権力の行使等に対する法的責任を問う初の国家賠償訴訟である。

法的主張の概略

法的主張としては、①日本軍の国民保護義務違反に基づく民法上の不法行為責任、②戦争行為により生命・身体に危険状態を発生させた国が負う公法上の危険責任としての損害賠償責任、③戦争被害を発生させておきながら長期間にわたり未補償のまま放置している国会の国家賠償法に基づく賠償責任である。

まず戦争被害無料法律相談活動から闘いを始めた

09年に那覇市に沖縄事務所設立後、戦争被害無料法律相談を開始したところ、続々と相談者が増え、約300名の相談を受けた。沖縄では米軍基地反対運動は強く行われていたが、民間戦争被害者の救済は放置されていた。沖縄で弁護団を結成し、弁護団長となり訴訟を提起した。（訴状は500ページを超えた）

一審・二審判決の内容 ― 不法行為の諸事実を認定・初めて司法判断として戦争PTSD認定。国家無答責論などによる請求棄却 ―

原告らが特に力点を入れたのが、日本兵の反人道的不法行為による戦争（戦場）PTSDなど外傷性精神障害である。精神科医の診断書と鑑定書、本人尋問により立証した。

判決は、原告ら全員が戦争被害を受けた事実、44名の原告につき戦争PTSD外傷性精神障害と認定。原告らの「受けた被害には、3か月以上にも及ぶ地上戦が行われた結果や軍の一定範囲の統制下において組織的に自殺を教唆、幇助したことにより生じた沖縄戦に特有のものもあり、その被害は極めて深刻な者もいる。」と、強制集団自決やその他深刻な被害事実を認定した。戦争PTSDの訴訟上の事実認定は我が国で初めてのことである。これらの事実認定は重要であり、積極的に評価できる。しかし、判決は、明治憲法下の判例理論である国家無答責論と、戦後の戦争被害受忍論により国の責任を免除した。上告。最高裁第三小法廷（裁判長 戸倉三郎）は18年9月11日に棄却したが、控訴審までに認定された反人道的不法行為事実は否定しなかった。

「南洋戦」・「フィリピン戦」被害・謝罪及び国家賠償訴訟—日本軍に強いられた住民玉砕の国家責任—

「南洋戦」・「フィリピン戦」の民間人被害者は、13年8月15日に国に対して謝罪と1100万円の支払いを求めて国家賠償請求訴訟を提起した。原告は45名、平均年齢83歳。沖縄県人は、南洋群島が日本の委任統治領になる以前の明治時代から南洋群島やフィリピン群島に移民などとして移住し、戦争当時、約10万人の日本人移住者のうち約8万人が沖縄県人であった。

一般民間人が玉砕した悲惨な「南洋戦」「フィリピン戦」の被害

「海の生命線」と称揚され、絶対国防圏として設定された南洋群島やフィリピンにおいては、1944年からアジア太平洋戦争ではじめて一般住民を巻き込んだ壮絶な日米の地上戦が闘われた。沖縄戦の地上戦闘より前のことである。サイパンを始め南洋群島は、本土防衛の第一の「防波堤」とされた。当時の南洋群島やフィリピン群島に住んでいた沖縄県出身約8万人のうち、約2万5千人が戦死した（死亡率30％）。日本軍による住民殺害、玉砕命令、爆殺、乳幼児の殺害、精神障害、艦砲射撃・戦闘行為による犠牲、強制「集団自決」、壕追い出し・食糧強奪による殺害、栄養失調・病気による死亡、疎開船・引き揚げ船撃沈による一般住民死亡の多発、戦争孤児の被害を被り、言語に絶する苦しみや悲しみを体験し、今日に至る。国はいまだに被害者に対して謝罪も補償も行うことなく放置している。

法的主張の概略

法的主張は、沖縄戦国賠訴訟と同様である。

一審と控訴審判決の内容—戦争PTSD（精神障害）など不法行為の諸事実を認定。しかし国家無答責の法理により請求を棄却した—

南洋戦・フィリピン戦の玉砕の戦場での日本軍の残虐非道行為に起因する精神障害、艦砲射撃や銃撃、空襲、戦争下での栄養失調等による親族の死亡や負傷、戦争孤児となったことなどの不法行為事実を認定しながらも、廃止された大日本帝国憲法下の判例法理である国家無答責論を適用して、国の法的責任を免罪した。この点は、現在の裁判官の考えは明治憲法下の裁判官と同様である。

判決は、日本軍の行為は「誠に残虐非道」であると認定し、戦争被害の実態は、いずれも極めて深刻かつ重大なものであると事実認定している。戦争PTSDの事実認定は、沖縄戦国賠訴訟につぐことである。これらの事実認定は重要であり、積極的に評価できる。

最高裁の上告棄却（三下り半の決定）

20年2月5日、最高裁判所第二小法廷（裁判長 草野耕一）は、上告棄却決定を下した。最高裁への抗議文を送付した。なお、最高裁決定をもっても控訴審が認定した反人道的不法行為事実は否定できなかった。この点は重要である。

闘いは今後も続く、司法がダメなら立法で！

沖縄戦・南洋戦・フィリピン戦の被害者は、判決の不当性を国民の皆様に広く訴えるとともに、被害の救済を求め、再び戦争を起こさせないために日本の戦争責任を追求し、今後も救済立法の制定まで闘うことを宣言した。最後に、原告団と弁護団は、国民とともに全民間戦争犠牲者の救済と恒久平和実現のために闘い続けることを強く決意した。

出版した本（主なもの）

（1）『沖縄返還協定の研究―幻想の「核ぬき・本土なみ」返還論―』（汐文社　1982年　486頁）
（2）『災害事故トラブル解決大百科』（糸川英夫監修・共著　講談社　1982年　831頁）
（3）『法廷で裁かれる日本の戦争責任―日本とアジア・和解と恒久平和のために―』（高文研　2014年　621頁）
（4）『未解決の戦後補償Ⅱ　戦後70年・残される課題』（中山武敏共著　創史社　2015年　205頁）
（5）『法廷で裁かれる沖縄戦［訴状編］―初めて問う日本軍の国家賠償責任―』（高文研　2016年　550頁）
（6）『法廷で裁かれる沖縄戦［被害編］―初めて問う日本軍の国家賠償責任―』（高文研　2016年　551頁）
（7）『法廷で裁かれる南洋戦・フィリピン戦［訴状編］―強いられた民間人玉砕の国家責任を問う―』（高文研　2018年　567頁）
（8）『法廷で裁かれる南洋戦・フィリピン戦［被害編］―強いられた民間人玉砕の国家責任を問う―』（高文研　2018年　503頁）

若き法曹に―我々の仕事の羅針盤はなにか―

豊川義明

1．2020年に発生したコロナによる世界の社会、経済への打撃と警鐘は、私達に従来の社会経済システム（新自由主義、ネオリベラリズム）の構造的な歪みと弱点を生命と生活の根本からそして個人と社会（他者）、国家の関係について考えることを可能にした。この時において一人一人の人生観や仕事の意味も問われることとなった。

日本社会も1945年以降、全体主義から個人主義へと大きな改革転換を行ったのであるが、今、この個人主義がグローバル化した世界のなかで限界を露わにしていると私は考えている。全体主義に対して個人主義が優位をもったのは、第二次世界大戦の悲惨な結果と経済の自由を基礎にする資本主義の成功である。

そして個人主義は、新自由主義、市場原理主義を伴って、グローバルに影響を持ったが、この経済システムの不均等さ故に人類の多数に福祉をもたらしていない。21世紀初頭に世界を震撼させている新型コロナ禍は、社会のなかの経済的弱者に生存権の侵害を、労働者には労働権の侵害を、中小企業には営業の自由と権利の喪失を、そして医療従事者は自らの健康を守る保障のない中での危険な医療現場に命をかけて従事している。そしてこの事態は、戦争ではないが全体として人間の尊厳と基本的人権（国家による個人情報の把握と利用も含めて）の世界的危機の進行と深化である。

私達は20世紀の中心的な人間像であった個人主義と「経済＝資本の自由」の枠内、領域にとどまって、思考を停止してはならない。

一人一人の力が小さなものであっても、他者、社会と連帯する以外にこの危機を乗り越えることはできないし、このことを理解、認識した私達の活動、仕事のあり方が求められている。

2. 私達の世代は、日本国憲法と弁護士自治の下で学び、法律の仕事に従事してきた。弁護士像（モデル）については、71年スタートした当時、人権と社会正義を希求する在野法曹モデルであり、弁護士の事務所就任の挨拶状には弁護士法が使われていた。その後はプロフェッショナル（専門職）から公共モデル、「法の支配」担い手モデルが唱えられ、現在の若手の多くは依頼者（社会）の法的ニーズに応答する、法的ニーズ応答モデルといってよい。勿論のことであるが、過去のモデルも私達の仕事には生き続けているし複合状態といってよいのであるが、時代とともに、法もその面のあたり方を変化させている。しかし私が主張したいのは、社会の進展のなかで不変（易）的なものは何なのかを私の専門分野として半世紀にわたり取り組んできた労働分野から接近し明らかにしたい。

3. 私が2019年9月に出版した『労働における事実と法―基本権と法解釈の転換』（日本評論社）を紹介してくれた新聞記者から「なぜ労働事件なんですか」と訊ねられた。私達が弁護士になった1970年代前後は、公害事件も大きな社会的関心（富山イタイイタイ病、四日市大気汚染、安中公害など）を集めていたが、基本的人権を擁護しようと考えていた修習生の担当数が労働事件を担当しようと全国各地で地域の共同事務所に参加した。私は東大阪市の中小の工場のなかで育ってきたから、法律家の道を志した大学生時代から労働弁護士になろうと考えていたのであるが、この質問に対して「社会の富を生み出すのは労働であることにも拘わらず労働者は社会、経済的、構造的に幸福ではない。働く人々に役立ちたいと考えてきた」と答えた。

50年の労働弁護士としての活動は果たしてどう評価できるのか。社会のなかで、そして私自身の人生のなかで、である。今回の出版企画は、このことを振り返り総括することとともに、若い法曹の仲間にメッセージを伝える機会を与えてくれた。

この間、私がまた弁護団の一員として取り組んだ労働事件は、相談件数を除いても150件を下回ることはないと思う。当初10年間程は、依頼がある以上、受任するという受身的なものであったし、またこれらの事案を産業へと横の空間に拡げても、なかなか歴史的にみることはできなかった。同じような事件が全国にも起こり、ともに共通する課題が問われているという認識であった（例えば併存組合間差別事案などのように）。しかし労働事件を30年〜40年とやっていくうちに、社会経済のなかでの労働（者）の位置、役割、そして人権侵害が何によって引き起こされ、何が労働者の運動の目的なのかがようやく自覚的にみえるというか、認識されるようになってきた。裁判所や労働委員会を活用する権利闘争＝法律運動の性格なり、日本社会の歴史のなかで事案をみることができるようになった。こうした経験のなかで、個別事案は、現代社会の矛盾の象徴であり、裁判運動、権利闘争はその先端にあること、法的主張を超えて権利闘争の基礎にあるのが労働者の「人間の尊厳」擁護の意思であること、例えば団結権侵害と思想の自由侵害の二つの分野が違う権利闘争も実は「人間の尊厳」への侵害という共通の根を持つものであり、労働者の人格をかけた闘いであること、労働者は自らに加えられた侵害を自分だけのこととして闘っているのでなく、他者への侵害にも関わるものとして人間の尊厳を守る連帯運動として頑張っていることが理解できた。このことは過労死で亡くなった家族の裁判への立ち上がりと運動のなかに誰もが端的にみることができる。

私は宮沢俊義が憲法13条を個人主義の宣言とした時代の制約から脱け出し、個人主義の克服と新たな共生と連帯への運動の実質をみることができるようになった。このことを労働裁判や法学界のなかにも一層明確化したいと考えている。

人間の尊厳を基本とする連帯、平等、団結という拡がりをもった権利運動の展開である。このことについて2010年4月5日に日本学術会議が「個人と国家、私と公の関係の再構築」として提起した部分を紹介しておきたい。この文書は『日本の展望―学術からの提言2010』の一部である。個人と国家の二項対立から個人と国家の中間領域に市民が横につながる「新たな公共」を基礎づける公共圏または市民社会の形成を認める、個人の生存様式を条件づける要因として国家に加え、市場及び「共同体」を秩序の「トリアーデ」(三つを一組)として位置づけ国家の専制から適切なバランスある関係を構想すること、そして個人と国家の関係の再編については個人を「決して自足しえない存在」として据えなおすこと、自立した個人の他者への依存性は近代の「自立した個人」の概念によって覆い隠されてきた、というものである。

私自身の思考においても行為し、考える主体として私は存在するが、私の存在は全て他者との関係性(依存し合っている)においてしか存在しないのである。

4. 労働弁護士として客観的、社会的にみて何ができたのかは社会が評価するものであるからここに書くことはない。私が取り組んできた姿勢なり、スタンスということについて整理しておきたい。

弁護士にとって事案(ケース)への姿勢というものは、市民事件も労働事件も変わらない、と基本的には考えている。

弁護士は、この事案（ケース）を法的な手続きに載せるのかどうか、そのために見通しを、できる限りの事実を広く正確に押さえた上で行うことになる。類似の判例、裁判例は存在しても同じものはなく法曹が事実と法から判定者とともに判決を創造していくものである。法曹は主体的に、自らの力量と経験によって事案に接近し、事案から抽出される法を選択し、法的手段を選択する。法曹は、裁判システムでは原告と被告側にそれぞれ位置を占めるのであるが、事実と法に対する誠実さと忠誠が求められる。法曹には、この事実と法に対する誠実さと素直さがなくてはならない。事実を歪め、法を誤用することは、法曹であることの存在基盤を喪うものである。そして事案の社会的な関係について想像力というか、推察力が大切である。経験的事実の法則性についての洞察力といってもよいかもしれない。そして、想像力が必要なのは、当事者法曹が対立する当事者の一方の側に立ちながらも事案の全体像を把握することにより、事実認定と法の選択の正しさに限りなく近づこうとしているからである。このことによって判定者たる裁判官に対して説得力を持って正しい判断への筋道を示すことができる。裁判官との正義に適う判決への協働は、このことを欠いては生まれることはない。

5. 法曹の弱点、欠点について述べたい。私も含め日本の法曹は司試合格までの法律の学びが浅く狭いことであり、それも法律の解釈論に片寄っている。自然科学や経済学はもとより法哲学、法制史、法社会学、政治学といった基礎法の学びが少ない。法曹になってもこの傾向は続く。そして解釈論は個別の法律の内在的な解釈方法が中心であるから憲法規範が事件に生きていない。当事者法曹はもとより、これらの主張につられて裁判官も憲法裁判所の不在、違憲審査権の歴史的な機能不全のなかで法律解釈にのあとにも先にも憲法規範がない。このことが労働裁判においても、例えば人間の尊厳や平等原則が軽んじられる結果となった。しかも法曹は合格への困難を乗り越えてきた競争社会の「勝者」であり、個人の努力に期待をもつバイアスが一般的にかかっている。DV事件や刑事事件等にもこれが現れてくる。

原発差止め、辺野古訴訟や安保違憲訴訟等において裁判官の独立がないとか、非科学的知見への批判がなされているが、司法試験と司法修習での文章力の「優秀さ」だけで裁判官となった人達に社会的にみて弱者の人権侵害や政治的な対立（市民対国家）が背後にある事件に彼らの良心でもって正義の実現を求めるのは社会学からみても著しく困難である。勿論、このことは彼らの「誤った判断」を免責するものではない。１９９０年代からの戦後第二の司法改革で実現されなかった司法官僚制の打破は、弁護士層の経験豊かな人達が裁判官となる法曹一元制への転換による他はないというのが私の今の結論である。このことにより裁判官は弁護士層から尊敬され、地域司法計画による（特定の）土地の裁判官となり、裁判官の俸給は平準化される。そしてこの訴訟の主宰者は、当事者の主張に耳を傾け、事案への理解と共感力を発揮できる市民に信頼される裁判官の要件と条件を実現できることになるのである。

6. 22期に起こった教官による任官志望の撤回、そして任官拒否は、私達23期にとっても大きな問題となった。志望撤回の当事者は私の大学の友人であった。23期の任官差別を許さないとの自主的運動は、各実務修習地からのアピールや要望、そして全国交流を経て分離修習と任官差別を許さぬ会の結成となった。

澤藤君と私は、その代表に就いた。私のクラスからは2名の任官拒否者が出た。

4月5日終了式当日は、私は阪口君と並んで中段より少し前の席に着席したと記憶している。

罷免処分の通知前、23期の有志（任官予定者と拒否された人も含め）は、最高裁に抗議のデモと最高裁前で抗議文を読み上げた。

阪口罷免について、私は自分の代わりに、許さぬ会という任意の組織ではなく、クラス連絡会代表の阪口君が発言し処分されたものであると認識していたので、大阪で弁護士として仕事をしながらも、この事実を社会にアピールし何としてもこの処分を撤回させるという強い意思で活動した。関西大学、大阪女子大など呼ばれた処にはどこでも参加した。また所属事務所の担当地域であった大阪市住吉区では、高校時代の友人である大阪市大の松本博之助教授（当時）にも協力してもらいながら、地域において司法反動化阻止住吉連絡会議を結成した。

１９７２年12月の衆議院選挙で事務所の故正森成二弁護士が初当選した。

彼が衆議院法務委員会で阪口罷免処分を取り上げることになり準備に入った。この後に最高裁の動きが急展開した。阪口君の再採用受入れ先事務所が大阪であるならば、河島徳太郎先生（故人）にお願いしようという事になり、正森さんとともにご自宅や事務所にも伺った。河島先生からは勿論引受は戴いたが、その後東京の小池全市先生の処に落ち着いた。そして遂に罷免処分を事実上撤回をさせ、彼が資格を回復したのである。

7. 後輩に伝えたいこと

私が弁護士として学んできたこと考えていることについては上述した。そして２００４年から17年間の関西学院大学法科大学院での教育研究活動を通じて私が後輩の皆様に伝えたいと考えているのは「学ぶ」ことの大切さと事実こそが裁判官と社会を説得すること、そして真実と正義を求める私達の仕事の素晴らしさであり、これに参加できることの喜びを日々自分のものとして確認してもらいたいという事です。

狭山事件、植村記者事件、東京大空襲訴訟

中山武敏

1．狭山事件

私が狭山事件の弁護団に入る契機となったのは、当時東京拘置所にいた被告人の石川一雄さんから手紙をもらったことでした。

石川さんの手紙には、「私は部落差別の中で教育を受けられなかった。そのことは恨まない。しかし教育を受けられなかった者に対する国家の仕打ちの冷酷さ。それが許せない思いで残っている。」と書かれていました。

私も九州の被差別部落で生まれ育ちましたので、石川さんの言葉がとても胸に刺さりました。私は努力して弁護士になりましたからには、困難な立場に置かれている人たちのために弁護活動をしていこうと強く思い、これが弁護士としての私の原点となる出来事になりました。

私が狭山事件の弁護団に加わったのは、第2審段階からでした。この時の最終弁論において私は違法捜査と、石川さんの事件当日のアリバイを担当しました。この時、私の父が最終弁論の中で水平社宣言を引用したらどうかとアドバイスをくれました。私はこの父の助言を受けて、以下の水平社宣言を引用しました。

「吾々がエタである事を、誇り得る時が来たのだ。吾々は、かならず卑屈なる言葉と怯懦なる行為によって、祖先を辱め、人間を冒涜してはならぬ。そうして人の世の冷たさが何んなに冷たいか、人間を

いたわる事が何であるかをよく知っている吾々は、心から人生の熱と光を願求礼賛するものである。水平社はかくして生まれた。人の世に熱あれ、人間に光あれ」という言葉で私の最終弁論を締めくくりました。

傍聴席には多くの部落の仲間が詰めかけていましたが、私の弁論が終わると自然と拍手が沸き起こりました。私の弁護士生活の中でこんなことが起こったのは後にも先にもこの時だけでした。

狭山事件は現在第3次再審請求中です。現在、裁判所、検察官、弁護団との3者協議が２００９年から開始され２０２１年１月までに45回行われ、開示された証拠は１９１点にのぼり、弁護団が提出した新証拠も２４１点に上ります。弁護団としては、新証拠を積み上げ、丁寧に説明して着実に裁判所の心証を動かし、全ての証拠開示と事実調べを実現させていくことが重要だと考えています。さらに、幅広い運動で、国会を動かし、再審法改正を実現し、狭山事件の再審に向けた取り組みを前進させたいと思います。

2. 植村記者事件

朝日新聞の元記者植村隆さんの名誉棄損事件を受任することになったのは、友人である朝日新聞の本田雅和記者を通じてでした。植村さんは、初めて会った時に私に切々と「捏造などしていません。」と訴えておられました。私は彼の誠実な人柄を感じ一緒に頑張ろうと思い至りました。一方植村さんの方も、私のことを「この人と一緒なら闘える」と直感的に思い、涙が止まらなかったとおっしゃってくれています。この植村事件を通じて私は慶応大学名誉教授の小林節先生と出会うことができました。

弁護団を結成するにあたって、幅広い運動を提起する意味でもこれまで一緒に活動してこなかった弁護士の先生達にも手伝っていただきたいという思いがありました。共通の知人を通じて小林先生にお会いしたいと打診したところ、快く引き受けて下さりました。小林先生は、とても情に厚い方で、一目で分かりあうことができました。本当に貴重な出会いがありました。

植村事件は、東京地裁、東京高裁とも棄却され、現在最高裁に上告中です。植村さんのようなごく普通の感覚を持った新聞記者が狙い打ちされ、侵害された記者としての名誉を人権の最後の砦であるはずの裁判所が救済できないという司法の現状を是正する必要性を強く感じています。

3. 東京大空襲訴訟

不正義、矛盾のある所には闘いが必ず起き、闘いは継続する。闘いが人間を変え、人間を強くする。これは私の信念です。

作家の早乙女勝元先生との出会いが東京大空襲訴訟につながっているのですが、私にとって早乙女先生との出会いが人生の大きな転機となりました。早乙女先生とは地元の自治会の新年会で知り合ったのですが、私が担当している狭山事件や、携わっている部落解放運動に対して偏見を持つことなく、私に自著の『優しさと強さと』（小学館）をくださりました。この本は、ナチスの強制収容所で身代わりとなって餓死した神父さんについて書かれたものです。早乙女先生とは先生が主催する平和の旅で何度もご一緒させていただきました。中でもベトナムの旅が忘れられません。2005年3月28日にベトナム戦争の当時、人民軍最高司令官だったボー・グエン・ザップ氏とお会いすることができました。法律家の卵としてどんな法曹を目指すかを模索した時代に、『人民の戦争・人民の軍隊』『ホーチミン』『17度線の北』『パリからの報告』『ベトナム革命』『解放戦線は何故強いか』『あの人の生きたように』などなど多くの著作を一心に読みふけったことが思い出され法律家としての情熱を呼び起こされました。

早乙女先生には、東京大空襲訴訟第1審で証人尋問席にも立っていただき裁判所で東京大空襲における被害の実情を語っていただきました。私は早乙女先生とともに東京大空襲訴訟を闘えたことを何より誇りに思っています。

現在弁護団は、東京大空襲訴訟原告団の皆さん、超党派の国会議員の先生方で構成されている空襲議連と一緒に、空襲被害者救済法制定に向けて頑張っています。

4．まとめ

私の弁護士生活は、多くの素晴らしい出会いに恵まれました。修習同期の宇都宮健児弁護士、児玉勇二弁護士、梓澤和幸弁護士、阪口徳雄弁護士、豊川義明弁護士、澤藤統一郎弁護士その他多くの皆さんとの出会いが私の宝物です。

私は人間の可変性を心から信頼して、社会の根っこから差別の根絶を目指して、同期の皆さんとともに、これからも歩み続けていこうと思っています。

人の世に熱あれ、人間に光あれ。

最高裁長官　石田和外について

野田底吾

太平洋戦争真最中の１９４２年、名古屋で生まれた私にとって、敗戦迄の3年間の戦争体験とは、ラジオの「空襲警報発令！」の叫びと同時に、条件反射の如く母にしがみつき、幾度も近所の丘に掘った「防空壕」(A)に飛び込んだ事や、近所に落ちた爆弾の炸裂で防空壕が大きく揺れ、天上から大量の土砂が落ちてきた事、いつも母の傍にいないと不安であった事くらいである。また憲法の思い出となると、小学生の頃、朝鮮戦争に日本が巻き込まれるのではないかと怖がっていた生徒に対し、先生が「日本は法律で戦争をしない国になったのだから、戦争に巻き込まれる事はない」と教えてくれたので安心した事と、中学生の頃から、日本は憲法で軍隊を保持することが禁じられているのに、どうして裁判所は自衛隊を憲法違反と判決せず放置しているのか、という疑問を持ち続けていた位だが、いちばん憲法（特に裁判の独立）を強く意識したのは、司法修習生の時代である。

私は、１９６０年、大学入学と同時に安保闘争に遭遇した。これが契機となり、以降70年代後半まで、東京・大阪・京都の知事を革新統一候補が獲得した如く、社会のあらゆる分野で民主化路線が進行していたが、依然として、「最高裁は反動的だ」と言われていた。(B)それは、「ＧＨＱは裁判所の門までは来たが、中に入らなかった」と比喩される如く、裁判所では司法官僚の公職追放などの戦争犯罪の追求がなかった為、旧憲法の思想で凝り固まった戦前型治安判事が、そのまま最高裁など裁判所の中枢を独占しつづけ、新憲法下で育った裁判官による下級審の民主的判決を、軒並み棄却する反動判決を出していたからであろう。革新系の先輩弁護士も、当初、《裁判所は国家権力機構であるから、反動的であるのは当たり前だ》等と硬直的に考え、弁護士会をも《その提灯持ちのブル弁組織(C)》と断定し、弁護士会活動などを軽視していた。しかし、若手弁護士が会活動に力を入れ始め、役員選挙でも大きな力を発揮するにつれ、会推薦の弁護士が最高裁判事や各種審議会等に進出して発言力を増していく中で、裁判所内でも次第に憲法思想が定着し始め、上級審に民主的傾向を持つ裁判官が増えてきた。最高裁でも全逓東京中郵判決(1966.10.26)や東京都教組判決(1969.4.2)で争議行為を行った公務員に無罪判決が出される程になってきたのも、戦後20年を経て、裁判所内に憲法の民主条項を活かす姿勢が見える様になってきた為である。

然し、こうした裁判所の傾向を苦々しく思い、所謂「赤化」に危機感を抱いた右翼・反動勢力は、1967年秋、「裁判所の共産党員」として裁判官名を列記した右翼雑誌『全貌』や、同旨の記事を掲載した『日経連タイムス』『経済往来』を発行し、自民党も『自由新報』で特集を組んだりした(誰が全裁判官の傾向などの情報を右翼に流したのか?)。最高裁もすぐこれに呼応し、これら書籍を大量に購入し、各裁判所に配布するなどして裁判官統制を強化していった。その矢面に立たされたのが青年法律家協会に所属する裁判官であった。

私が第23期生として司法修習所に入った1969年の1月には司法反動の権化である石田和外が最高裁長官に就任していた。23期生は、この石田による司法行政の下で(裁判所法12条、66~68条)以降2年間の修習を行ったのである。この間の1971年、石田は、青法協会員の宮本康昭裁判官(13期、東京弁護士会)の再任と、同会会員で任官希望の同期修習生7名の採用を、それぞれ拒否し(D)(1971.3末)、更に4月5日午前中の研修所卒業式を「混乱させた」との口実で、阪口徳雄(大阪弁護士会)クラス連絡委員会委員長を数時間後に即刻罷免した(E)。

そこで、この最高裁長官石田和外の人物像をまず書いてみようと思う。

彼は1903年福井県の名士の家に生まれ、小学校から剣道に邁進して、東京帝大では後に連合艦隊参謀長になった一刀流伝無刀流を継ぐ草鹿龍之介の指導を受け、同流五代宗家となった熱烈な国家神道推進論者である。[F]戦前の1933年、東京地裁で神兵隊事件[G]を担当していた石田裁判官は検事総長に対し、右翼国家改造論者の被告人中村武彦（戦後は右翼の有力評論家）の身辺警護を、特別に求めた事が契機となり、事件後、中村から感謝されて個人的交際を続けた。戦後、石田は三島由紀夫割腹事件（1970．11．15）の際にも、最高裁長官の身分でありながら、当日の深夜、中村に電話して共に憂国の念を吐露し合い、互いに慰め合ったと言われる（中村武彦『私の昭和史』2005　展転社、231頁）。

戦後、石田は司法省人事課長、最高裁事務総局人事課長、同人事局長を経て、60年安保当時は最高裁事務総局次長であった。その後は東京地裁、高裁の各所長、最高裁事務総長を経て、最高裁長官に就任しているが、その経歴から明らかなように、戦後、石田はほとんど裁判実務に関与せず（新憲法下で裁判を担当し、憲法を具体的事件に適用した経験が全くないだけに、旧憲法思想のまま?）、一貫して裁判官人事の監視役を務めた司法行政官僚のボスである。[H]1966年の全逓東京中郵裁判などがきっかけとなり、裁判所の「赤化」を恐れた右翼の巨魁・四元義隆は、こうした石田の経歴を高く評価し、佐藤総理に対して、次期最高裁長官として石田を指名するように働きかけたと言われている（1968）。また、石田が司法省に所属していた当時の上司（司法大臣）木村篤太郎[I]も、佐藤総理に対し石田を強く推奨した。その結果、佐藤総理は、従来の慣行を無視し、自らの手で石田を最高裁長官に指名し就任させた。こうした大物右翼の推薦で最高裁長官に就任した石田は、さっそく、所感で「激流の中に毅然と立つ巌の如き姿勢」を力説し、裁判所の反動化を公言した（この直後に私たちが研修所に入所した）。

その後、石田は最高裁判事の多数を反動派にすげ替えて（長官候補と言われていた元東大教授の田中二郎裁判官は、石田の強引なやり方に嫌気がさし、定年まで3年を残しながら辞任した）、全逓東京中郵判決などを逆転させ、司法クーデターを成功させたうえ[J]、定年退官（1973．5．19）直前には、全農林警職法事件判決（1973．4．4）を出して、従来の限定解釈による国家公務員法の合憲性判断を破棄し、無条件に合憲性を肯定する立場を確定させたうえで退官した。退官の記者会見で「ご自分を採点すると？」と問われた石田は、「まず百点と言う所でしょう」と答えた如く、まさに裁判所の民主化の流れを「巌の如き姿勢」で阻止し逆流させた典型的な旧憲法型の反動司法官僚であった。

長官在任中も靖国神社参拝を欠かさなかった石田は、定年退官後も神兵隊事件の被告人中村武彦から誘われ、1976年6月には、板垣正（関東軍参謀・陸軍大臣・A級戦犯板垣征四郎の次男）と一緒に全国行脚し、首相と天皇の靖国公式参拝を求める「英霊にこたえる会」を結成して会長に就任した。更に1978年7月には「元号法制化国民会議」の結成に参加し、「あの憲法は占領軍が押し付けたもので、東京裁判は英米の策略であり、日本人の国体概念を破壊し、日本人の魂の拠り所をないがしろにするもので、靖国神社問題もそういう所に原因がある」と述べるなどして参加者を鼓舞した。また同年6月の靖国神社総代会では、石田はA級戦犯合祀に消極的だった筑波藤麿[K]《宮司（神職の最高位）》の後継者問題で、元海軍少佐で東京裁判を否定し合祀の熱烈な急先鋒であった松平永芳（石田の地元である元越前福井藩の藩主松平春嶽の孫）を次期宮司に推薦する旨の文書を全員に配布した。総代会は、元最高裁長官の石田が推薦している事もあって、松平が主張するA級戦犯合祀には、憲法上問題ないものとし、松平永芳を次期宮司として受け容れる事になった[L]。

こうして石田の強力な援護のもと、1978年7月1日、宮司に就任した松平永芳は、就任するや否や10月17日にはA級戦犯を合祀し、続けて太平洋戦争を聖戦として画く戦争博物館「遊就館」を日本社会の教化施設にするべく再開させた。これらが、その後のアジア外交に大きな悪影響を及ぼしている事は、周知のとおりである。

こんな男が、宮本裁判官再任と7名の任官希望修習生採用を拒否し、阪口修習生を罷免する直前の1970年5月2日（憲法記念日の前日）、憲法を擁護すべき司法権のトップとして、次のような談話を発表し、裁判官の青法協加入を非難したが（その問題性[M]はともかく）、それは石田自らが天に唾するが如き態度をとっていた、と言えるのではないか。

「（最近は）老いも若きも、男も女も毎日楽しくやっており、憲法が期待している様なムードが出てきている。我々は更に法秩序を強化し、日本本来の道義心をもっと高め（なければならない）。……極端な軍国主義者、無政府主義者、はっきりした共産主義者（が）、……裁判官として活動することには限界がありはしないか。……裁判の独立は裁判にとって生命にもひとしい。裁判官が他の権力や色々な社会的勢力に圧力をかけられて心ならずもその意見に組するようになれば、裁判の独立はない。また裁判官がある色彩の濃厚な政治団体などと密接な関係を持てば、裁判官がどんなに公正であってもその団体との関係で結論が出たと疑われるおそれがある。裁判官は日常生活においても、やたらな人と懇意にしないという位の心構えが必要だ。裁判官の公正を保つ為にも、裁判官は戦々恐々として深淵に臨むが如く、薄氷を踏むが如くの心境でいてほしい。」

石原慎太郎に煽られ、何の配慮もなく尖閣諸島を国有化して日中関係を危機に陥れ、橋下徹に突き上げられて反動路線を強める内閣（編集委員会註　野田内閣）、これと同様に、最高裁長官石田和外も反動化を推し進める反憲法運動の急先鋒であった。こうして、今、憲法は大きく揺らいでいるが、私たちは、彼らの本性を暴きながら、戦争体験を風化させないように過去の歴史をしっかり学び、民主的な憲法を擁護するべく、志を同じくするあらゆる勢力と連帯するなど、絶えず努力しなければならない。

★本稿は「兵庫県弁護士　九条の会」会誌二〇一三年九月号「憲法と私」に掲載したものである。

（A）町内に残った僅かな男手で掘ってもらった幅1m、深さ1・5m程の穴に梁を乗せ土を被せた簡単なもの。
（B）最近になって、田中耕太郎最高裁長官が密かにアメリカ大使館と通じ、砂川事件伊達判決を跳躍上告で潰す画策をしたり、レッドパージ問題でアメリカからアドバイスを受けたりした事実が明らかになっている。
（C）弁護士会も、1965年頃まで戦前の治安関係ヤメ検やヤメ判が人事を握り、牛耳られていた。
（D）その理由について、最高裁事務総長矢口洪一は国会で「思想信条・所属団体の如何で処置したのではない」と答弁したが、その後06．9．4朝日新聞夕刊「惜別」によれば、青法協会員である事が理由であった旨を認めている。
（E）当日の事実経過と処分の不当性について、事件に直面した私は、当時の日弁連臨時総会（1971．5．8）「司法修習生の罷免に関する決議」こそが事実を正確に伝えていると断言できる。
（F）剣道団体は戦前、右翼侵略思想を支えた有力組織であっただけに、戦後、関係者は公職追放となり、剣道自体も長い間禁止されていた。
（G）右翼民族派の天野辰夫や陸軍中佐安田銕之助らが中心となって政界要人を暗殺し、国家改造を行う計画をたてたが、直前に発覚し逮捕された事件。中心人物の一人が戦後の右翼ブレーン中村武彦である。中村武彦『私の昭和史』展転社
（H）1954年に最高裁事務総局に入って以来（途中数年間、地裁・高裁長官を経験）、最高裁入りするまで30年間、最高裁事務総局で司法行政に携わり、「ミスター司法行政と言われた矢口洪一が、実務裁判官を「度し難い愚か者ども」と蔑視した様に、石田など司法官僚のエリート意識は強烈である。御厨貴『後藤田正晴と矢口洪一の統率力』朝日新聞社
（I）木村篤太郎は大日本武徳会剣道部会長の右翼。
（J）この辺りの事情については、拙著『労働事件随想録』の《裁判所とは》を参照されたい。

（K）旧皇族・山階宮家出身の筑波氏は、昭和天皇がA級戦犯合祀に批判的であった事を忖度した。
（L）後日明らかとなった元宮内庁長官富田朝彦氏のメモによれば（日経新聞　2006．7．20）、昭和天皇は「松平の子の今の宮司（永芳）がどう考えたのか、易々と、父親の松平（慶民）は平和に強い考があったと思うのに、親の心、子知らずと思っている。だから私あれ以来参拝していない」と松平永芳就任に批判的見解を述べており、事実、天皇は合祀後、靖国参拝をしていない。毎日新聞「靖国」取材班『靖国戦後秘史・A級戦犯を合祀した男』
（M）これが契機となって、裁判所内では青法協脱退勧奨が強烈に進められ、従わない裁判官を地方支部に転勤させ、昇給をストップさせる等の不利益処分をした。談話の違法性については、渡部久丸『裁判官の良心』同志社法学22巻80頁に詳しい。

私と沖縄密約訴訟

藤森克美

第1　私と西山太吉国賠訴訟

西山国賠訴訟を担当した私は、修習23期で、修了直前の1971年に宮本康昭判事補の再任拒否事件をはじめ、23期修習生7人の任官拒否事件（私はその1人）、阪口徳雄クラス連絡委員会委員長の罷免処分等、最高裁判所の司法行政機関としての強権ぶりを目の当りにしてきた。翌年に検察当局が「外務省機密漏洩事件」として西山記者と女性事務官を起訴したのをみて、起訴状の文言で世論を見事に操作し、国家組織犯罪を隠蔽したのだと当時感じていた。当時の日本を代表する弁護士たちが西山被告人の弁護人に就いたが、最高裁で有罪が確定した。有罪確定に対する西山記者の怒り、無念、不条理さは私にも想像できた。

西山起訴から28年後、私は週刊金曜日の西山インタビュー記事を読んだ。本多勝一編集委員が囲み記事で、「国際法に詳しいP弁護士の話」として「外務省には国民への説明責任がある。法的にはともかく、政治的・倫理的には大きな問題だろう」とあったが、私は「法的にはともかく」というくだりに強く抵抗を感じた。私なら国賠訴訟を西山さんに提案したいと思った。

２００２年12月、毎日新聞労働組合が開くシンポジウムで西山さんがパネラーとして参加するとの情報に接した。私はそのシンポに参加し、西山さんの話に聴き入った。そこで配布された質問用紙に、私は①権力の違法行為を追及する方法、②名誉回復措置を書いて提出した。西山さんの回答は、「弁護士を含む司法関係者７人に検討してもらっている、７人とも１２０％偽証は立証できると言っている、再審の道を７人に検討してもらっていて、再審の申立ができないときは７人の声明を考えている」というものだった。私の発想には再審の申立は全くなかったので、再審申立の実現を期待した。

その後、特に７人の行動もなく、２００３年８月に入ってから時間を見つけて、気になっていた民事消滅時効を念頭に２度の米公文書発掘報道の時期を調べ直した。２００２年６月を消滅時効の起点とすれば何とかなると考え、「有事法制が成立した２００３年という年は、鵺的ファッシズムが完成したというのが芥川賞作家の辺見庸さんの見方です。今の時代だからこそ、国家権力の暴走に少しでも歯止めをかけるため、そして国と対等の立場で渡り合える民事訴訟という形で闘いの場を持ちませんか」という手紙を８月４日付で西山さんに送った。その返信が10月22日付であった。

その後、西山さんが上京されるついでに静岡で途中下車して当事務所にお寄り頂き、初めて直接お会いしたのが２００４年３月４日であった。作家山崎豊子が西山事件を題材に月刊文藝春秋で連載を始めることになっているとのこと、提訴の有無は現段階では決まらないが、西山さんは米公文書発掘後、西山事件を取り上げて来たジャーナリストと連絡を取って「脇を固めるように」と云った。

その後、文藝春秋の山崎豊子の連載が中々始まらず、西山さんから連絡もなく時間が過ぎた。2004年12月に至り、文藝春秋の連載が始まったのを機に、私は諦めるつもりで、「2005年6月の最後チャンスが迫っています」というFAXを西山さんへ送信した。その返信は「門前払いの可能性も含めて、勝訴の見込みがどの程度あるのか聞かせて下さい」というものだった。私は、「勝てる可能性が少なくても、裁判をやることの意味が大きな事件です。裁判が敗訴に終っても日本の民主主義、西山事件で敗北したと云われるメディアにとって、ご自身の名誉回復にとってもマイナスは何一つ残らないと思っていますが如何でしょうか」と返信した。

そうしたやり取りの後、2005年3月1日、西山さんから提訴決意の電話が入り、4月25日の訴状提出となった。

1．どのような裁判だったのか

(1) 新証拠の入手と吉野偽証告白

裁判が進む過程で、1996年や1998年に発掘されていたものの西山事件と関連付けて公表されてはいなかった米公文書を入手できた。それらによると沖縄返還交渉は1969年11月の日米共同声明発表の時点で、大蔵省財務官柏木雄介と米財務長官特別補佐官ジューリックが秘密覚書を交わし、5億2000万ドルで財政取り決めの主要アイテムを全部合意していたこと、上記に加算されたのが、VOA（ヴォイスオブアメリカ）移転費と西山さんが有罪とされた復旧補償費の400万ドルの合計

2000万ドルで、協定（条約）化の作業を大蔵省が外務省に押しつけたことが判明した。更に極めつけは、北海道新聞往住《とこすみ》嘉文記者による、吉野文六を取材し、吉野が偽証を認める2006年2月8日の大スクープ報道である。その後、新聞・テレビの取材に吉野は「400万ドルを日本が肩代りしたのではないかという西山さんの記事が正しかったことは裁判にかけたときから分かっている」「国会でも法廷でも『忘れた』と言う以上、忘れなきゃいかん。意識的に記憶から消そうとした。その方が良心の呵責を覚えなくて済む」「土地の復元費用400万ドルは機密のごく一つ、小さな話、一番大事な問題は核の撤去費用の入っていること。核の撤去費を増やせば増やすほど、核抜きだと印象づけることができる」等と繰返し述べた。しかし、更に吉野は2000年6月の米公文書の発掘報道に対し、河野洋平外相の口止め工作があったことまで記者に語り、それが報道されたのである。尚、その後の調べで、往住スクープの7年前に、吉野は1999年の政策研究大学院大学によるオーラルヒストリープロジェクトの報告書で、大蔵省が米財務省が取り決めた金額を協定化の作業で盛り込むよう外務省に押しつけてきたこと、法廷で偽証していたことを語っていたのが判明した。

（2）裁判の争点

かつての刑事公判では、大蔵省の役割や大蔵省の官僚証人の尋問は一切なかった。1969年の日米共同声明で財政取り決め5億2000万ドルが決まっていたことは検察も弁護側も一切触れていないのである。検察は上記財政取り決めの事実を大蔵省が故意に隠蔽したかを知り得べき立場であったのに調査を怠っていたというほかない。国家機密と云えるためには非公知性と要保護性が要件とされるというのが西山刑事最決の判旨であるが、大蔵省がすでに憲法違反の密約を交わしていたことが、刑事公判廷に一度も顕出されないまま裁判が進み有罪が確定している。これではそもそも裁判に値しない。

そこで国賠訴訟で原告が立てた請求原因の骨子は、①沖縄返還交渉に伴う密約の存在、②佐藤政権の権力犯罪、③1034号電信文は権力犯罪の証拠、④検察官の違法行為、すなわち、（i）佐藤政権の権力犯罪の放置免責、（ii）検察官は偽証の共同正犯、（iii）公務員職権濫用と名誉毀損を犯している、⑤被告の除斥期間適用の抗弁に対する原告の再抗弁、⑥検察官の再審申立権限不行使の違法、⑦総理大臣、外務大臣、政府高官の作為型違法行為、に整理された。

これに対し被告国は、①密約の存在それ自体は原告の有罪、無罪を左右するものではない、②除斥期間の経過が明白、として請求棄却を求めていた。

提訴後次々と入手できた憲法違反の密約の存在、吉野偽証告白によって国賠訴訟に追い風が吹いたと思いきや、東京地裁（加藤謙一裁判長）は2006年3月29日の第5回弁論期日で原告の尋問を行なった上で地裁の判断をしたいと述べるに至った。

2006年11月8日、原告本人尋問が行われ、12月26日第9回弁論期日で結審となり、2007年3月27日原告請求棄却判決が言渡された。

二審は東京高裁第9民事部（大坪丘裁判長）に係属し、3回の口頭弁論を経て、2007年12月7日結審となった。この間、吉野文六と河野洋平元外務大臣、3人の担当検察官に対する書面尋問の申請をしたが却下されている。

2008年2月20日、控訴棄却の判決があり、上告と上告受理申立をしたが、9月2日第三小法廷の4人の裁判官（堀籠幸男判事を除く）によって上告棄却と不受理の決定が下された。

2. どのような判決であったのか

一・二審判決とも密約の存在について全く言及しておらず、二審判決は除斥期間論を展開して密約の存否判断から逃げた。控訴人が求めていた吉野文六や河野元外相、当時の担当検察官の書面尋問も行わず、立証の機会を与えないまま、歴史の真実を直視する重大な責任から逃げた。上告審は当時調査官として西山事件の最高裁判例解説を書いた堀籠幸男判事の所属する第三小法廷に係属したので、最高裁の刑事誤判を是正する絶好の機会と期待し、私は補充意見書も提出した。しかし同判事は裁判体に加わっておらず、この点も納得がいかない。

3．西山国賠訴訟を終えて

本件は、西山さんが当初から心配していた実質門前払いの結果に終ったが、国賠訴訟が吉野偽証告白を引き出し、佐藤政権の権力犯罪が明らかになったこと、政府が相変らず密約否定発言を続けていてもそれを信ずる国民はいなくなったこと、さらには西山さんが岩波新書『沖縄密約――「情報犯罪」と日米同盟』等の著作を公刊したり、全国各地で講演に招かれるなど、社会的には名誉回復に至ったのではという想いは残った。しかし弁護士としては不完全燃焼であり、権力犯罪を他の切り口で裁判所にも認めさせる機会の到来を窺っていた。

第2　私が原告になり提訴

1．2014年2月13日、静岡地裁に特定秘密保護法差止め、違憲確認訴訟を自ら原告となり提訴した。

2．私が担当した西山太吉国賠訴訟当時、国は3通の密約文書（①柏木・ジューリック文書、②吉野文六・スナイダー秘密覚書2通）の存在すら認否を拒否してきたが、西山さんと研究者・ジャーナリスト達らは東京弁護団によってその後情報公開請求訴訟を提起し、大きな成果を上げた。その裁判で確定した密約文書の存在と日本政府が密約文書を取得・保管していた事実認定を基に、国家権力による上記密約犯罪の手口を解明することが私の使命であると考えるに至った。

具体的には協定外の前記3本の密約による支出合計1億8700万ドルを、日本国の予算の中にどのように潜り込ませて対米支出されていたのか、それらのお金はどのような名目と経路で米国の国庫に納金されたのかの解明である。

一介の弁護士の力量では到底至難の業であることは認識している。現状私としてできることは、事務所のホームページに掲載して当該作業に関与した人たち、その周辺にいた人たちの良心に訴えて、情報を求めること位である。

3．しかしながら、沖縄返還協定に関わる事項は、2013年12月に成立が強行された特定秘密保護法によって既に秘密指定を受けている可能性が大である。

沖縄返還協定密約を秘密指定する目的は、これ以上の権力犯罪の解明・暴露を防ぐためである。私は西山国賠訴訟を担当して除斥期間を理由に門前払いをされてしまったが、東京弁護団が担当した情報公開訴訟判決により、密約の存在が裁判所で認定されたことを受け、権力の犯罪の手口を解明しようとするのは、プロフェショナルとして自然の流れであり、弁護士法1条に沿う行為である。これに対し、特定秘密保護法25条は教唆罪等の刑罰を以って原告の弁護権の行使を妨害することは明らかである。

4．西山刑事事件の傍聴記事を月刊誌中央公論で同時進行的に報告していたノンフィクション作家澤地久枝は、1978年7月刊行の単行本「密約―外務省機密漏洩事件」の第13章「新たな出発」の章で

「アメリカの場合は、特定の限定はあるにしても、すべての国家文書は、一定年限ののちに公開されるという原則をもっている。アメリカの『情報公開法』は、1966年に連邦議会で制定され、1974年に大幅に改正されたものであるというが、これは、アメリカのジャーナリストのねばりづよい運動の結果であるという。

日本では憲法第62条に国政調査権なるものがあるが、その行使をはばむ国家公務員法その他があって、いわば死文となっている。

だが、憲法第21条が保障した『表現の自由』は、本来無条件に認められるべきものであり、その前提にたって、国家機密、外交秘密をふくむすべての資料が、ある年限ののちに公開されるという立法措置がなされるべきではないだろうか。

やがて『公開』される前提のもとでは、いかなる政治家も官僚も、おのずからその姿勢を正さざるを得ず、国会や法廷において偽証をおこない、あるいは忘失をよそおって事実を隠蔽するなどの行為をなすことに『おそれ』を感じるはずである。このチェック・アンド・バランスなくして、民主政治も報道の自由も知る権利も、しょせんはみせかけであり、から念仏に終るのではないかと思う」。また、澤地さんは「あとがき」で、「最高裁の決定がなされ、西山氏有罪は確定、《密約》裁判は終った。いつか書くことになると予想していた最後の一章を、こういう形で書かなければならないことは、私個人の感情は別としても、この社会にとって不幸なことであると思う。

しかし『不幸』をそのまま実りのないマイナスの果実とすることなく、この事件の本質を見すえることから私たちはまた歩きはじめるべきなのであろう。」と記している。

5．日本では特定秘密保護法は3条と別表において、秘密指定の対象となる事項を定めているが、極めて広範な事項が秘密指定の対象とされ、他方でどのような種類の情報を秘密指定してはならないかという観点から定められた規定は皆無である。「何を秘密にしてはならないか」という観点からの規制が欠如している。

日本の特定秘密保護法の下では、違法な秘密も「秘密」とされて、国民に嘘をついてきたことを明らかにする情報は、「特定秘密」とされるおそれがある。自衛隊は、イラク戦争において、人道復興支援を名目に非戦闘地域に限定されて派遣されたはずであった。しかし実際には、戦闘地域であったバクダッド空港を拠点に米軍の人員や軍事物資の輸送にも当っていたことが明らかになっている。国が、法律に違反し、国会での答弁にも反する活動を行っている場合でも、それを明らかにすれば、重罰が科されることになる。

日本政府は40トンを超えるプルトニウムを保有している。大量に保有されているプルトニウムを利用して、仮に政府が核兵器の開発を行おうとする場合、このような事実は、もっとも重要な秘密として扱われることになるだろう。国民が知らないうちに日本は核兵器の保有国となり、このことを明らかにしようとした者は、逮捕勾留され、法廷でも秘密を明らかにできないまま、裁判は終わってしまうかもしれないのである。

6．日本では、上記のとおり沖縄密約文書3通が現に廃棄されているし、権力者たる政治家や官僚が自分に責任追及されるのを恐れて特定秘密に指定してしまうことは必至である。情報自由法の存在、過度な機密指定を禁止する大統領令の存在、一定年限が来ると情報公開がなされるアメリカと違って、永久秘密の指定さえ可能とする日本の秘密保護法の下では、澤地さんが1978年に指摘した「民主政治も報道の自由も知る権利も、しょせんはみせかけであり、から念仏に終る」ことが克服されることはないし、「不幸な社会」の克服の見通しが全く立たないといっても過言ではない。

しかしながら、風前の灯の憾さえする日本国憲法が未だ存在している今の時点で、私は澤地さんの「この社会の不幸」をなくし、西山太吉さんと同時代を生き、言論の自由を求めて闘った人々の誇りを取り戻したいと考えた。

7．然るに特定秘密保護法は、私が解明したいと考えている権力犯罪、即ち246頁の「具体的には協定外の前記3本の密約による支出合計1億8700万ドルを、予算の中にどのように潜り込ませて対米支出されていたのか、それらのお金はどのような名目と経路で米国の国庫に納金されたのかの解明」という権力犯罪の証拠集めの調査権を侵害していることは明らかである。
そこで、2014年2月13日、静岡地裁に特定秘密保護法差止、違憲確認訴訟を自ら原告となって提訴した。

8．その法的根拠は「弁護士は依頼人の出現を待つことなく、依頼人の存在を離れて調査し、公表し、法廷活動ができる権利を有している」というものである。プロフェッショナルと云われる弁護士が調査し、公表し、法廷活動することは市民・国民の社会的要請に応えるものであり、喜ばれ、敬意を払われる行為である。現にアメリカにおいては、ACLC（アメリカ自由人権協会）に所属する弁護士は自ら原告となって2001年に制定された愛国者法を糾弾するための情報公開請求を行った。同団体の活動からも分かるように、弁護士には個々の事件及び依頼人の存在を離れて弁護権（調査権、公表権）があることが前提となっている。このようにアメリカの弁護士は依頼人の出現を待つことなく、依頼人の存在を離れて、調査し、公表し、法廷活動をしている。アメリカの弁護士と日本の弁護士とでその役割に差異はない。

弁護士は、依頼人の出現を待つことなく、依頼人の存在を離れて調査し、公表し、法廷活動する権利（弁護権）を有するというのが法的根拠である。弁護士の由来は、イギリスのマグナカルタ（大憲章）を淵源とするようで、欧米の歴史、日本の弁護士制度の文献を渉猟・整理、準備書面で弁護権の必要性を重ねて主張した。しかしながら、一審においても二審においても無効確認の訴えは却下、具体的弁護権が侵害されたとする国賠請求については棄却された。最高裁に上告と上告受理申立をしたが、２０１７年3月22日上告棄却と受理しない旨の決定がなされた。

この間、日弁連の憲法委員会と司法制度委員会に対しても、弁護士には依頼人の出現を待つことなく、依頼人を離れて弁護士に調査し、公表し、法廷活動する権利（弁護権）があるとの宣言をして欲しいと申入れたが、検討しますとの回答があり、その後音沙汰がない。

西山国賠訴訟と特定秘密保護法の無効確認訴訟を提起し、悉く連敗したことに私自身何ら悔いはないし、今後も国家の不正な秘密や国家の不正義を暴く機会が巡って来たら挑戦したい。このような挑戦する心の原体験は１９７１年4月5日だったと思う。メディアで今年になっても西山太吉さんを見る機会がある。私よりも16歳上だから91歳である。私も長生きして少しでも公正な社会実現に寄与したい。

若き法曹へ

本多俊之

編集委員から、「若き法曹へ」の執筆を勧められた。これについては、団の記念誌に載せた「70歳になっての思い」が同旨と思うので、ここに引用させていただくことにして、現在の心境を記したい。

——70歳になっての思い——

福岡（福岡第一法律事務所）で7年。佐賀で36年の活動でした。この36年のうち20年は同期の河西龍太郎弁護士との共同でした。

福岡での7年が私の団員としての土台づくりでした。幸い諫山博所長の指導を受けることもできました。「本多さん、刑事弁護のコツは面会です。主張は具体的でないとダメです。書面は時間を取って書くのではありません。思いついたときに書くのです。人前で話すときは背筋を伸ばし大きな声ではっきりと。裁判官を圧倒するように。相手方代理人を『先生』と呼んではいけません」は、今も肝に銘じている。

同じ事務所の他の団員からも、筋が通らないときは裁判官室に押しかけてでも直談判する、警察のバリケードにもひるまない、思考は徹底的に、仕上がりの文章は迫力が満ち満ちたものになどを目の当たりにさせていただきました。

これらを糧にして河西団員との佐賀での活躍でした。彼のすさまじいばかりの公憤とその事件の本質をとらえてのダイナミックな理論構成と運動と連結しての闘いに若いエネルギーを燃やすことができました（佐賀テレビ事件、ビラ貼り弾圧事件、基山小肝炎事件など）。ある労働事件の打ち上げ会において、「先生方（河西団員、本多）が佐賀に来てくれたお陰で、自分たちの首がつながりました」と言われ、弁護士としてこの地にいるだけでも価値があるのだとこの仕事の重要性を思い、この地に留まる決意をしました。

子育てを終えたころから何故か教育にかかわる事件に強く惹かれるようになりました（区域外就学事件、打上小事件、いじめ事件など）。旧教育基本法の下における闘いでしたが、同法の教育目的（人格の完成など）をいかに把握するか（いかに自分のものとするか）がなかなか摑めませんでした。現場の先生方は一人ひとりの子どもがどのように育ってほしいと思うが故に教育行政と闘うのかという問いでもありました。そのような問題関心のもと金子みすゞ（「私と小鳥と鈴と」）、吉野弘（「奈々子に」）、茨木のり子（「自分の感受性くらい」）らの詩に惹かれるようになりました。

そしてようやく「教師は、みずからが自由であるときにのみ、自由への教育ができる」という命題に行き着くことができました。

ここから私は「弁護士は弁護士自身が『より人間的な人間になろう』との探求と実践なくしては心に響く弁護はできないのでは」と思うようになり、一気に視野が広がり、大きな意欲を持てるようになりました。一つ一つの市民事件がはらむ人間としての叫びを裁判所に届けようという気持になりました。そして何よりも生きておられることが途方もない奇跡の産物であり、大いなるものの力によることをわずかながら体得できました。生きていることがとてもありがたく面白くなりました。これらの思いは、「弁護士は弁護士である前に人間である、人間である前に動物たるヒトである」との信条になりました。

おかげで70歳になった今も私は佐賀県弁護士会軟式野球部の投手をしております。この歳でも「どこにどのようなボールを」「そのためにはどうすべきか」に意欲を燃やしています。

今、「個人の尊厳」を実質否定しこれにはるかに優越するとする「公益」「公の秩序」「安全保障」などを設定し、日本国憲法を根源から否定しようとする動きが急でありますが、私は一人の弁護士として、微力ながらも個人の尊厳＝「人間らしいとはどういうことか」「人間らしくあることを妨げているものは何か」をこの仕事を通じてなお探求、体得し、若い方々と語り合い、自分の思いを伝えて行きたく思います。

さて、現在の時点で少し補足したい。

私は、今、76歳を迎えようとしている。2年ほど前に「元気なうちに弁護士職を退く」と決意し、ようやくあと3事件を残すのみとなった。かなり現役の感覚が薄らいできている。そこでポイントがずれないように、これは役立つと思えるであろうことに絞り列挙する。

現役盛りのころの標語は、上記のとおり「弁護士は弁護士である前に人間である、人間である前に動物である」であった。これは換言すると「自分を自分たらしめるものを体得する」である。

分かりやすく40年余続けてきた趣味を例にして述べる。

①ピッチング

これは54歳のときに始めた。今でも続けている。そして日々に発見がある。現在の到達点は、ポイント＝「脊柱の反りと戻し」＋「投球腕（私においては右手）肘の完全背屈」である。

ピッチングは、自分を自分で見つめるにとても有用。この歳で「昨日までできなかったことが今日はできる」の連続であり、愉しくてならない。

②テニス

テニスのサーブは①と同じ。1年半前からバックハンドは両手打ちに転向した。時々自分のプレイぶりを動画で確認する。頭で描いていることと実像とのギャップは大きい。しかし確認を恐れない。こちらは未だに（46年も過ぎたが）「飛んでくるボールだけを見つめる」ができない。集中ができない。これは生涯の課題であろう。

③キスの投げ釣り

投げ込みは①と同じ。違うのはキャスティングのとき左手で竿を引き付けることが加わること。キスの投げ釣りは「投げ込んでじっと待つ」のときめきがたまらない。

このときめきが忘れられず40余年続けている。

このときめきを生きることそのものにおいて持つが私の理想。若き法曹における「ときめき」は何か。とても興味ある課題だ。

本業の弁護士職については、どうか。

これはまさに実戦（実践）そのもの。

よって上記①、②、③のコツが有用。有用な筈である。

上記のようなときめき感を持てることが理想であろうが、私においては、①②③との大きな違いは、極度のストレスを抱えることであった。

よってこの本業をやり抜くには、ストレス耐性の強化が必須であり、そのコツは、私においては以下のとおりです。

ア．①②③の趣味を持ちつづけたこと

イ．自分を客観視する鏡を持つこと。②の動画のように。

そのためには共同弁護が有用。これにより自分と他人との違いを如実に知ることができる。その上ストレス度を大幅に低下させてくれる。

ウ. 睡眠をきちんととること

これも難物。沢山の睡眠法が紹介されているが自分にあうものを見つけるしかあるまい。と言っても根底には「どう生きるか」がどっしり座っていることが要のようだ。

その上でのハウツーといえば、体を仰向けにし、全身の力を抜き、鼓動を体得すること。この体得ができるとありがたさに包まれいつしか寝ている（但しこれは理想形）。

いまだに「これだ！」は会得しえずだ。

エ. すべては元気な（健康な）身体と心がないと、どうしようもない。私においては日々のストレッチと以下の暗誦であった。

☆日本国憲法の前文

徒歩通勤時、日本国憲法の前文を吟じると気分爽快となる。発想が地球規模であることが何より良い。

☆道元の「仏道をならふといふは……」と法然の「一枚起請文」

前者は、大宇宙がそのままこの我が身体を充満してくれるような、後者は、「生きることはこれだ！」を掴むことの肝要さを教えてくれる。

オ. 一つのテーマを追いかけること

遅まきながら私は、「丸腰策（日本国憲法の平和規律・安全保障策）」を追いかけ、これからも追いかけたい。これは実に面白い。昨年はフランシスコ教皇が来日してくださり、長崎と広島で演説された内容が上記丸腰策と同調していることを体得した。
カ．趣味であれ本業であれ、愉しむを忘れないこと。
キ．短歌づくり（作歌）を始めたこと。但しこれは昨年夏からのこと。「49年前に作歌を趣味にできていたならば日々の弁護士業務はどうであったか」を夢想する。
最後に、若き法曹の皆様。あれこれ言っても皆様は恵まれています（法曹資格のない方と比べて）。どうぞ一回限りの生を存分に愉しんでください。

奈良に根付いて

松岡康毅

最高裁に感謝

あれから50年、駆け足で通り過ぎる様な現在の修習に比べ我々の2年間はなんと濃密な修習であったことだろう。何しろ、司法に対する幻想を根底から打ち破ってくれたし、弁護士として生きてゆくうえで貴重な方向付けをしてくれたのだから最高裁に感謝しなければならない。

阪口君には辛い思いをさせて申し訳がないが、ともに乗り越える取り組みの中で得た体験は得難いものである。労働組合の学習会で訴えさせていただいた時、温かい励ましのメッセージを記載したアンケートをいただいたことなどは忘れられない。色んな運動にかかわる際の基本を教えられたように思う。

50年の節目にこれまでを振り返ってみたい。

奈良に移って

最初登録した大阪弁護士会はとても居心地の良いところであった。修習時代からなじんでいて自分の庭のような場所であった。出てゆきさえすれば受け入れてくれ活動の場を与えてくれる開放的な会の雰囲気は素晴らしいものであった。10年目を迎えるころ、私は大阪での経験を活かし自分の出身地のために働きたいという思いを強くするようになった。当時の奈良弁護士会はUターン会員や新人の入会で若返りの機運を強くしていた時期である。しかし、会員数が30名台で、圧倒的に人員が不足していたためやるべきことは山積していた。

密着修習の定着とマンパワーの確保

その頃の奈良修習は、昔の芸者の置屋のように声がかかった時だけ出てゆくことから「置屋修習」と言われる状態ですこぶる評判が悪かった。そこで弁護修習の指導担当者を複数にして若手の修習指導への関与を実現し、そして「なんでも見せる」を合言葉にして指導担当弁護士と密着して行動することを原則にした。そこから誰いうとなく「密着修習」という言葉が定着した。カリキュラムを独自に編成し、その中に裁判官の協力もとりいれた。当時の奈良地裁は出世組裁判官の一休み場であると同時に冷や飯組裁判官の島流し地でもあった。裁判官官懇話会にとどまることを理由に優秀な裁判官が奈良で不遇をかこっていた。この方たちの協力を得ることは容易で、修習内容は深みを増した。そんな中で私の果たした役割は修習生と遊ぶことである。私の山小屋で修習生と若手会員が合宿して囲炉裏を囲んで酒を飲む企画も定例化できたし、スキー旅行、雪中登山など私のフィールドでの懇親企画が定着した。成果はてき面に現れ、当時地方会が新人を確保するのは至難の業であったが、毎年複数の修習生が奈良に留まることになった。奈良の会員増加率に目を止めた中坊さんから「君のところはどんな手をつかっとるんじゃ。」と言われるまでになっている。

法律相談体制の強化

会員の増加が実現出来れば次は会員の経営基盤の拡充が欠かせない。市民のニーズを系統的に掘り起しつなぎとめる努力が必要である。そのため法律相談活動を充実させ市民との間の「敷居」を低くする努力が欠かせない。自治体の委託を取り付け無料法律相談を充実させることは最も手っ取り早い方法であり、この取り組みは時間をかけつつ成果を上げてきた。それとは別に、奈良も多くの地方会と同じく弁護士偏在の問題を抱えていた。県土の南半分には弁護士がいないのである。

1995年11月東京で開催された第9回日弁連業対シンポにおいて奈良から弁護士偏在地域に法律相談センターの設置を提起した。そして全国に先駆け南和に法律相談センターを設置する取り組みが始まった。この取り組みはいくつかの偶然が重なり、一気に実現を見ている。

ちょうど吉野郡の入り口の大淀町の山中に廃油処理工場の建設計画が持ち上がり、町あげて反対運動が取り組まれた。この法律相談を受けた某ヤメ検弁護士は、そんな事件は自由法曹団の弁護士に相談しなさいとアドバイスしてくれた結果我々が関与することになり勝利解決することができた。このつながりを元に私が町長に協力をお願いした。町長は私の高校同級生のお父さんで自民党の実力者であった。雪の残る山道を走って管内町村への要請活動を終えた頃、町長は年間300万円の維持費の拠出につき各町村の分担額を含めて決定してくれていた。続いて中和にも働きかけ中南和法律相談センターが発足している。

自治体の委託相談と違ってこの相談センターの予約の受け付けは弁護士会が担当している。すると、弁護士会に連絡すれば相談を手配してくれるという認識が市民に広がることになる。これを受け止めて顧客を個々の会員の事務所に誘引できることは相談活動を重視することの究極の狙いでもある。実現出来れば、会員の弁護士会活動への求心力の源となるだけでなく会員の自立を助けることになる。ニーズを確認できたことから、会館での有料相談は早々に打ち切り、「民事当番」制度が生まれた。

広報活動にも手を染めて

平成2年度の会長の任期が終わりかけたころ、市民向けの広報活動の不足に気が付いた。そこで自ら「ひまわり通信」と命名した広報誌の発行を始めることにした。当時、会には何度か県民集会を開催した時の参加者名簿が残されていた。官公庁、自治体、調停委員などに加え、この名簿の方たちに直接2000部の広報誌を送りつけるのである。当年度の執行部の抱負に加え、新しい制度の広報、市民サービスの内容と窓口の紹介を中心にいろんな記事を集めるとA3、2ページでは足りなくなり誌面はすぐに4ページに増えた。年一度ではあるが紙面の構成、編集に加え筆の遅い執筆者のゴーストライターを含めて作業は全て私が担当している。バックナンバーを繰ってみるとその数は19号に及び、ホームページができるまで続けられた。記事の中で、法律相談窓口の紹介スペースが年々広まっており自分の足跡を見る思いである。

「劇」は楽しく役に立つ

地道な広報もさることながら弁護士会がインパクトのある市民向けのイベントを成功させることも重要である。悪法阻止の運動を通じて何度か県民集会が試みられ、その中で構成劇を上演することの効果が大きなことが実感されてきた。それをうまくやり遂げるには弁護士だけの力では心もとない。こんな時に力を貸してくれたのが真部利治さんである。私が在籍していた大阪法律事務所の伝手で真部利治さんを知ることができた。広告会社を経営しつつ素人の演劇活動を支援することをライフワークにしておられた真部さんとつながりを持てたことで会活動は新しい展開を見せることになった。

１９８８年1月28日、拘禁二法反対県民集会で真部さんの指導を得て構成劇「誰もあなたを救えない」を上演して好評を博した。真部さんの指導は多くの会員の心を引き付けるに充分であった。余談ながらこの時私が作成した折り畳み式の接見室の装置は弁護士会の備品として残されている。

１９９６年に憲法50周年記念行事をどう取り組むかの議論が持ち上がった。改憲策動が強まる中、弁護士会が何もしないことだけは避けたい。私は劇の脚本を持ち込み、演劇の上演を含む記念集会の開催を提起した。そのとき執行部や常議員のメンバーに困惑の色が走った。やり切れる自信は私も含め誰にもなかったと思う。結局、この時大方の意見は真部さんの協力が得られるならやろうかということに落ち着いた。私には真部さんに断られることはないという根拠のない確信があった。予想通り真部さんの快諾を得て集会が実行されることになった。脚本は真部さんの脚色により形を整え、題名は「命その手に」と決まった。一年あまりの練習を経て劇らしくなってきた。事務局のみなさんや会の職員の皆さんの協力を得て機運は盛り上がった。

真部さんの演技指導を一口に要約すると、けなさない、教えない、自分で考えさせる、を徹底するのである。出演者は悩みながら演技を完成することで劇が自分たちのものになりみんなが一つになることができるのである。

当日県下最大の奈良県文化会館をほぼ満席にして好評を得ることができた。その後、会内には演劇集団「トンボの会」が生まれた。

この勢いは１９９９年の日弁連民暴大会にも引き継がれ、大会の一つの柱である演劇「勇気ある証言」の上演につながった。真部さんのご指導をいただき警察官が弁護士役と非行少年役を担当し、暴力団員その他を弁護士が担当し劇を成功させ、参加者から好評を得て県警本部長を感激させることができた。

挑戦が自信を生む

止まらない勢いの中で会は２００１年に第44回日弁連人権擁護大会の開催を引き受けることになった。修習生時代に私とよく遊んだメンバーが会の執行部を担当するようになっており、その空気から実行委員長を私に決めていることが読み取れた。そうなると抵抗はできないし、細かい口出しは無用である。私の仕事は「みんなでやるぞ。」「裏方だけに終わらないぞ。」と号令するだけである。裏方だけに終わらない、ということはシンポジュームの運営にもかかわるということである。私の頭には、日弁連の中で先進的な委員会活動を展開している方たちと奈良の会員を結び付けたいという思いがあった。大変重い仕事であるが誰も異議を述べず動き始めている。

地方会がシンポジュームの運営に参加することは大変な負担で、しかも三つのシンポすべてに関与するというのであるから苦労は並大抵ではない。承知の上で言ったことであるから私も傍観していられない。実態調査やプレシンポの開催に加わりこれならやれるという実感をつかむことができた。大会は過去の参加実績を大きく上回り内容的にも成功と評価できるものであった。シンポが終わると実行委員長の仕事がなくなるので大会当日の夜には同期の仲間を私の山小屋にお招きして旧交を新たにすることができた。

みんなでやり遂げることができた成果はいろんなところに現れている。

私が２０１４年に近弁連の理事長を拝命し、日弁連の理事会に出席するため地下鉄霞が関のホームからクレオに向かう際、必ずと言ってよいほど日弁連の委員会に出席する奈良の会員に出会うのである。頑張っているなと思うとうれしくなる。また、ひいき目かもしれないが、奈良の会員はどこへ行っても遠慮のない発言をするように思う。そしてすぐに行動を起こしている。私が議論についてゆけない委員会が次から次へとできており、私は確実に山を賑わす「枯れ木」になっている。

ただ、私が関わった企画で持続しているものも少なくない。毎年、全会員に呼びかけ、その年度の重点課題について意見交換を行い懇親を深める「夏合宿」は定例化している。厚生委員会が私の手作りの丸太小屋で会員や家族と楽しむ川遊びとバーベキューもその一つである。

あの日から2年—阪口君の罷免から再採用まで—

宮地義亮（故人）

◇来なかった電報◇

2年前の（1971年）3月30日は23期の裁判官志望者たちにとって長い一日だった。この日のうちに裁判官採用の決定を知らせる電報が届くことになっていた。

しかし夜がふけ、やがて朝が白みはじめてもついに待ち望んだ電報が届けられなかった人たちがいた。青年法律家協会の会員6人と「任官拒否を許さぬ会」の会員一名とである。いずれも裁判官としてのすぐれた資質、豊かな憲法感覚、青年らしい正義感、信念にもとづいて行動する勇気をもちあわせていた。

それ故にこそ、最高裁は彼らに対してその扉を開こうとはしなかったのである。

◇冷たい最高裁の扉◇

こうした不採用決定は青法協への加入や任官拒否反対運動への参加という不当な理由によるものと疑える十分な状況にあった。その理由をただすため不採用者とともに、採用になった数十名の人たちが、場合によってはその採用決定を取り消されるかも知れない不利益をもかえりみず、不採用の「理由」をただすため最高裁に出むいたが2度も相手にされず追い返されてしまった。

◇残された唯一の機会◇

急をきいて帰省先より修習生が続々と上京してきた。いたるところで熱っぽいクラス討論が行なわれ、「終了式が最高裁および研修所に任官拒否の理由を公的にただす唯一の残された機会だ」ということで一致していった。

かくして彼らはクラス委員長の阪口君にその使命を託したのである。

◇運命の4月5日◇

式場にあてられた研修所の大講堂の雰囲気は例年と全く異なっていた。式次第も掲示されず、式場としての飾りつけもなく最高裁長官などの来賓の招待も取りやめになっていた。研修所側の判断は修習生の怒りを正当に(?)評価して式中止に傾いていた。だがこのことに気づいた者はいなかった。

◇誰一人制止する者なくあらしの拍手のなかで=500人の目撃者◇

守田所長が式辞をのべようと登壇したときだった。阪口君が式場のほぼ中央の自席から挙手し起立した。

同時にあらしのような拍手が式場を埋めた。

所長が手を耳にあてて聞えないというしぐさをしたので、誰かが「前にでろ」というと拍手は一段とました。彼は一瞬ためらったが拍手の波に押しだされるように前にすすんで所長に向って2度3度と礼をした。また誰かが「きこえないからマイクで話せ!」とさけんだ。

不思議なことに式場には前方に50名からの教官と事務局員10数名が席を占めていたが誰一人として彼の前進を阻む者もその行動を制止しようとする者もいなかった。加えて、所長はにこやかな微笑(えみ)さえうかべて彼に対応した。こうした許容の状況のなかで彼は一礼して静かにマイクをとり、くるりと向きをかえて所長に背を向けた形で、「今日の喜ぶべき日に悲しむべき7人の不採用……その理由につき10分間釈明のため発言する機会を与えてあげてほしい。……」所長はすでに演壇をおりて自席にもどっていた。1分15秒が経過した。

突然中島事務局長が「終了式を終了しまーす」と落着いた口調で宣言した。教官たちも一斉に席を立って退場しようと出口に向かった。

誰かが「ワナにかかった!」と叫んだ。あまりにも唐突な終了宣言という卑怯なやり方に憤激した数名の修習生が事務局長につめより、これを制止しようとするクラス委員たち、取材の記者、カメラマン、退席しようとする教官などの間に混乱が起った。こうして500人の目撃者の前で、研修所は自らの手で式を混乱に陥れたのである。

◇強権の発動◇

その日のうちに、緊急の最高裁裁判官会議が開かれ阪口君の罷免処分が決定された。夜8時半大講堂で待機していた修習生の前で気丈にも彼は涙一つこぼさず罷免の辞令を一気に読み上げた。「罷免!」ということばが大講堂の静寂を破ってすみずみにゆき渡ったとき、彼のそばにいた一人の修習生が「阪口！」と悲痛な叫び声をあげて、阪口君をしっかりと抱きしめた。それは任官拒否を許さないたたかいを1年有余にわたって共にしてきた友をいとおしむ抱擁であった。

◇国民の良識は最高裁を許さなかった◇

最高裁に対する国民の批判はきびしかった。処分の苛酷さはもとよりのこと、教官会議の「罷免に値しない」という多数意見を無視し、一言の弁明の機会も与えることなく、何が何でも彼に制裁を加えようと自ら終了式の終了を宣言しておきながら、当日の夜の0時までは修習生の身分ありとする狡猾な論法をあやつり、しかも間違った事実認定をもとに……。

4月13日衆議院法務委員会で最高裁の矢口人事局長は「制止をきかず約10分間混乱させ式を続行不能にした」と説明し、500人の目撃者に挑戦した（あとで訂正を余議なくされることになったが……）――その夜のうちに処分を決定してしまったのだから、国民がこの不当かつ違法なスピード「判決」にただあ然とし、非難を集中して、良識の健在を示したのは当然といえば当然であった。

◇北から南へかけめぐる◇

阪口君のもとには全国からおびただしい数の激励電報電話、手紙がよせられた。団地の主婦、工場で働く労働者、学生、サラリーマンETC。

こうした国民の反響は阪口君への実情報告の要請になってあらわれた。彼はびっしり詰ったスケジュールをやりくりして、それらの一つ一つに誠実に応えていった。あるときは1000名をこえる聴衆を前に講演をし、あるときは4、5人とお茶をのみながら夜半に及ぶことさえあった。

こうした北から南への列車をのりついでの報告の旅は各地で大きな共感をよんでいった。裁判所のあり方がこれほど国民の間で語られ、現実の生活とのかかわり合いをひとりひとりが感じたことがかってあっただろうか。

好漢阪口も聴衆の拍手が鳴りやんで、ひとり津軽海峡をわたる青函連絡船のデッキにたたずみふと郷里の老いた母のことや、同期の仲間が弁護士として第一線で活躍していることをおもい一まつの淋しさがよぎることもあった。

こうしたさまざまな哀歓を伴ないながら、36都道県をかけめぐり約10万の人々にことの真相を伝えていった。

◇法曹界のなかでも◇

46年5月8日日弁連は臨時総会において、阪口君の処分につき「不当かつ苛酷なものであり断じて容認できない」旨の決議を圧倒的多数で可決した。

次いで47年2月「阪口徳雄君を守る法曹の会」が創立され、長老から若手まで約1000名の弁護士が参加し「法曹資格」実現への大きな足がかりができた。

同年4月10日には23期の弁護士の90％をこえる352名の署名が全国からよせられ「阪口君の法曹資格を回復させよ」という趣旨の要望書を最高裁に提出した。

◇ゆらぐ赤レンガの巨塔◇

こうした法曹内外の阪口君に対する熱い共感や暖かな支援と最高裁に対する不信で最高裁の権威は大きくゆらぎはじめていた。

国民からの信頼を失ったとき最高裁の存在価値は急速に低下していかざるを得ない。とくに事実認定の重大な誤りはおおうべくもなく、最高裁の最大の弱点でありアキレス腱とさえなっていった。

◇選択◇

こうした状況のなかで彼を1日も早く弁護士にという声は、同期生をはじめ先輩弁護士、国民の間に急速に広がり高まっていった世論であった。

訴訟の提起、弁護士会への登録という回復方法についてはもとより真剣な検討が行なわれた。しかし一日も早く法曹資格を実現するという目標にてらし、いずれも非現実的なものであった。こうしたなかで浮び上ってきたのが「再採用」の道だった。最高裁が「懲戒」罷免した者を再採用した先例はないがこれをさせるという方法の選択であった。最高裁は厳しい国民的批判と、運動の広がりにつつまれ、失墜した権威と信頼を何とか回復しようと腐心する一方、このまま切り捨て御免にしてしまおうとの冷酷な姿勢との間を往き来しているような形跡がみられた。そうした権力側の自己矛盾のなかに解決のカギが秘められていた。彼は多くの同僚先輩の説得と最後には彼自身の選択において、一日も早く法曹資格を得、真に国民の立場に立つ法律家としての役割に積極的意義を認め、再採用の道をえらんだのである。かくして昭和47年7月小池金市弁護士の事務所に入り法律実務の研さんを積むこととなった。来るべき日にそなえて……。

◇国民審査の結果、最高裁に大きな衝撃◇

国民の最高裁に対する批判は国民審査のなかに確実にあらわれ、最高裁に大きな危機感を与えた。司法の反動化を許さず、民主主義を守る国民運動のうねりは衆議院総選挙にも反映し、法務委員会での鋭い追及という不吉な予感が最高裁を支配しはじめていた。

◇再採用決定！◇

1月31日、最高裁裁判官会議は阪口君の再採用を決定した。阪口君の「上申書」とひきかえに。それは礼儀作法についての反省にとどまり、その背景にある思想、信条、それにもとづく行動という、「聖域」に権力がふみこむことを許さなかった。そして最高裁に「再採用」（罷免処分という自己決定の否定）という大きな譲歩を余儀なくさせ、法曹資格獲得への大きな1歩を切り開いた。かくて権力との和解という儀式のなかでわれわれは、彼らに形ばかりの名を与え大きな果実を手にすることができたのである。

初出：「青年法律家」1973年2月15日号

闘って勝って権利を守る

村山　晃

15歳の闘い

先が見えるから闘いを始めたわけではない。しかし闘いを始めたからには勝たないといけない。生来、争いを好んだわけではないのに、中学生の時から、闘いの中に放り込まれた。時代と環境が、そうさせた。60年前の1961年、中学3年生の僕の前に突き付けられた課題が、「全国一斉学力テスト」への生徒としての対応だった。全国の中学生と学校に偏差値をつけて仕分けをし競わせる、偏差値がそれぞれの将来を決めていく、そんな教育が進められて良いのか、幼いなりに議論を重ねた。当時、学テ反対の闘いは、教員を中心に市民的に広がっていた。そういう雰囲気もあり、何人かの友人と手分けしてテストへの非協力を全校生徒に呼びかけた。

全国学テは、このあと、一旦は封印させることに成功した。

当事者である中学生が反対の声をあげ、行動に移した。僕にとっても、闘いの原点となった。

高校・大学と続く闘い

高校時代には、工業科と普通科を分離し、公立の進学校を作る「総合制・小学区制の廃止」が自身の高校にふりかかり、ここでも反対闘争が巻き起こった。そして、大学では、入学した当初から「自衛官の入学反対」「憲法改悪反対」「日韓条約反対」などの闘いの中に、放り込まれていった。入学当初は、自身が闘いを作る立場にはなく、ついていくだけであったが、世の中に「理不尽」がまかりとおる様をまのあたりにしたし、権利を踏みにじられ、何とか守り抜きたいと闘う人たちをまのあたりにし、その中に自然と入り込む自分がいた。

闘いがすべての修習時代

そんな闘いを経て、23期司法修習生として研修所の門をくぐった。入所してすぐに直面したのが「東大生7月入所」問題であった。東大生だけを優遇する「理不尽」に、大半の修習生は反対の声をあげた。

1969年4月から71年3月までの2年間の司法修習生時代、裁判所には激しい「司法反動の嵐」が吹き荒れ、僕たちも闘うことを余儀なくされた。黙っているわけにはいかなかった。

僕は、京都大学でも卒業式をしてもらえず、研修所でも終了式が途中で打ち切られ、いわば、大学や研修所から放り出された形になった。すべてを自分で考えて行動するしかないという自立を促された格好とも言えた。

確かに、大学と研修所の6年間は、時代の息吹と多くの仲間に、鍛えられ、教えられ、闘いぬく、その中で学んだことが多く、逆に授業や教官に教えられる機会は乏しかった。座学ではなく体験を通して学ぶことができた。それは幸運なことだったと思う。

何に対してどう闘っていくべきか、先を読むことや、マニュアルにはない権利の作り方を学ぶことができたことは何よりであった。

「勝つこと」に執着した弁護活動

こうした経験は、弁護士になって大いに生きてきたと言える。弁護士である僕の役割は、立場の弱い人々の権利を守り切ることにある。そのためには、法的手段を駆使して「勝つこと」が重要である。僕自身、「勝つことが僕に与えられた役割です」と人々に答えて、自身を鼓舞してきた。そして幸い、大半の事件で闘いぬいて勝利を重ねることができた。

弁護士になって間もないときに、薬害スモンや森永ヒ素ミルク中毒などの公害事件に出会った。関西電力や三菱重工など大企業の思想差別事件に出会った。企業による解雇や組合潰しに次々と出くわした。警察の露骨な弾圧事件も数多く経験した。

こうした事件で勝利を積み重ねることができたということは、経営者や権力による人々への権利の侵害があまりにも無法・違法なものに満ちていたことを示している。残念なことに不法な権利の侵害は後を絶たない。

そして、どの事件を扱うにも常に多くの先輩や同僚から薫陶を受けたし、闘いを作る支援する人たち、そして何よりも当事者の切実な思いが状況を切り開いていくことを知ることができた。これも貴重な財産である。

この短い文章の中では、扱ってきた事件のうち、ごく一部しか紹介することができない。三つの事件で勝利し、地域の放送局を守った京都放送の労働者の闘いと、前進してきた労災・職業病の闘いについて、簡単に触れて僕の活動の紹介としたい。

昇格差別・雇用差別の完全勝利を経て組合の統一

京都に、京都放送というラジオと独立U局テレビの放送局がある（一時期近畿放送と社名を変更している）。ここで起こった労働者の闘いは、労働組合と弁護士の果たすべき役割を、象徴している。

組合との出会いは、1973年、弁護士3年目の時である。闘いを牽引してきた労働組合が、会社の分裂攻撃と差別人事の中で、圧倒的少数派に追い込まれていた。この差別の不当性を、地方労働委員会での審理を通して徹底的に明らかにし、当時、最大の障壁とされていた「除籍期間」を突破し、完全勝利命令を得て、これをてこに全面的に是正させることができた。

「労働委員会は、労働者の権利救済のために作られた制度である」。当時の京都の労働委員会は、その立場を貫いていた。

この闘いの途中、偽装請負の派遣社員6人の京都放送への社員化の闘いが始まった。労働委員会の団交事件で勝利し、それをよりどころに裁判所の仮処分で「黙示の労働契約の成立」を認めさせた。派遣元を解雇された労働者は、その会社を相手にせず退路を断って闘いに立ち上がった。確信と気迫で勝ち取った勝利であった。仮処分という手続きで早期に勝訴すること、そこにも僕が求めてきたものがあった。

容易ではなかった闘いの相次ぐ勝利は、組合や弁護士への信頼を高めた。そして、これらの勝利は、分裂していた組合の統一に道を開いた。もともと働いている人たちに壁はなかった。

そして、この統一が、その後破綻寸前にまで追い込まれた会社を再建する道を開く最大の力となった。労働組合で団結できれば、それが大きな力を持っていることを事実が示した。

労働者が会社更生申立、そして放送局再建へ

組合を中心とする大半の従業員が、会社更生申立てを行ったのは、1994年9月のことである。京都放送は、ローカルU局であるが、京都ブランドに目を付けたややこしい人たち(例えば許永中)がむらがっていた。やがて社屋と機材に146億円の根抵当権が設定され(これを見つけたのは組合であった)、遂には、競売の申し立てがなされるに至った。さらには、放送免許も一年の限定免許となり、その期限も迫ってきていた。まさに経営としても放送局としても、崖っぷちに立たされていた。

そこで、組合が選択した道は、「従業員による会社更生法の申立」で再建をはかることであった。学習会を繰り返した。そして、確信を深めていった。我が国の誰もが経験したことのない世界への突入である。

立ちはだかったのは、当時の経営陣や一部株主であり、驚いたことに、裁判官までもが「申し立てたら倒産しますよ」と恫喝してきたのである。そして、「どうしても申し立てるのなら銀行や債権者が支援をするという約束をとりつけてきてくれないと受理できない」と追い打ちをかけてきた。そんなことを組合ができるはずもない。

経営資料に乏しい組合が申立書を作るだけでも大変な作業である。

しかし、組合の中心的メンバーに動揺はなかった。上部団体の民放労連も全面的な支援をしてくれて

いた。

そして、事態を動かしたのは、郵政省への働きかけを繰り返す中で、「更生手続きが進めば、放送免許を与え続けることは可能になるだろう」という言明を引き出したことである。もはや更生法以外に再建の道は無かった。

そして、社内のあらゆる分野の労働者の「再建はこうすればできる」という声を集めて裁判官に迫った。「きちんと受理して真剣に対応しなかったら、会社を潰した責任は裁判官が負うことになる」と、逆に裁判官に迫った。

こうして、ようやく受理させ、手続きが始まった。更生法は、競売を止める力を持っている。ややこしい株主や経営者を完全に排除する力を持っている。そして放送免許も更新された。その後も、保全管理人（その後の更生管財人）との激しい攻防を含めて、紆余曲折の闘いが続いたが、社屋も含めて放送局としての機能を完全に取り戻し、ようやく先ごろ更生手続きを終結させることができた。

何よりも特筆すべきは、この間、更生法につきものとされる人減らしや労働条件の引き下げをまったく許さなかったことである。逆に、非正規労働者の社員化を勝ち取り、しばしば他の組合などの模範となっている。

「絶対に後には引かない」。そんな働く人たちの気迫が最大の勝利の要因だとつくづく思う。そして、僕にとっても、どうすれば勝てるのか、ともに、考えぬき、闘いぬいた勝利であったと自負できることはうれしい限りだ。

「京都放送に労働組合があって良かった」。「闘えば必ず勝利する」。僕は、集まりがあるたびに繰り返している。

労災・職業病闘争の前進と、行政訴訟の勝訴

個別の闘いでの勝利は、権利を守るうえで大きな役割を果たしてきたが、80年代以降、労働運動は、幾多の困難に直面してきた。労働法制の反動的再編が進められ裁判所も労働者に厳しい判決を下すようになってきた。

他方で、勝利が難しい行政訴訟の分野では、労災や公務災害の業務上外認定をめぐる行政訴訟は、大半の事件で勝訴することができた。特に、99年という年は、三連続で公務上判決を勝ち取り、流れを変えるのに寄与してきたと思う。

労災・職業病の闘いは、僕自身の50年の闘いを振り返る中で、前進したという思いを強くしている分野の一つである。今も続くルールなき働き方は、長時間労働や超過密労働をもたらしたが、その中で、労災・職業病の認定闘争や企業責任追及訴訟の勝利は、労働者を救済し激励してきた。

現在闘い途上にある建築労働者のアスベスト被害に対する集団訴訟では、国と企業に対する勝訴の流れが生まれている。それは最高裁判所の壁をも乗り越え、救済を確実にする決定を勝ちとった。一番辛いことは、文字通りいのちをかけた闘いになっていることである。京都のアスベスト訴訟も、原告団の団長や副団長が地裁判決の直前に亡くなった。しかし、いのちをかけた訴えが裁判所を突き動かしていることも間違いがない。

司法の危機と向き合って

政治の世界と異なり、裁判所は、事実を無視しきれない道理がなんとか通用する世界である。そこに僕たちは希望を見いだして闘いを続けてきた。

司法危機の大元には、最高裁判所が君臨する。ここは事実にすら背を向けることがあるやっかいなところだ。しかし、24年間闘った関西電力の人権裁判では「職場における自由な人間関係をつくる自由」という新しい人権概念が最高裁の判決文に書き込まれた。逆に、地裁・高裁と勝ち進んだ京都市の教育公務員の長時間残業の違法性を問う裁判では、痛恨の逆転敗訴判決をくらった。個人の人権にかかわる問題ではそれなりの判断を下すが、同じ人権問題でも国の制度の根幹にかかわる問題では極端に国よりの判断を示す、そんな裁判所の在り様を見据えて闘いは続く。

裁判所も国家権力の一機関である。最高裁判所は、特に政権に近い。そこで勝利をしていくことは決して容易ではないが、決して盤石なものではない。

各地で、年を重ねて、一つ一つの闘いで、確実に勝利を積み重ねていくことが僕たちの使命だと思っている。23期でともに闘った仲間と、全国各地で、これからも闘いは続く。

引き継がれる共同事務所の闘いと若い法律家への期待

僕が、生まれ育ってきた京都で、自由法曹団や青年法律家協会の活動を中心とする共同事務所（京都第一法律事務所）に入所したのは、71年4月である。それから50年の歳月が流れた。僕の所属する事務所も、時代とともに新しいメンバーを次々と加え、次の時代へと闘う弁護士の活動をつないでいくうえで、貴重な存在となっている。

闘いに、事件に、どのようにすれば勝利することができるのか、マニュアルや方程式はない。「闘えば、必ず勝利する。それは勝つまで闘いをやめないからだ。」という精神論かも知れない言葉と連れ立って今日までやって来た。

僕流の闘いがどれだけ若い人たちに繋げていけているのかは、自身では分かりにくい。僕が言えるとすれば、僕自身がそうであったように、それぞれが自分の身をもってしっかりと考え、感じ取り、決して諦めることなく、勝利し権利を獲得する道筋を自分自身で見つけていく、そのための努力を尽くしてほしいと願っている。

たたかいで自覚したこと

持田　穣
（故人）

はじめにぼくたち七名の者が、最高裁の手によって何の理由も告げられないままに、裁判官への途を拒絶されたことをはじめ、つぎつぎに司法内部の狂気にも似た矛盾が露骨に公然化された象徴的なあの〝四月五日〟の研修所での修了式から、早くも一年が過ぎ去ろうとしている。

この間、多少の時期的ずれはあったが、七名のうち五名は、それぞれ弁護士登録を終えて、弁護士として第一線で活躍するに至っている。

しかし現在なおK君とぼくは、弁護士への途を選択することはなく、無職の状態のままカンパに支えられながら、最高裁がぼくたちに加えてきたいわれなき処遇の不当性を、当事者の立場から広く国民に訴え続けている。

もちろん単に二名のみが、他の者と別に突出した形で存在しているわけではなく、最高裁への抗議の姿勢においては七名が共通にしながら、各分野でたたかってきたのである。

訴えるなかで

「最高裁は不当にもぼくたち七名を不採用にしてしまった。しかしぼくはこのことを許せない。必ずぼくたちの手で運動を広げ最高裁につきつけることにより過ちを思い知らせてやりたい・・・。」修了式後の抗議集会でぼくはからだを震わせながら叫んだのを鮮やかに思い浮かべることができる。激しい憤りと報道陣の強いライトの中でいささか興奮してはいたけれど、それはその場に集まった五〇〇名近い二三期修習生のほとんど全員の気持ではなかったかと思う。

ぼくたち七名は実質をともなう青法協の会員であった。裁判官志望者の間においては、いわゆる幽霊会員といわれる人たちも皆無とはいえない状況にありながら、自己の生活体験を通じて国民の側に立った裁判官になることを熱望していないという共通点を持っていた。

働きながら定時制高校へ通ったSさん、父親が失対人夫であり貧乏生活に町えてきたK君、ほとんど独学で試験に合格したMさん。ぼくは、身体障害者である。生きてきた三〇年近く絶えざる差別と偏見に体ごと抵抗してきたなかから、一見〝もっともらしい〟権威的仮面の下にうごめく虚飾を鋭く拒絶する知恵を養ってきたつもりである。

単に形式論理をもて遊びながら、その精緻に自ら酔っているような裁判官があまりに多い。しかしぼくたちが求めた裁判官はそうしたものと対照的な意味において、弱者・被害者の立場に立って裁判をしていく裁判官であった。こうした七名をまさにねらいうち的に最高裁は拒否してきたのである。

不採用となると同時に、ぼくの生活は一変してしまった。それは、ささやかに描いていた裁判官としての日常生活とまったく隔絶したものであった。

朝から晩まで、各種の集会の要請は、一時期無限にさえ思えたほどであった。労働者、大学生はもちろん、いままで裁判所のことはただ何か〝恐怖的対象〟としてしか実感できなかった主婦や、さらに多くの市民といわれる人々の中で、最高裁が何を企図してぼくたちや阪口の事件をひき起こしているか語り続けた。

しかし当初、ぼくの個人的感覚からいえば、そうした生活はかなりの苦痛をともなった。それは、これまで小さいときから人前に立つことを可能なかぎり避けてきた生き方と関係してくる。特に自分の口から〝身体障害者〟であることを皆に向かって話すことは辛いことであった。だが、ぼくがなぜ裁判官を志望し、どういう裁判官を理想とするのかを理解してもらうためには、そうした自分の身体のこと、生きてきた過程を避けてすごすことはできないことであった。

この一年間を通じて多くの人々と知りあうなかで、じつに多くのことを経験したように思える。なかでも、身障者のおかれている立場にぼくの関心は強くそそがれた。そこでぼくがみたものは、いままで頭の中で考えていたよりもはるかに切実なのであった。

まずこういう人たちが働いている職場は、きまって零細企業で不安定であり、賃金と呼ぶに値しないような給料で酷使されていることで共通していた。しかも、その多くは、一生結婚もできないままに孤独な生涯を送るべく運命づけられている。

憲法で保障されている職業選択の自由は、身障者にとって選択されない自由でしかないのである。しかも就職できること自体むしろ好運なことだといえる。まだ多くの場合、家の中で狭くとじ込められた生活しか味わっていないとさえ言える。

ぼくが裁判官になろうと決意したのは、そうした体制がつくりだした、身障者圧殺へのひとつの突破口となることを期待していたからではなかったのか。そう思ったときぼくが、身障者であることを口にすることに対するある種のためらいを感じることの愚かさを、いやというほどつきつけられたのだ。

しかもこうした人たちこそが、本当の意味でいちばん敏感にぼくが拒否されたことの意味をわかってくれた。「あなたのような人にこそ裁判官になってほしい」と真剣な眼差しで応えてくれるこの人たちと強い共感でつながったとき、裁判所の中から憲法を守る勇気をもった裁判官が追い出されてしまったとしたら、どういう結果になるかをあらためて肌で感じる。

身障者であることを強調することは、思想差別のもつ意味を曖昧にするという見方は一面的である。思想とは生きる過程であり、生きる選択の具体的問題である。それを抜きにした抽象的思想など最高裁権力にとっては少しも邪魔にはならないのではなかろうか。

ぼくは今後も自覚的に身障者であることを主張しつづけていきたいと思うようになった。そのことは、この一年間ぼくたちが名もなき市民の人たちと一緒になってつくってきた〝裁判の独立を守る〟市民集会で見事に実証された。

そこでは、身障者のみならず、生活保護者、未解放部落出身者など差別される側の人々が、いま最高裁にスポットをあてながら押し進められようとしている戦争への道へ自己の身体で立ち上がってきたことがはっきりと示されたのだ。こうした力こそが、真の意味の抵抗体となるにちがいない。なぜならば、ちょうどぼくが最高裁により、まず犠牲を強いられたように、司法反動のいちばんの被害者は自分たちになることを理解しはじめた人々であるからだ。

朝日茂さんのように

ぼくはいま、人間裁判（朝日訴訟）の朝日さんのことを思い起こしている。ぼくにとって現在つづけている運動は、体力的に決して負担の少ないものではない。ときにはすっかりまいってしまうことさえある。だが朝日さんは、その生命を賭けた裁判闘争の中で、重症結核患者としてぼくよりもはるかに劣悪な条件にありながら、最後まであの大運動の中心におられた人である。

彼をそこまで支えてきたものは何か。確かに個人的な意志の強さということもあったであろう。しかしそれだけではなかったように思う。そこには、ぼくがいま感じてきている権力の不当性に対する率直な怒りと、さらに多くの苦しめられてきた側の人々とのつながりの中で、自己が立つべき原点をはっきりと設定したからだったように思う。〝朝日さんのように〟これが、彼の死を引きつぐ者たちのつとめではなかろうか。

23期裁判官としてともかくも生き延びて

森野俊彦

私は、昭和46年4月に大阪地裁判事補として任官し、平成23年9月福岡高裁民事部総括判事を以て定年退官した。この間、初心を忘れることなく、「23期裁判官」として過ごし得たと思っている。以下に述べるとおり、私の40年余の裁判官としての経歴の全てが、刑事、民事あるいは家事の裁判に携わるもので、所長、支部長の経験が全くないことが特徴であり、自慢でもある。

1．初任のころ―独身と新婚時代

裁判官としての勤務初日、初任地の大阪地裁総務課に赴いて着任簿に署名押印して部屋を出ると、尊敬する先輩梶田英雄判事が待ち構えていて、この書面に署名してくれと要請された。「宮本裁判官再任拒否について理由を開示せよ」という最高裁宛の要望書である。もとより拒絶する理由はなく、友人の新任裁判官（当然同期である）とともに署名した。

これが私の裁判官としての最初の仕事であり、着任したその当日において、同志と目すべき裁判官の列に連なったことになる。このとき自分の裁判官生活がいわゆるエリートコースではない途になることを覚悟した。

所属部は刑事裁判官として高名な児島武雄判事が裁判長の刑事10部で、これまた高名な石松竹雄裁判長と同室であった。児島裁判長は、刑事裁判の目的は無辜の発見であることを毎日のように述べられ、検察官が公判に遅刻しようものなら「訴追の意思を失ったのか」と厳しく叱責された。

最初に出席した裁判官会議で、「宮本裁判官の再任拒否理由開示の要望」を大阪の裁判所として提出すべきという意見をめぐって侃々諤々の議論があった。未特例判事補の私には議決権がなく傍聴するだけであったが、そこは自由闊達な大阪地裁のこと、許可を得て発言することができた。私は、勇気を振り絞って、「再任拒否が重大なことはいうまでもありませんが、我々同期でも、裁判官になってふさわしい者が大量に拒否されたことを忘れないでください」と発言した。裁判官会議での私の最初の発言で、膝が強く震えたのを今でも忘れない。

この「理由開示要望問題」は、7月ころ正式の議題とされた。大阪地裁裁判官の開示要望署名は88名に上ったが、所長が高裁に職務代行に出ていた地裁判事に出席を要請してまでの多数派工作をして採決がとられ、否決された。

その後も、私は（もとより私だけではなく裁判所の民主化を重要視する先輩裁判官もだが）、裁判官会議でしばしば発言した。思うところを素直に述べたつもりであるが、ある時、裁判長から「発言するのはいいが、慎重にするように。俺が発言を使嗾しているように思われても片腹痛いから。」と言われたのはショックだった。

同年10月には、宮本判事補再任拒否に危機感を覚えた裁判官が東京に結集して全国裁判官懇話会が開かれた。我々の部は裁判長、右陪席ともども3人全員参加した。その際、私は次のとおり発言した。

「新任拒否も再任拒否同様重要な問題である。最高裁を信頼せよといわれても、前後のいろいろな動きを見ると無条件に信頼するわけにはいかない。今日乗車した新幹線から見た富士山は雲がほとんどかからず澄みわたっていた。最高裁の人事行政もそのように澄み切ったものであってほしい。」と述べた。

この発言は後に「富士山発言」としてかなり有名になった。

23期裁判官は、1年目（昭和46年）の9月に会誌「碑」（いしぶみ）の創刊号を出すほどの連帯感があったが、翌47年の4月に出された第2号に、私は次のような文章を記している。

「私の現在の関心事は、14期裁判官の再任問題と24期修習生の任官問題、それに罷免された阪口氏の行く末である。まもなく我々にとって忘れられない4月がやってくる。毎年桜の季節がやってくるたびに悲しい出来事を思い出さなければならないが、7人の任官拒否を受けた我々にとってそれは忘れられないことであり、また断じて忘れてはならないのである。」

大阪の2年目が終わるころ、裁判長や隣の部の裁判長と同期（修習2期）の弁護士の娘と結婚した。幸か不幸か今も結婚生活が続いているが、長い裁判官生活をなんとか乗り切れたのは、ひとえに妻の献身のおかげである。忘れないうちに記しておきたい。

2. 尾道・大分での判事補時代

3年後大阪から尾道へ、その3年後に大分へと、瀬戸内海に沿って異動した。

尾道在勤中、大阪地裁で担当した御堂筋デモ事件の判決起案中に思い悩んだ考えを小論文としてまとめた。報道機関が放映したテレビニュースを録画したビデオテープを裁判の証拠として当然のように利用することについて疑問を感じ、証拠利用が許されるのは無罪立証の場合や、職権濫用罪など公務員の非行に係る犯罪の有罪立証の場合に限るという見解を「ビデオテープの証拠利用について」という題で、青法協裁判官部会研究ノートとしてまとめた（法律時報48巻1号92頁）。小稿であれ、青法協会員として公表したことは、裁判所内で旗幟を明らかにしたという大きな意味を持った。

地方の県庁所在地の本庁の例に漏れず、大分地家裁でも裁判官はすべて地家裁併任であった。裁判所の司法行政は、常任（常置）委員会で議論され、その諮問を経て所長が決めることになっている。私は、いわゆる特例がついたものの地家裁いずれの常任委員にもなれず、傍聴もその都度許可を得なければできなかった。2度ほどそのようなことがあったのち、所長から、森野君は特例判事補で、裁判官会議の議決権を有するから常任委員会出席にその都度の許可は必要ないといわれた。当時の所長は、大阪の保全部の総括から大分に来られた方で、私が3年目に保全部にいた時に同じ部屋で仕事をされていて、私が大阪から尾道に赴任する際、折からの国鉄ストのため関西汽船で弁天町から旅立つに際してわざわざ見送りにきてくださった方である。裁判所には、こうしたなにがしかの縁で、立場上正面から支持するとはいえないまでも、最高裁から多少ともにらまれている若造の心意気に対して隠れた同志として暖かく応援してくれる方が相当数存在した。

3. 大阪高裁と佐賀での民事裁判

昭和55年4月、大阪地裁判事補兼大阪高裁職務代行の発令を受け、民事部に配属された。私は、もともと絶望的といわれた刑事裁判を少しでも改善すべく、意気込んで裁判官になったのに、「民事」といわれて愕然としてしまった。

私は、初任時代かなりの事件につき勾留請求を却下するとともに、勾留場所を原則拘置所にしたが、そういう裁判官を刑事部に配属しない（その典型例はこの間退官された寺西裁判官）のは、あまり世間的に知られていないけれども、大問題といわなければならないであろう。

それでも、民事裁判官として、目の前の事件に必死に取り組んだ。高裁の2年目に、議員の定数訴訟を主任裁判官として担当した。選挙の区分割りは国会のよって立つ基盤であるから裁量を認めるのは相当でないとし、国会は出来る限り「一人一票の原則」に近づけるべきである旨判決に明示すべきだと主張した。しかし、裁判長から「10年早い」と言われて、結論は違憲判決（大阪高裁昭和57年2月17日判決・判例時報1032号19頁）であったが不全感が残った。

高裁の出来事で述べるとすれば、地裁の裁判官会議に毎回出席して、問題と感じれば直ちに発言したことである。私はもっぱら高裁で仕事をして地裁では仕事をしないのだが、地裁判事補（のちに地裁判事）の辞令があるので、裁判官会議の通知が必ずくる。私はそれを招待状とみなして毎回出ていっては、時に（かなり頻繁に）発言した。裁判官会議が次第に官僚化していく状況を許せなかったからである。あるとき、重要な議題なのに地裁裁判官がなにひとつしゃべらないので、「このような重大問題でなにもしゃべらず黙っているのはおかしい」と一席ぶったところ、翌日登庁するやいなや、裁判長から「森野君、きのう会議で熱弁をふるったそうだね」と揶揄された。若干ひるんだものの、もう既に、そうしたことで出席や発言をやめるほど「やわ」ではなくなっていた。

ところで、宮本裁判官の再任拒否を契機に始まった裁判官懇話会は、ほぼ2年に一回の割で開かれていたが、この頃には司法行政に対する批判や提言ばかりではなく、民事、刑事、家事、少年の各分科会でそれぞれ裁判官を悩ませる実務の問題を議論するようになっていた。高裁の3年目の秋、大阪近辺の裁判官数名が民事分科会のテーマである「民事裁判における事実認定」を担当することになり、若い裁判官（私もまだ若かったが）と一緒になって民事の事実認定を論じ報告書作成に注力した。往時茫々、あのころが無性になつかしい。

昭和58年4月に赴任した佐賀では、引続き、民事裁判を担当した。このころ（昭和59年1月23日）、青法協裁判官部会は、青法協本体から分離独立を宣言し、翌60年8月「きさらぎ会」と改称されて再出発した。時代の流れといえばそれまでかもしれないが、私を含め、歯がゆさと一抹の寂しさを味わった者が少なからずいたことは記憶されるべきであろう。

そういえば、佐賀に勤務していたちょうどその時期に、青法協会員が阿蘇山のふもとに集まって合宿した夜、真剣に話しあったことを忘れることができない。これまで裁判所の民主化のために先頭に立って闘ってきた先輩裁判官が、このままでは地裁の裁判長になれないことが予想され、社会的に重要な裁判に関与できない可能性が高いので運動から撤退したいと発言されたのである。私が兄事する方であったので、驚くとともに無念な気持ちでいっぱいになった。官僚化が進む裁判所において民主化運動に邁進することと、その裁判所で社会に影響を与える判決を生みだす主体になることの双方を両立させることの困難さを象徴した一幕であった。

4. 刑事裁判を担当した松江時代

昭和62年4月松江に異動し、ひさしぶりに刑事裁判を担当した。

松江では、無罪が争われている幼児強姦殺人事件が係属していて（既に6年余り経過していた）、その審理と評議に腐心した。裁判長は東京出身で、私とは3期しか違わない方であったが、刑事事件には自信をもっておられ、毎日のように（官舎が一緒であったため土曜休日を厭わず）合議がなされ、結局（平成2年3月15日）無罪判決を言い渡した。判決文は判例時報（1358号14頁）にも掲載されているが、「疑わしきは罰せず」の好個の事例といってよく、末尾の文章を読むだけでもその苦労がわかるというものであった。

単独事件では、町議会議員の選挙違反（買収）事件が忘れられない。いわゆる百日裁判で、迅速審理が要請される事案ゆえ、かなり無理をしてほぼそれに近い期間で有罪判決にこぎつけた。しかし、それは審理のなかで、私が検察官以上に証人や被告人に対し積極的に質問したり追及したりした結果であった。有罪判決はそのまま確定し議員は失職したが、私は、思いどおりの訴訟指揮をし得たことに充実感を覚えつつも、裁判所が有罪方向に邁進《まいしん》してその結論を出してしまったことになぜか後ろめたさを感じ、これがひとつのきっかけとなって、アメリカの陪審裁判に興味を持つこととなった。そうした顛末については、後に、「陪審制度のもとにおける裁判官」（佐伯千仭ほか代表「陪審制度を復活する会」編著『陪審制の復興』所収）という小稿で触れることとなった。

こんなこともあった。出雲支部に長官視察というものがあり、たまたま、初任のときの裁判長であったK判事が長官として来られたので、長官と肝胆相照らす仲であった所長も同席の懇親の機会を持ったが、２人から「お前はまだお尻が青いのが云々」（青法協の後継である如月会の会員を続けていることを揶揄したもの）といわれたのには、さすがの私も切れかけた。しかし私もすでに「青年」ではなかったので、酒食の席の戯れと看做して、事を荒立てることはしなかった。

5．サイクル検証に明け暮れた堺支部　そして大阪家裁へ

平成3年4月関西に戻り大阪地裁堺支部に着任した。同期のなかには、すでに高裁所在地の地裁本庁で部総括になった者もいたが堺支部に不満はなかった。

今度は民事事件を担当した。ここでは、「サイクル検証」を採用して係属事件のほぼ全件を自転車で現地見分に出かけ事案の概要の把握に努めるとともに、事件の処理ではなく紛争の解決を目指した。詳細は、日本裁判官ネットワークが後に出した「裁判官は訴える」（講談社）に所載の「現場が好き」に述べている。

堺支部で勤務して丸5年になろうという平成8年1月の内示時期に、支部長から4月に大阪家裁へ異動してもらうと告げられた。少し落胆したが、腹をくくって「『尼寺へ行け』といわれた心境ですが、応じます」と述べた。

私の転任直前に開かれた裁判官会議は、いわゆる部総括選挙制の廃止問題で大激論となった。下級裁判所事務処理規則の改正で、既に裁判所の部総括裁判官は最高裁が指名することになっていたが、大阪

地裁では裁判官の選挙の結果を尊重するとの決議がなされており、長く「部総括選挙」がおこなわれていた。この選挙制をなくそうという提案がなされ、不利な状況の中で選挙廃止反対派は懸命に訴えた。私も、どうか裁判所の民主化の重要性を再認識して決断してほしいと発言したが、残念ながら大差で総括選挙制は廃止となった。

6. 家裁勤務の10年間

平成8年4月大阪家裁に、それも遺産分割部に配属された。全事件、遺産分割か遺留分減殺事件であった。折角担当するのであるからと、これまでと同様、懸命に取り組んだ。

ところが、当事者の遺産に対する執着をまともに受け止めたり、互いの相手方に対する罵詈雑言に耳を傾けたりしているうちに、同年6月、風邪をこじらせたことが災いとなって、大きな喘息発作に見舞われ、帰路の地下鉄車内で意識不明となり、病院に搬送された。15時間余の人事不省から、妻の私を呼ぶ声で生還し、まもなく勤務に復帰することができた。その後は目前に展開される当事者の応酬にのめり込むことをやめたことがよかったのか、体調も回復するとともに、喘息の発作も憑きものがおちたように出なくなった。人生なにが幸いするかわからない。

民事裁判で実施したサイクル検証を遺産分割でも採用し、週末はもっぱら遺産不動産の現状を見分するなどした結果、当事者も当方の熱意にほだされたのか、強硬意見を引っ込めて、調停成立の運びとなるケースも多くなった。

こうして相応に実績を上げた結果かどうか、大阪から和歌山及び京都と合計10年の家裁勤務が続くことになった。この間、「相続させる」遺言に興味を抱き、小稿を判例タイムズ996号に載せたところ、それなりに評価された（後に中川善之助・泉久雄「相続法」（第四版）法律学全集261頁にささやかながら挙示された。）ので嬉しくなり、ふつうは嫌がられる遺産分割事件が好きになった。

そして、いっそうその審理や当事者に対する説得に工夫なりノウハウを取り入れ、長期未済で残っていた難物とされる事件を片付けていった。普通、家裁勤務を10年も続けるとやる気がなくなり、早々に退官する裁判官も皆無ではなく、それが最高裁の魂胆ではないかとする見方もあった。しかし、私は、体調がよくなったこともあって、毎日喜々として仕事をした。

ついでながら、私が京都家裁に赴任したとき、所長は同期のM氏であった。性格的に悪い人ではなかったが、家裁のことをどれだけわかっているかとなると少なからず疑問であった。いわゆる考課表も所長がつけるので、正直いい気はしなかったが、そんなことはもうどうでもいいような心境となっていた。それだけ感受性が鈍磨してきたことになるが、私はそれをむしろ前向きにとらえ、仕事に専念した。

7. 裁判官ネットワークのこと

和歌山家裁に勤務していた平成11年9月、現職裁判官だけで構成される日本裁判官ネットワークが結成され、東京の法曹会館で、記者会見を行った。これまでの運動が裁判所内で民主的改革を目指していた内向きの活動であったことにあきたらず、市民に直接、裁判所の現状を訴え、いわば市民目線で率直な意見交換をすることにより、裁判所を風通しのよいものにしようとする企図であった。私は準備段階からこれに参加し、例会で市民と会話を重ねるとともに、各地に赴き講演活動をしたり本を出版したりした。サイクル検証を報告したり、死刑囚の免田さんと対話してその結果を「裁く者と裁かれる者」という題で載せたり（「裁判官だってしゃべりたい」所収、平成13年）、このころ加入していた陪審裁判を復活する会の依頼を受けて「裁判員制度の制度設計はいかになされるべきか」という小稿を季刊刑事弁護33号（平成15年）に著したりもした。

おりから司法制度の改革が各所で論議されるようになったが、私は弁護士と学者が行う研究会に出かけては、裁判所や裁判官の実情の伝達役を担った。平成14年そうした研究成果をまとめた阿部昌樹ら編著の「司法改革の最前線」に「裁判官人事制度の見直しについての意見」という小稿を書き、評価制度が整うことには賛成であるが、「正しく評価された。けれども処遇は一貫してひどかった」では救われないと訴えた。さらには、平成18年3月に開かれた「宮本判事補再任拒否から今次司法改革まで」と題するシンポジウムにパネラーとして出席して、新任拒否の受難経験とそれ以後の裁判所の状況を報告するとともに、宮本氏の古稀を記念して出された論文集に「私が『本当に若かった頃』」という雑感を綴らせていただいた。

この頃、自分の名前が世に出てはじけてしまったという気がしないでもない。

8. 大阪高裁での充実した時間

平成18年4月、大阪高裁勤務を命ぜられた。裁判官生活もあと5年余り、すでに私の同期の複数が高裁裁判長になっており、私より期の下の裁判長も少なからずいた。そのような部に私を配属するのはさすがの当局も気がひけたのであろう。上席をされていた井垣（敏雄）さんが引き取った形で、民事14部に配属された。

まもなく、原爆症認定集団大阪訴訟が控訴されて係属し、私がその主任となった。原審の大阪地裁は原告9名全員についてその請求を認めたが、国が不服として控訴してきたものである。

めぐりあわせとはいえこうした大事件を担当することができる喜びは何物にもかえがたかった。シビアな合議を経て、原審同様原告全員について原爆症を認定した。平成20年5月30日のことである。約2年間、原爆症認定訴訟のことが脳裏から離れたことはなかった。

大阪高裁での仕事は充実していた。しかし、2年近くが経って裁判官としての余命が少なくなってくると、このまま「高裁右陪席」として終わることでよいのかという自問自答が始まった。2年目（平成20年）の10月には井垣さんが定年退官されたがその後任は私より3期下であった。後輩の裁判長のもと、提出した起案を直される立場になったが、彼にしてもやりにくかったことは推測するに難くない。

そのような日々のある日、私は妻に、思い切って「家裁の所長」の希望でも出してみようかと言ったことがある。このころ青法協出身者や裁判官懇話会世話人でも家裁所長のポストは退官前の処遇として開かれた形になっていたという事情があった。それを聞いた妻から、「今になって最高裁に頭を下げるなんて絶対に許さない」「『生涯一判事』といっていたのはどこのどなたですか」との怒り交じりの声が返ってきた。最高裁に頭を下げる趣旨ではなかったが、裁判現場を逃れようとする姿勢をみすかされた気がして、沈黙するしかなかった。

明けて平成21年1月11日、晴天の霹靂で、福岡高裁民事部総括への異動の内示を受けた。「ここまで裁判官をしてきてよかった」という感慨があった。

裁判官は誰もが、所長になれなくても裁判長にはなりたいと思うものである。それは出世欲というものとは異質の願望であり、よき裁判をする営みを続けるなかで、忽然と湧いてくるものである。私もその点では普通の裁判官と全くかわらず、同期や後輩の裁判官が次々と部総括になっているのを横目にみながら、そのうち自分もと思うことがたびたびあった。しかし、家裁の裁判官を10年続けるなかでなかば諦めるようになり、やがてはそういう思いを持つ自分を嫌悪するようにさえなっていた。それが、思いがけなくも、裁判官生活の最後に、希望が叶ったのである。

9．福岡高裁でのあっという間の2年半

年甲斐もなく希望を膨らませての福岡行きとなった。福岡の2年8か月は、全力で裁判に取り組んだ日々であった。一票の格差が問題となった衆議院議員選挙無効訴訟と、秘密交通権侵害国家賠償事件の二判決が印象に残る。

平成21年8月に実施された衆議院議員選挙については、専ら一人別枠方式を包含する区割り規定の合憲性を争う訴訟が支部を含む全国各地の高裁に提訴され、その事件を私の部が担当した。

たちはだかっているのは、一人別枠方式を合憲としている平成11年11月10日大法廷判決で、同判決の論理を超える必要がある。我々は、評議を重ね、原理的には同判決の5裁判官反対意見こそ採用すべきであるとし、「ある選挙民が投票に託したその意思が他の選挙民と同等の価値をもって（つまりは公正に）選挙結果に反映されるとするのが憲法一四条の趣旨であり、基本的に『誰もが過不足のない一票』を理念として出発すべきだ」と判示して、違憲判決を下した。同判決は、後日、最高裁によって破棄されたけれども、到底納得することができない。

もう一つは、検察官の取調べのあり方を問う国賠訴訟である。刑事事件はもう担当することはないと諦めていたものの、これには本腰をいれて取り掛かろうと思った。

本件については、論点が多岐にわたり、評議も難航したが、結局、捜査機関が弁護人との接見内容を容疑者に質問すること自体を「原則差し控えるべきだ」とし、接見内容を聴取して調書化しこれを公判

に提出した地検の捜査手法は違法と認定して、損害賠償を認めた。心血を注いだ結果の判断で、双方から上告がなされたが私としては裁判官生活の最後近くに、接見内容に聞き耳を立てる捜査に一石を投じたものと自負している。なお、この判決については、刑事訴訟法判例百選［第10版］にも取り上げられている。

定年退官を間近にした9月下旬の最後の開廷日、傍聴席に妻と大阪からかけつけた娘と息子の姿を認めつつ、数件の判決言い渡しを行ったが、裁判官室に戻るや陪席の裁判官から「少し声がうわずっていましたね」と指摘された。ともかくも、裁判官生活を終え、安堵した。

10. 終わりに

以上が私の裁判官生活40年の素描である。

裁判所の任務の重要なひとつが少数者権利の擁護にあることには異論がないが、裁判所の中での少数者としての裁判官には必ずしも十分な庇護者はいない。7月入所組も含めて約60名いた23期の裁判官のなかで、私は当初は少数者ではなかったと思っていたが、青法協、懇話会、裁判官ネットワークのいずれにも参加し、かなり積極的に活動したのは私ひとりである。いつのまにか少数者になってしまったが、いまさらそれを悔いても仕方がないし、むしろ少数者であったからこそ、ここまで来ることができたのではないかと思っている。好きな土屋文明の歌を最後に掲げて終わりにしたい。

少数にて常に少数にてありしかばひとつ心を保ち来にけり

足元を大切にする生き方

安田秀士弁護士
（故人）
本人
妻和子
児玉勇二
中山武敏

1. 本人

私自身の死は一人の人間の終幕であり、それは人間社会と別れて自然社会に還ることだと思う。人間の生命は自然から生まれて自然に還る。人間の生命も大宇宙とつながっている。人間の死は自然社会への旅立ちである。自然社会は生きている。「土」ひとつとってみてもそれはじつに複雑な自然の営みなのである。このことがわからないものは、休耕田はすぐにでも田として復活使用できるなどと、愚かにも考えたりする。自然の営みはじつに雄大かつ繊細で、きわめてダイナミックで複雑である。自然社会への旅立ちは、自らの存在そのものをそのようなロマンチックな社会に、同化させていくことを意味する。だから、私の旅立ちを見送ってくれる人がかたわらにいてくれたならば、私は「お先に。いろいろありがとう。さようなら」といって別れたい。そういえる場面であってほしい。

2. 妻和子

92年、胃の全摘手術をしたその翌日から、彼の完治をめざした全力投球の日々が始まった。たとえば、点滴の容器をぶら下げて病院内をグルグルと何周も歩き回る。その方が術後の回復が早いとの看護婦さんの説明を徹底して守り抜いているのだ。傷口の縫い目が破けてしまうのではないかと、見ている私たちがヒヤヒヤするほどであった。また、尿を出すための血と汗が滲むような努力など。退院後も、片時も気を緩めることなく彼の闘病生活は続けられた。5月2日、病院での腎臓切開手術のあと、やっと痛みから解放され、深い眠りについた彼の穏やかな寝顔を私はいまも忘れない。「再発」。恐れていたこの言葉。「いやだ、どうして？　なぜ彼が？」私の身体は震えて止まらなかった。最初の手術から2年7ヶ月。本当によく頑張ってきた。

7月下旬より腹水がたまりはじめた。食事がほとんど食べられなくなってきた。でもけっして希望をなくさない彼。ほんの一口でも自分が食べたいと思うものをゆっくり味わって噛みしめる。匂いが鼻につくようになると、「すだちやかぼす、ミントの香りを嗅いだらよいかもしれないと」思いつく。自然を愛し自然の恵みに助けられる彼。気が滅入ると落語や美しい音楽を聴き、痛む身体をかばいながら必死に感想を書く。けっして「自分はもう駄目だ」と思わず、「こうしてみたらどうだろうか」と考える。「また自分にはこんなことができる」。いつも前向きで生きようとする。内臓のあちこちに癌が急速に転移し、その痛みや圧迫されて便が出なくなった苦しみ、不安を抱えていながらも前向きの彼。強靭な精神力。そばで看病している私が逆に励まされていた。

いつも強かった彼。その強さに抵抗しながらも、じつはいつも彼に守られ甘えてきた私。彼の最後の願いは自宅で自然死を迎えることだった。急速に広がっていく癌のため、便を外に導く管をつける手術も不可能になった。自宅で点滴もつけられなかったら、飢えや痛み、排便できない苦しみを目の当たりにして、私は平然と看病していられるだろうか？　あんなに強かった彼が苦しみ抜く姿をそばで見ていられるだろうか……その不安が私を襲った。訪問看護をしてくださることになった看護婦さんが、「不思議に人はその人らしい最期を迎えるものですよ」と言われた。「そうだ。何としてでも私は彼の願いを聞き届けてあげなくてはならない。やってみよう。病院に頼らず最後まで思い出のいっぱい詰まった、彼が一番気に入ってるこの部屋で看てあげなくては！」と心に決めた。

９月20日、彼がスキーのとき、常宿にしていた上牧温泉の大峰館から秋のパンフレットが届いた。「何とかしてもう一度あの温泉に入りたい」と言う。私はご近所の川合さんに必死の思いで、車で運んでくださるよう頼みに行った。きっと驚かれると思っていたのに、快く「いいですよ。行きましょうよ」と言ってくださり、奥さんも気持ちよく賛成してくださったときは、本当に嬉しくて跳び上がりたいほどだった。素晴らしいお湯。大峰館のご主人夫妻の心のこもったおもてなしの数々。たくさんの人たちのあたたかい人情に支えられて、私たちと主人の母も一緒に最後の温泉旅行を実現させることができた。自分で歩くこともできなくなった彼が、力をふりしぼってマッサージをしてくれようとする。「とんでもない……」と辞退する私に、「してあげたいんだ。カコちゃんのことは僕が一番よく知っているんだからね」と……。看病疲れを気遣ってくれる彼。ああ、奇跡が起きてまた再び一緒にここに来る日があらんことを！　９月28日夕方、温泉旅行から帰宅した。亡くなる2日半前のことだ。

いつでも前向きに生きてきた彼。こんなときになってもいまなお前向きで生き続けようとする彼。そして、「人間の本性は意志だよ。象は死期が迫ると、自ら墓場に向かって歩いていくというだろう。人間も、生と死の間をギリギリまでコントロールしながら、死に向かって突き進んでいくんだ。死もけっして受け身ではないんだよ」と言う。９月30日の夜、私たちは長女も交えて３人で話した。もう自分の力では座る姿勢も保てなくなった彼を支えながら。その後長良川の水で顔を洗いたいと言うので洗面所まで長女と二人で彼を支えて行き、大好きな長良川の水を顔にかけてあげた。自分でも両手ですくって顔をひたしながら「なんてやさしいんだろう、このお水は。気持ちいいなあ……」と言って、そこに崩れるように倒れ込み動けなくなった。「ここで眠りたい」と言う彼を長女と一緒にベッドに連れ戻し、そのまま彼は眠りについた。もう何も欲しがらない。何も話さない。ただ安らかに目を閉じて浅い呼吸をしているだけ。痛みも感じないようだ。「秀士君、あと少しで10月1日よ。頑張ろうね」と話しかけるとコックリうなずく（10月1日は最初の手術から丸3年目の日を祝って、近所の方々を招いてお茶会をする予定の日であった）。でもそれっきり、再び目を覚ます事はなかった。そして10月1日未明、静かに呼吸が止まった。人生50年。あまりに短かった彼の生涯。もっと生きてほしかった！　彼がその人生を大切に、一刻たりとも無駄にしなかったように、私も残りの人生を一生懸命生きていきたい。彼が自分の生きてきた道を振り返って「本当に素晴らしい人生だった」と思ったように、私もそう言える人生を生きていきたい。それが彼に対する何よりの花むけと思っている。

3. 児玉勇二弁護士

僕は安田君と一緒に上野で法律事務所をやっていました。

僕は一般事件と子どもの人権などの事件を、安田君は一般事件と、地域のまちづくり、教育問題に取り組んでいました。足元を大切にしていくことの大切さを強調し、僕にもいつも言い聞かせていました。子育てを大切にして、町内会活動、ＰＴＡ活動に熱心に取り組み、足元の人間の連帯を広げていました。告別式にはその繋がりの人が多かったことに驚きました。また３人のお子さんは３人とも今、父の跡を継ぎ弁護士として活躍しています。僕と彼とで彼が亡くなる前、子どもの権利条約の子ども向けの本を明石書店から出しました。癌になってからの彼の強靭な取り組みは闘病記『生命燦燦』で奥さんが述べている通りです。亡くなる前に住井すゑさんの『橋のない川』を一生懸命に読んでいたことが印象的でした。この23期の本を企画していることを奥さんにお知らせした時喜んで、今彼が生きていたらみなさんと一緒に頑張っているのではないかと言っていたことが印象に残りました。

4．中山武敏弁護士

安田秀士君のこと

①阪口徳雄君は、司法修習の時、6組で安田秀士君と同じクラスでした。

阪口君は、

「私は彼とクラスが同じなので、彼は時間中は殆ど寝ていた記憶がある。しかし、クラス討論とか修習生の集まりなどがあれば、非常に粘っこい口調で、裁判官希望者の苦労、悩みを切々と訴えた。彼の発言は説得的であるので誰も反対できず必然的に流れが彼の訴えの方向に流れた。彼の人格が現れた瞬間であった。クラス討論では助けられた。

彼が、私と同じ年代まで生きておれば、私より数倍の社会への役割を果たしと思うと若くして亡くなったことが残念でならない」

と語っています。

②安田君は私のことについて生前書き残してくれていました。

彼が亡くなる少し前に自宅にお見舞いに伺った時に、私について書いてくれた文章を受け取りました。

後で考えると彼が私に託した遺言のようなものだったのだと思います。

中山武敏君のこと

（1）

①私が彼に初めて会ったのは恐らく1970年夏頃で、23期修習生の「許さぬ会」結成に向けての動きが活発化し、その準備会の席で顔を合わせたのではないかと思う。

私は名古屋修習で彼は福岡修習であり、彼は九州出身であった。

②彼が中央大学の法学部の二部（夜間）の出身で昼間働きながら夜学に通って、それで司法試験に若くして（確か彼は昭和18年か19年の生まれだと思う）合格してきていることだけで私には十分興味深かった。

しかも利己的なところがなくて社会の貧しい人々のために役立つ弁護士になりたいという高い志を持っていることに私は感動した。

③やがて彼が「部落」民であることを知るようになり、部落差別が現在もなお生きている生々しい事実を聞かされるようになった。

彼は被害者としての立場からそのように厳しい話を私に話し聞かせる時にも相手を批難する姿勢が少しもなくて、むしろおおらかに包みながら話してくれるのです。

私はそれだけ差別にあいながら、人を憎むことなく、社会を呪うことなく、社会の民主化と部落差別解消のために献身しようというおおらかな気持ちでいられるのが不思議であった。

④ところが後期修習になって東京に戻ってから、東京に出てきて彼の下宿で彼と同居するようになった彼の父親と会った時に私のなぞは氷解した。

「この父親にしてこの子あり」父親がこんなに心の大きい人であるならば彼の心も広くても少しも不思議でないと思った。

と書いてくれていました。

彼は、1995年10月1日に50年の短く太い生涯を閉じました。

彼の死後に出版された著書『生命燦燦―ガン闘病の手記　長良川へ還る日のために―』の中で以下のように書いてあります。

死について考える

私の友人で部落解放同盟の顧問弁護士をしている中山武敏君の亡き父重夫氏は、死の直前に「人はこの世に生まれたら、一度は必ず死なねばならぬ。重要なことは意義ある生き方をして価値ある死を得ることである。」と書き残されたという。

氏はまた、人間は貴賤の別はなく天皇も部落民も平等であるはずであり「天皇制は天皇を貴い人間として国民と区別する制度である以上、何としても天皇制をなくさないかぎり、万人は真の人間となることはできない」と強調されている。

この考えは『橋のない川』の作者・住井すゑ氏も強調されているところであり、私もまったく同感です。

そして、万人の生が平等であるように、人間の死も等しく価値のあるものだと私は思うのです。

問題は死に直面している当の本人が自分の「死」を価値ある死として受容できるかどうかにかかっているのだと思います。

それができるということは、自己の「生」を価値ある生であったと満足できるということと同一のことだと思うのです。

私は仏教のことを研究したことはありませんが、親鸞が「成仏」について説いているところは、このような生と死の弁証法にほかならないという気がしています。

心を無にしてひたすら信心し、南無阿弥陀仏と唱えることによって誰でも成仏できるというのであり、その思想の根底には万民の死は平等であるという思想が流れているように思います。

1995・7・11記

③私は司法修習中、安田君とはとても仲が良かった。自然と馬が合い、色々なことについて語り合っていた。その中で感じたことは、とても強く信念を持っている人であったということである。弁護士になってからも交流は続いていた。彼は普通の人々に寄り添う事件を丁寧に信念をもって扱っていたと思う。
私も彼に出会い、強く影響を受けたと思う。それは、23期のみんなも一緒だと思う。

母として、弁護士として

山田万里子

〈母親であること、弁護士であること〉

１９７１年５月１日が出産予定日だった第１子は、５月４日に生れた。産休明けの乳児を預かる認可園などない時代、無認可共同保育所に預けて子連れの新人弁護士のスタートだった。10歳年下の４人目まで、長い「回り道」の子もいたし、長い長～い暗いトンネルの中の子もいた。ようやく母親業を卒業できたと思えたのは３年前である。

母親になって初めて「思い通りにならないのが人生」と知った。でも、子どもたちは、私の母がそうだったように、自分の命よりも大切な愛しい存在だった。

４人の子どもがいるのに、欲張りな私は、弁護士業を中断したことがない。生まれ変わったら違う仕事もしてみたいとは思うが、弁護士の仕事は天職だと思っている。そして、75歳の今も弁護士として現役で仕事をしている。

私にとって、「母親であること」「弁護士であること」は人生の両輪であった。

〈少年法「改正」阻止実行特別委員会からの出発〉

大阪から名古屋弁護士会（現：愛知県弁護士会）に登録替したのは、１９７５年６月だった。おりしもその年は、12月16日に法制審議会での少年法改正「試案」（審判への検察官関与と年長少年の重罰化）が強行採決され、12月20日に日弁連が少年法「改正」阻止の国民的運動を展開することを宣言した年だった。（最高裁は、1970年当時は少年法「改正」に明確に反対していたが、法制審強行採決の裏には、最高裁の賛同を取り付けていたという背景があったと言われている）

私は、自ら望んで、1977年に名古屋弁護士会の「少年法『改正』阻止実行特別委員会」の委員になった。

修習生の時、最高裁事務総局家庭局の協力で司法研修所が作成した「昭和40年3月 再訂 少年法概説」（331ページ、すっかり茶色くなってしまったが今も大切に持っている）を読み、大学では習わなかった少年法の理念と条文解説の深い意味に感動したものだ。3人の子の母親になっていた私は、少年法改悪阻止の活動に無関心ではいられなかった。

しかし、残念ながら、弁護士の関心は高くはなかった。

1975年当時、少年事件（道路交通法違反を除く一般少年保護事件）で弁護士の付添人が付く率はわずか0・38パーセント。実務から学び意欲が湧く「弁護士」にとって、少年法は遠い存在だった。

日弁連が、付添人の拡充に積極的に取り組む姿勢を打ち出したのは1978年頃からである。

「自由と正義」（日弁連機関紙）1979年11月号「特集―迫る少年法『改正』」に、会員4人の付添人体験記が掲載されている。その内の一つが私の体験記（19歳の少年は劣悪極まりない家庭環境に育った。調査のための連夜の私の外出に、何でそこまでするのかと不満そうな父親の顔と行かずにはおられない母親の顔を見比べながら、母親からいつも可哀そうな子どもたちの話を聞かされていた小学1年の息子が「行ってらっしゃい。留守番してるよ。」と言ってくれたことも書かれている）だった。

「自由と正義」1981年1月号では、初めて「付添人実務」を特集し、名古屋弁護士会も、同年3

月初めての「付添人活動実務研修会」を実施した。

実は、法律扶助で弁護士付添人が付く事業が既にあった。最高裁が変質する前の1972年11月、最高裁家庭局から当時の財団法人法律扶助協会（1952年に日弁連が設立）に対して、法律扶助で弁護士の付添人をつけることの検討の要請があった。国からはわずかの補助しかない協会は、資金の困難さから、一部支部での試行的実施を決めた。全国で最初の実施は、1973年2月の名古屋家庭裁判所（戸山四郎所長：1968〜1972最高裁家庭局長）・扶助協会愛知県支部・名古屋弁護士会の三者合意による愛知県であった。

法律扶助で弁護士付添人が付くようになったのは、弁護士会の運動ではなく、最高裁からの要請によるものだったのである。それほどに、弁護士会は「少年事件」について強い関心がなかったのである。弁護士法1条は「弁護士は、基本的人権を擁護し、社会正義を実現することを使命とする。」と謳っている。しかし、弁護士は、苦しんでいる人に向き合い、事実に向き合い、何が解決か、どう解決していけばよいのかを必死に考えて活動し続けていく中で、初めて、湧き上がるような情熱で「弁護士の使命」を自覚するようになるのだ。だから、いくら少年法の理念を学び、付添人活動の研修を受けても、実務として身をもって体験しないと、やってみたいという関心・意欲も続きはしない。

1981年の一般保護事件の弁護士付添人選任率は、依然として0・56パーセントであり、0・5パーセント台は1988年まで続くことになる。

〈付添人の飛躍的拡充の幕開けは愛知から〉

愛知県での1975年度の扶助付添人実績はわずか1件、1980年度からようやく10件台という低迷振りであった。

「子どもの権利条約」が国連で採択された年の1989年4月、私は、「少年問題対策特別委員会」（1987年に委員会名称変更）の委員長になり、法律扶助協会愛知県支部（以下、協会支部という）の理事でもあった。

この年、協会支部は、子どもの人権保障のための付添人扶助の拡大を最重要課題と位置づけ、それまでの年間20件の予算枠を拡大し年間50件とした。（協会支部理事会で、私は、扶助付添人の拡大を熱弁した。その時、刑事弁護委員会で国選弁護問題に取り組んでいた21期の伊神喜弘理事が「身柄事件に弁護士付添人がいないなんておかしい。身柄事件全件に扶助付添人を付けるべきだ。」と発言し、（この人は、少年事件の実情を知らなさすぎると思った）私は「身柄事件は名古屋家裁の本庁だけで600件はあり、到底無理です。」と発言した。後々、「専門家の非常識」を思い知ったものである。）

1989年7月、協会支部、名古屋弁護士会、名古屋家庭裁判所の三者協議が行われ、付添人扶助要領を改正し、道交法違反保護事件への適用拡大、年間20件程度とされていた枠の撤廃等の見直しがなされた。

結果、1989年9月から翌年3月末の間の扶助付添人総件数は、何と、126件になったのである（内、名古屋家庭裁判所からの依頼件数が125件）。

幸運だったのは、当時の名古屋家庭裁判所少年部の大濱恵弘裁判官（20期）の存在である。（大濱裁判官は、2000年3月に癌で亡くなった。1994年半田支部の裁判官の時、実父による性的虐待で親権喪失宣告（保全処分も）を認め、名古屋の弁護士は、児童虐待問題に熱心に取り組むようになっていった。抗がん剤治療の中、担当した少年のその後を心配してくれたあの優しい大濱裁判官の表情が今も浮かぶ。）

大濱裁判官が異動し、1990年度から名古屋家庭裁判所経由の扶助付添人件数は徐々に減ったが、一方、弁護士、弁護士会の関心は高まり（1991年から、日弁連は毎年「全国付添人経験交流集会」を開き、第1回集会は名古屋の地で開催された。「自由と正義」1995年6月号は「法律扶助制度の改革」を特集し、付添人扶助については私が執筆した。）、特に、大分県弁護士会の活動を契機に発足した当番弁護士による被疑者弁護人扶助を契機にして付添人扶助件数は大きく増加していくことになる。（その後の、被疑者国選弁護人、国選付添人等の動きについては割愛する。）

〈1997年1月、法律扶助の日記念行事「構成劇・講演の集い」〉

私は、常々、弁護士会は地域に根差すべきと考えていたが、市民対象の行事は何故か弁護士会館か名古屋市中区の中心地で行われてきた。

聴きたい・観たい人は来い！　という姿勢はおかしい。

1996年に協会支部の支部長になった私は、法律扶助の日記念行事は、地方で地域の人たちと一緒に取り組もうと思った。少年事件の構成劇（脚本は弁護士、出演者は弁護士と地域の人たち）、講演の講師は「山田洋二監督」、開催地も愛知県海部地域の津島市（人口6万人）と決めた。

何のつてもない監督の自宅に熱い思いの手紙を送り、秘書の年配男性（とてもいい人だった）を説得し、大船の撮影所まで行って監督に会って直接頼みこんだ。地域に出掛けて訪問販売員よろしくいろんな団体に頭を下げて訴えた。まるで昨日のように思い出す

1997年1月24日当日（みぞれ混じりの悪天候）、観客は420名を超えた。

弁護士会は、リモート発信が容易な今だからこそ、なお一層、開催場所は小さな地方を選び、地域の

人と一緒に取り組む活動を展開していって欲しい。

〈活動の広がり〉

さて、名古屋弁護士会の「少年法『改正』阻止実行特別委員会」は、その後、少年事件だけでなく、校則、体罰、いじめ、児童虐待など、活動分野の拡大に伴い、「少年問題対策特別委員会」、「子どもの権利特別委員会」、「子どもの権利委員会（特別委員会が常置委員会になる）」と名称が変わっていった。

今、若手の弁護士が熱心に生き生きと子どもの人権活動に取り組んでいる。その背景には、誰もが尊敬し師と仰ぎ、今も子どもの人権の守り人として精力的に活動している多田元《はじめ》弁護士（21期、裁判官を退官して1989年1月に名古屋弁護士会に登録）の存在がある。「付添人は少年のパートナー」という彼の子どもへの温かい愛情と深い学識・経験に裏付けられた実践に、若い人たちが吸い寄せられるように集まり、学び、自らの実践を通して成長し、その若い人たちが活動の中核となっていった。（昔、私が、丸刈り等の校則のことで学校長と面談したとき、校長は、「校則は学校では憲法です。」と言い切った。それが今、愛知県内の教育事務所に「スクールロイヤー」が設置されるようになった。）

ところで、彼が、弁護士になって、早々に、この委員会に入ったのは、当時、委員長だった私が弁護士会館の入り口で彼を誘ったことがきっかけである。私の委員会への貢献の最たるものと今も密かに自負している。

〈弁護士50年〉

育児と子どもの権利の活動を通して、一番の感動は「子どもの権利条約」であった。前文の「幸福、愛情および理解のある雰囲気の家庭環境の中で成長すべき」の「雰囲気」は（子どもは未成熟であるが故に大人以上に敏感）、「平和、尊厳、寛容、自由、平等および連帯の精神に従って育てられるべき」の「寛容」は（子どもは冒険と失敗の中で成長するのだから親や社会はそれを見守るべき）を意味するのだと実感し、法令にこんな用語がある！と嬉しい衝撃を受けた。

セクハラや児童虐待では、悲惨すぎる体験は本人の記憶から消されることを知った。記憶から消えないと生きていけない、人は生きていくように創られている、そうなら、その人に寄り添い、代弁し、共感と連帯の輪を広げ、弱い人たちが虐げられる社会を変えていかなければならないと思った。

相談者と関わったその時から、その人との関わりを通して、その人が少しでも前を向いて歩んでいけるようになる、弁護士としてそんな関わり方をしたいと思った。

そして、今も、夫婦・親子を巡る家事事件に力を注いでいる。しかし、「本人に寄り添う」と言いながら、本人を前に「事件」（業界用語ではないか！）という「ことば」を平気で使っている自分の想像力の欠如に気づいたのは、ほんの数カ月前のことだ。弁護士50年、まだまだ未熟なのである。

弁護士会では、２０１５年に自分から希望して「若手会員育成支援特別委員会」の一委員となり、新人会員と一緒に勉強し懇親を深めている。

〈ゆづり葉〉

私の母は、河井酔茗の詩「ゆづり葉」が大好きだった。

「子供たちよ／これは譲り葉の木です／この譲り葉は／新しい葉が出来ると／入り代つてふるい葉が落ちてしまふのです」……「世のお父さんお母さんたちは／何一つ持ってゆかない／みんなお前たちに

譲ってゆくために／いのちあるもの、よいもの、美しいものを／一生懸命に造ってゐます」「今、お前たちは気が付かないけれど／ひとりでにいのちは延びる／鳥のやうにうたひ、花のやうに笑ってゐる間に／気が付いてきます」「そしたら子供たちよ／もう一度譲り葉の木の下に立って／ゆづり葉を見る時が来るでせう」

この譲り葉のような一葉になれたらとつくづく思う。

実務50年の回想

吉村駿一

1．司法の反動下の修習時代と横浜時代

判事の再任拒否、青年法律家協会攻撃、『全貌』などが名指しで裁判官攻撃と偏向裁判などのキャンペーンを張るもとで、司法研修所23期の修習があった。青法協自体は正当な活動をしていて、私もすぐ加入した。当時クラス委員会が中心だったが、研修所の寮で生活する人達が頑張っていた。そして、同期の任官希望者が青法協加入を理由に任官拒否される深刻な事態が生じた。最高裁事務総局が裁判官採用の場で明白な憲法違反を行ったことに強い怒りを覚えた。そのころ、青法協加入裁判官が集団で、内容証明付きで青法協退会をさせられていたことを思うと、事務総局は「偏向裁判」批判に対し、公正な司法を名目に人事権を発動して再任拒否や任官拒否をしていたのだ。それから50年経過して、現在では、

当時の最高裁長官石田和外が憲法改悪の立場に立っていたことも判明している。

同期の修習生仲間が任官拒否されたことに対して、クラス委員会を代表して阪口さんが終了式で抗議したことは正当な主張であった。阪口さんのこの行動を理由に修習生の身分を罷免したことは全くの暴挙であり、修習生運動に対する最高裁判所の歴史を汚す不当処分であった。阪口さんの残念無念は表現しかねる程のものであったろう。同期の者としては一刻も早く法曹に復帰することを願うのみであった。私は司法も権力の一環として反動化することを痛感し、憧れの自由法曹団長の岡崎一夫弁護士のいた横浜合同法律事務所に志願して入所した。

1971年は、70年に安保条約が自動延長され、翌年に沖縄の祖国復帰が実現する年であった。自由法曹団は沖縄米軍基地と復帰に係る調査を行うこととなり、横浜合同法律事務所は私を調査に参加させてくれた。パスポートをとってのこの参加は私の人生に決定的な影響を与えた。まさに鉄は熱いうちに打てである。

当時、首里には沖縄人民党の事務所があり、訪問して、古堅実吉さんら斗う人々と交流した。米軍基地に接収されながら狭い農地を耕す黙認耕作地や、伊江島での阿波根昌鴻さんとの団結道場での懇談、反戦地主からの聴取等、今でも鮮烈に記憶している。瀬長亀次郎さんは復帰前に実施された選挙で衆議院議員になっていて不在であった。

太平洋に面した土地斗争の現場で生まれた一坪たりとも渡すまいの歌詞が「東支那海前に見て」とされたことも作者の父親から教わった。現地調査は多くのことを吸収させ、安保、沖縄、憲法問題は終生のテーマとなった。

調査から横浜に戻ると、勤労者学習協の横浜教室で安保、沖縄問題の講師を2年続け、3年後に郷里の群馬に戻るとまもなく、安保破棄群馬県実行委員長になり、今日までですでに40数年間その立場にある。

横浜での2年間では、司法反動に対する駅前での街宣、沖縄返還同盟から依頼された沖縄の金武町出身の女性が鶴見区のアパートに放火した容疑で鶴見署に逮捕された件で弁護人となり、自白が強要されたが、火元とされた電熱器は故障していて通電不能であることが、鳥取のサンヨー電気の研究所の鑑定で判明し、検事は失火罪に変更したが、無罪が確定した。初めての無罪判決で、沖縄返還同盟も大変喜んだ。

東京赤坂の溜池デモに参加した労働者が機動隊員の股間を蹴ったとして傷害罪で逮捕された件では、診断した警察病院の医師が福島県喜多方で開業したため、出張尋問し、東京地裁は岡田光了判事が有罪としたが、二審では無罪となった。

東京都大井オートの選手が成績が下位3％に該当するとして、登録消除された件で、登録消除処分の無効を主張し、当時他の選手は、エンジンを改良して排気量の不正があったことから、成績不良は理由がないことを主張して、行政処分の執行停止を得た。選手は当時、美濃部知事が廃止した大井オートの最終レースに復帰することが出来た。行政処分の執行停止は珍しいことをあとで知ったが、若さの至りで夢中で取り組んだ。

新聞配達の少年が順路を違えて道路から転落して死亡し、労災不支給とされた件で、審査請求して労災認定を得たり、第一組合所属を理由に定年後の再雇用を拒否された2名のタクシー労働者の解雇無効事件の本人尋問をせよと記録を渡されて尋問し、勝訴し判例になったことなど、横浜での2年間は充実した修業時代であった。何しろ、尊敬する岡崎団長や、奄美大島出身で東大の経済学部を出て、戦前は労働者のオルグをし、後に日弁連人権委員長となった山内忠吉先生など苦労した先輩の近くで仕事ができる幸福な毎日だった。

2．父親の急死

父親の急死で1973年4月に群馬に帰郷し、前橋で開業したが、横浜での働くスタイルは変らず、来る者は拒まずであり、郷里であり、友人、知人も多く、すぐに常時100件位の裁判を抱える状況となった。訟廷日誌は小さいため市販のダイアリーを使ってきたが、多忙であった。当時、弁護士も少なく、法律相談所もなかったため、議員や商工業者と相談所を常設して夜間出張していた。

元々健康に恵まれていて、高校時代は軟式テニスで群馬県代表で全国大会4回戦まで進出したことから、体力と集中力には自信があり、ガムシャラに働いた。最も多忙な日は前橋と高崎で1日に11件の裁判をしたり、高裁の法廷で3件連続弁論したり、土曜日には20件位の相談を受けたりと異常であった。

1974年秋、兵庫県で八鹿高校事件が発生して、自由法曹団の現地調査に加わった。1922年3月の水平社宣言は、人の世に熱あれ、人間に光あれと、劣悪な境遇から、人間回復を主張する社会運動が始まった。背景には大正デモクラシーや日本共産党の創立があったが、私にとっては至極当然の平等の要求であり、共鳴していた。

八鹿の現地では部落解放同盟の暴力で地域社会が支配されて、警察も役場も教育委員会も屈服して、むき出しの解同暴力が学校への支配介入を強めていた。この現地調査の後、前橋で報告集会をして、詩人の土井大助さんと私が報告し、以来、部落解放正常化運動（正常化連）、全国部落解放運動連合会（全解連）、そして、2004年の全国地域人権運動総連合（全国人権連）と運動に参加し、現在、全国人権連の共同代表になっている。2年後には水平社宣言から100年を迎えるが、内40数年をこの運動で過している。

1974年冬には国鉄の動労問題が起きた。北海道を主にして、国鉄の運転手組合で政党支持の強制があり、批判する者を暴力で排除した。冬の北海道に青函連絡船で渡り、札幌、追分などで被害を調査し、群馬に戻ると集会で報告した。以来、全動労高崎地本の結成、国鉄の分割民営化反対、新幹線開業と共に併行在来線の廃線に反対して、国民の足を守る運動を進めた。信越本線廃止を取消す行政訴訟を前橋地裁に提起して、多くの人と斗った。廃止を取消す当事者適格が争点であったが、二審の東京高裁は裁判長が出張尋問して、横川駅と軽井沢駅に特別法廷を設けて証人尋問したり、廃線後のバス転換のバスに乗車して碓氷峠を通行したり意欲的な訴訟指揮をして、逆転判決の期待を持たせたが、結論は変らなかった。

全国どこへでも、どこからでも鉄道で行き来する生活利益、鉄道網の価値を裁判所は理解できなかった。今、北海道の日高本線は風水害のあと復旧されず不通になっていて、バス転換の提案に地元住民が反対しているが、当然のことである。しかし、遂に廃線が決まった。

私は、安保・沖縄問題、部落問題、国鉄問題を自身のテーマとして運動に参加してきたが、こうした運動から学び、触発されることが多かったと思う。多くの関係者と共通の問題意識をもって活動することで理解が深まることを実感する。

断片的事実の背後にある歴史と運動から学ぶには、運動に加わることが何よりであり、百聞は一見にしかずは真理である。

3. 1991年

1991年7月、群馬県知事選挙が、前知事の急死で行われた。私に共産党推薦の革新無所属で立候補の要請があった。群馬は保守が強く、県政はオール与党であり、私の仲人は自民党の県会議長であった。私は共産党の推薦を受けることは名誉なことであると迷わず立候補を承諾した。47歳だった。暑い時期で1日20数ヶ所で街頭演説をしたが、選挙期間も今より長期間であったが、大衆運動の経験が生きたし、体力には自信があった。声がかれることもなかった。朝8時からの候補者活動は、普段の弁護士活動より楽だった。

こうして、1995年、1999年、2003年、2007年と5回の知事選挙を経験した。今のように野党協力が発展し、市民の政治参加が進んだ情勢なら、選挙の様相は一変したろうと思う。政治を語るには日常から準備しなければならないし、確固とした見識を鍛えなければならない。多くの人の協力が得られるように自覚しなければならず、選挙で鍛えられた。

亡中閑あり、海外へ旅することも多かった。計36回でヨーロッパの殆んど、ベトナム戦争直後の76年ハノイ、89年ベルリンの壁崩壊の前と後、ベネズエラ革命後などや、鉄道を守る運動の仲間と鉄道の旅もしている。

現在、AALA(アジア・アフリカ・ラテンアメリカ連帯委員会)の国際連帯活動に参加している。

そして、農作業もしている。野菜、果樹、米など我が家の自給率は高い。戦前は小作米で清酒を作ったが、戦後は5反位の農地が残った。60歳頃から、私が農作業をするようになった。子供のころに手伝った経験は貴重であり、道具の使い方も、耕作も直ぐに身に付くものだ。

食料自給率が40%を切って久しいが、農村での従事者も高齢化し、減っている。少なくとも自分の食料を作れば、他人の分を食べずにすむと考えている。

米は同級生に作ってもらっていたが、4年前からは自分で作るようになった。5月に苗を育て、6月に田植え、10月末に収穫する。半年間の作業だが、田植えと収穫はすべて機械で、依頼者が手伝ってくれる。そのため、畔の草刈り、水の管理等、早朝の作業で充分足りる。

農作業は地域社会と不可分であり、作業の間、近隣の人との交流があり、水利権を守る共同作業等も必要である。作業の仕方を色々教えてくれる。助け合うことが日常であり、特に物を生産する喜びを共有している。

世界的に食料不足で飢えている人々が多い。山林、砂漠など耕作不適の立地や気象条件があるとき、温帯で肥沃な農地を耕作放棄地にするなど罪深いことである。どんどん生産して、政府が買上げ、農家の経営を支え、食料を不足する国へ援助することは容易な政策で、人道上も歓迎されることであるが、なぜそれができないのか。減反政策を続けているうちに生産者が先細りし、耕作放棄地が増加する。農業と食糧生産は従事者がいなければ成り立たないし、耕作していないと土壌の生産力も低下してしまうのである。農業を知らない者が農業、食料政策を決める矛盾は深刻だ。

4. まとめ

弁護士会活動は他人任せであった。とても会内活動までは無理で、熱心な方にお願いする気持であった。

弁護士実務では刑事事件は常時数件あり、比較的多い方と思うが、この間、無罪は10件、民事の最高裁判例は、法定地上権（最高裁昭62（オ）452号、平2・1・22二小法廷判決）土地を目的とする一番抵当権設定当時土地と地上建物の所有権が異なっていたが、後順位抵当権設定当時、同一人の所有に属していた場合、競売で一番抵当権が消滅する限り、法定地上権は成立しない。と、商標の共同所有の場合、全員でなくとも持分権で無効審決を取り消せる（最高裁平13（行ヒ）12号、第一小法廷）との2件である。

多忙な実務の中でこれまでやった、というのか、これしかできなかったというべきか。

6月18日、宇都宮さんが3回目の知事選に立候補した。同期の活躍は嬉しいものである。

今、私は人生の中間決算の心境で回想している。

第四章　司法官僚——石田和外裁判官の戦後

西川伸一

はじめに

元毎日新聞記者の山本祐司は、退職後に大著『最高裁物語〈上巻・下巻〉』（日本評論社・1994）を書き上げたことなどが評価されて1995年度の日本記者クラブ賞を受賞した。その文庫版の「まえがき」で、山本は1997年に最高裁が発足50周年を迎えたことについて、次のとおり記している。

「この半世紀の最高裁の歴史を見ると（略）大物・石田和外長官時代を境に「石田以前」と「石田以後」に分けられることに気づく。（略）「石田以前」は、人権重視のリベラル派が全盛時代をつくりあげてもいた。しかし「石田以後」になると、石田長官がリベラル派の砦（最高裁）を攻略して以来、今日に至るまで「公共の福祉」重視の保守派で固めた最高裁が揺らいだことはない」（山本 1997a：5）。

この記述から20年以上が過ぎた。いまも石田路線は継承されているように思われる。それは最高裁の保守的な判決傾向にとどまらず、「ヒラメ裁判官」と揶揄される下級裁判所裁判官の行動パターンにも表れている（2020年7月4日付『西日本新聞』「風向計」）。長官となった石田は後述する「司法の危機」を逆手に取って裁判官の思想的「無色」化を図った。それと軌を一にして「裁判しない裁判官」である「司法官僚」[1]が実務裁判官に優越する司法官僚体制を確立した。その影響は今日にまで及ぶ。

最高裁判所の正面玄関前に「最高裁判所」との庁舎銘文がある。この裏面には「石田和外書」と刻まれている。石田は1973年5月に最高裁長官を定年退官した。いまの最高裁庁舎の竣工は1974年3月である。そして、石田は1979年5月に死去する。新庁舎になっても黄泉から私の眼が光っている、私の路線を踏み誤るな。あの文字で石田はそう訴えかけているのか。石田路線といわれて真っ先に思い浮かべるのは、「ブルー・パージ」とよばれる一連の人事行政である。再任拒否、任官拒否、さらにそれに抗議した司法修習生の罷免はその苛烈さを象徴している。戦後、石田は最高裁判事になるまで[2]はずっと法廷を離れて、司法行政のみに携わっていた。裁判官ではなく司法官僚だったのである。本稿はこの司法官僚としての石田のあゆみとその果たした役割を検討する。よっていまの司法のあり方を考えることに資したい。

なお、引用文に片仮名書きがあった場合は平仮名書きに、旧字体は新字体に改めた。

1　思想判事としての石田和外

石田は二つの自叙伝を著している。一つは1972年1月に『日本経済新聞』に連載された「私の履歴書」である。もう一つは1977年9月・10月に『日刊福井』に連載された「私の走馬灯」である。この他の石田の著作物や講演のテープ起こしなどは、いずれも石田の死後に編まれた『石田和外遺文抄』と『子々孫々』に収められている。しかし、これらに一切書かれていない事実がある。それは戦前に石田が予審判事として治安維持法適用に積極的な思想判事だったことである。最高裁長官として石田が展開した司法行政の思想的淵源は、すでにここに見出されうる。戦後の石田の行動を理解する手がかりとして、まず思想判事としての石田の「活躍」ぶりを明らかにする。

東京刑事地方裁判所判事であった石田は、1938年11月21日付で「予審掛」を命じられる（1938年11月29日付『官報』859頁[3]）。いわゆる予審判事である。予審制度とは旧刑事訴訟法295条1項に規定されていた手続で、「起訴された被告人につき予審判事が非公開で証拠を収集し公判を開始するか否かの決定を行う公判前手続の制度」（『国史大辞典』「予審制度」）を指す。重要な犯罪はまず予審に起訴された。戦前の刑事裁判官の多くは予審判事の経験を積んだ。

石田が予審判事になった直後の1938年11月29日、唯物論に関心をもつ研究者たちによる学術研究団体であった唯物論研究会の関係者が一斉に逮捕された。いわゆる「唯物論研究会」事件である。逮捕者の一人で生物学者の石原辰郎は予審で石田に調べられたとして、当時の様子を回想している（石原ほか 1971：133）。石原の予審は1940年3月16日にはじまり、1941年4月15日に予審終結の決定が下された（『季報・唯物論研究』編集部編 1989：118）。

治安維持法は1928年に改正された。改正前では国体変革と私有財産制度否認のどちらを目的として結社を組織した者でも、刑は10年以下の懲役または禁錮であった。改正後は前者のみ刑が引き上げられ最高刑が死刑となった。併せて後述する目的遂行罪が新設された。また、国体の定義は1929年5月31日の大審院判決で「万世一系の天皇君臨し、統治権を総攬し給うこと」と確定していた。つまり、天皇制の打倒は国体変革を意味した。それを「企図していた」となれば、国体変革を目的とする結社である共産党の目的遂行に寄与すると認識していたとみなされ、目的遂行罪に問えたのである。共産党との関係が立証不能な場合にのみ、私有財産制度否認の規定が用いられた（中澤 2012：123-124）。

ただし、1935年3月に最後の中央委員が検挙され、共産党中央委員会は壊滅した。つまり唯研事件当時には共産党は組織的活動を行い得なかった。党は事実上解体したにもかかわらず、それへの「片想い」が目的遂行罪の構成要件に当たるとされた。「すなわち、唯研事件は、本来の敵にかこつけながら、しかし本来の敵と区別された組織へ治安維持法を拡大適用させる象徴的な出来事であった」（奥平

2006：202-203）。

こうした状況にあって、石田は東京高校学生運動事件の予審を担当した。その結果、1940年9月18日付で被告人の学生4名を治安維持法に違反する嫌疑があるとして、「本件を東京刑事地方裁判所の公判に付す」との終結決定を言い渡している。具体的な該当条文は同法1条1項後段と2条である。加えて、後述する事件に関連する1条2項も掲げる。

1条1項後段：情を知りて〔国体を変革することを目的とした―引用者〕結社に加入したる者又は結社の目的遂行の為にする行為を為したる者は二年以上の有期の懲役又は禁錮に処す

1条2項：私有財産制度を否認することを目的として結社を組織したる者、結社に加入したる者又は結社の目的遂行の為にする行為を為したる者は十年以下の懲役又は禁錮に処す

2条：前条第一項又は第二項の目的を以て其の目的たる事項の実行に関し協議を為したる者は七年以下の懲役又は禁錮に処す

司法省刑事局が発行していた『思想月報』(4)の第75号（1940年9月）に従って、予審終結決定文に記されている「理由」をみていこう。被告人らは東京高校内に「共産主義研究の秘密グループ」を結成したとまず指摘されている。そして、同グループが中心になってマルクス、エンゲルスの『ドイツ・イデオロギー』やエンゲルスの『空想より科学へ』など左翼文献の共同読書会が開かれたという。この活動により「共産主義意識」の「啓蒙」あるいは「昂揚」に「努め（むる）」あるいは「資し」たというのである。これらの語句が9頁にわたる「理由」で7回も用いられている。最後には「諸般の活動を為し以て「コミンテルン」及日本共産党の目的遂行の為にする行為を為したるものなり」と断定している。

とはいえ、この断定には飛躍があろう。石田が記している「共産主義研究の秘密グループ」なるもの

が、コミンテルンあるいは共産党とつながっていることを示す証拠は一切示されていないのである。これでこの「グループ」が「結社（共産党）の目的遂行の為にする行為を為したる」に該当すると解釈できようか。予断を排して取り調べたのではなく、次に述べる思想検事による取調べに追随して調書を作成したのである。事件を公判に付すこと先にありきだった。言い換えれば、石田は治安維持法適用に積極的な予審判事だったのである。

この「結社の目的遂行の為にする行為を為したる」罪は目的遂行罪とよばれる。いかなる行為がそれに当たるかを決めるのは、思想判事のカウンターパートをなした思想検事の裁量であった。目的遂行罪の規定は彼らによって拡大解釈され、その適用範囲は際限なく広げられた。それに大きな役割を果たした思想検事こそ池田克である。彼は「治安維持法の生き字引」とまで称された。周知のとおり、池田は戦後になって最高裁判事に任命される。また、同じ思想検事の岡原昌男は戦後直後に「司法部三年先輩」の石田と同室で親しくなった。庁舎不足で岡原が勤務していた司法省の部署と最高裁事務局に転じた石田の部署が当時の高裁庁舎の一室に同居していたという。後年、最高裁長官となっていた石田から、1970年10月20日に当時大阪高検検事長だった岡原は最高裁判事就任を打診される電話を受けるのである（追想集 1981：477-478）。

さて、目的遂行罪については当初から解釈濫用の懸念が議会で指摘されていた。政府は〈裁判所が然るべき限定解釈で運用するので濫用の恐れはない〉旨の答弁をしていた（NHK「ETV特集」取材班 2019：93）。ところが実際には、裁判所は思想検事の主張を鵜呑みにするだけだった。「国策ニ合スル」を旨としていたのである（家永 1962：58）。これが検察側の解釈の濫用を権威づけ許容することになった。そこで検察側は一層の拡大解釈を生み出し裁判所がそれを認定し、さらに……と拡大適用は膨張を続けていく。石田はその過程にいわば前のめりで身を置いていたことになる。

さかのぼって、1939年2月16日に東京刑事地方裁判所で判決が言い渡された「被告人Xに対する治安維持法違反事件」（Xは資料ではもちろん実名）を取り上げよう。石田は右陪席としてこの審理に関わっている。予審掛から公判部にまわされたのである。

本件の判決文は『思想月報』第58号（1939年4月）に掲載されている。それによれば、Xは共産党が「国体を変革し私有財産制度を否認」する政党であることを「認識しながら」、その外郭団体に所属していた作家たちと共謀して『文学評論』なる月刊雑誌を刊行し読者の獲得を策した。共産党の活動に「寄与することあるべきことを認識しながら」、ソ連大使館の補助金を受けて『社会評論』なる月刊雑誌を刊行し大衆の啓蒙を目指した。これらの事実認定から、Xの行為は「国体の変革を目的とする結社の目的遂行の為にする行為」であるので、治安維持法1条1項後段に違反する。同時にそれは「私有財産制度の否認を目的とする結社の目的遂行の為にする行為」であるから同法1条2項にも違反する。ゆえに懲役4年が宣告された。

ただ、東京高校事件の予審終結決定文と同様に、Xの行為が目的遂行罪に当たるとするのは拡大解釈であろう。「認識」を自明のものとして論が進められている。そこには当人の主観は問われない。「その者の行為が客観的にみて結社の目的遂行のためになっている、と当局が認定すれば、罪にあたることになる」（奥平　2006：118）。思想検事のこうした恣意的な認定を裁判所が追認したのである。右陪席の石田はこれについて応分の責任を負っている。

このような裏の顔を石田は封印したまま、また無反省に、裁判官の仮面をかぶった司法官僚として戦後も裁判所に居座り、出世の階梯を駆け上っていく。

付記：上記2件の『思想月報』のコピーは『思想検事』（岩波新書・2000）の著者である荻野富士夫小樽商科大学名誉教授の指導を受けて本書の出版編集委員会が入手し、筆者に提供されたものである。

2　司法官僚・石田和外の「出生」から東京高裁長官時代まで

司法官僚としての石田和外の「出生」は1947年3月である。当時の木村篤太郎司法大臣は、最高裁発足をめぐって改革派裁判官たちと対立していた。その一人で司法省大臣官房人事課長を務めていた河本喜与之に対して、木村は1947年1月に甲府地裁所長への転出を求めた。改革派裁判官のリーダー的存在であった細野長良大審院長に河本がきわめて近かったため、木村が疎んじたのである。河本は異動を拒否し続けたので、木村は「官吏分限令により休職を命ず」との辞令を発した。万事休すとなった河本は2月25日にこれを受け取った（丁野ほか 1985：235-236）。休職処分は26日付であった。後任として3月6日に石田が就いた。

石田はこのときの心境を「殊勝」に記している。「裁判に専念することが裁判官の本意ではあるけれども、最高裁判所を頂点とする新しい裁判制度出現の時期が間近に迫っており、司法省から分離するについては、人、物など大切なことが多々あることを考え、むしろ新制度実施まえ、私のような者が司法省に入っておいた方がよいと思ったのである」（日本経済新聞社編 1972：159）。翻って、なぜ木村が石田に白羽の矢を立てたのかはわからない。二人とも強い反共思想の持ち主[5]で、剣道の達人であった。この共通項が結びつけたのだろうか。

1947年12月1日付で石田は最高裁判所事務局人事課長に転じる。肩書きは1948年7月25日からは事務局人事部長に、１９４９年1月1日からは事務総局人事局長に変わった。石田はこうした人事を取り仕切る部署の長を3年弱務めたのち、１９５０年6月30日付で最高裁事務総局事務次長に昇進する。そして6年5か月もこのポストにとどまるのである。異例の長期在任中、上司の事務総長はずっと、のちに最高裁判事となる五鬼上堅磐《ごきじょうかきわ》であった。石田にとって「五鬼上氏は司法省時代の同僚で、私とはよく気があった」そうである（遺文抄 １９８０：81）。五鬼上と石田の二人三脚で司法官僚体制の骨格が整備されていく。

次のポストは東京地裁所長であった。１９５６年12月3日付で着任した。年明け早々に、石田は東京地裁構内全域での写真撮影を禁止する所長命令を発した。それまでは、報道の自由と法廷公開の原則から写真撮影は「無秩序」に行われていた。これにメーデー騒乱事件の公判などいわゆる「荒れる法廷」の続出が重なり、現場の裁判官は苦り切っていた。後述のとおり秩序維持を裁判の第一の機能と考える石田らしい「英断」であろう。

１９６０年5月17日付で石田は、のちの最高裁長官でありこのときは東京高裁長官に異動した横田正俊の後任として事務総長に就任する。その後１９６２年3月13日付で、やはり横田の後を受けて東京高裁長官に就く。この事務総長、東京高裁長官時代について、石田は「私の履歴書」には「大過なく過ごして」と記すのみである（日本経済新聞社編 １９７２：１６１）。『日刊福井』連載の自叙伝でもたいして紙幅を割いていない（遺文抄 １９８０：85）。石田の司法官僚人生における嵐の前の静けさだったということか。

3 「激流に立つ岩」と述べて最高裁長官に就任

１９６３年5月22日に前出の検事出身の池田克最高裁判事が定年退官し、６月６日に石田はその後任として最高裁判事になる。60歳の「若さ」であった。就任にあたって、石田は「三権分立といいながら司法府は軽視されがちだ。政治の干渉を許さぬスジの通った裁判所を作りたい」と述べた（１９６３年6月6日付『毎日新聞』）。年齢と経歴からみて、やがて最高裁長官になることを意識した発言とも読める。実際に長官として「ブルー・パージ」を断行して、彼の主観において「スジの通った裁判所」を作り上げるのである。

石田の最高裁判事在任は5年半に及んだ。それでも上述の二つの自叙伝いずれにも注目すべき記述はなされていない。ただ、「私の履歴書」には、最高裁判事就任から半年も経たないうちに行われた国民審査を前に、石田が「国民審査公報」に記した内容が要約されている（日本経済新聞社編 １９７２：１６２）。

「昭和38年11月21日執行 最高裁判所裁判官国民審査公報」の石田の欄をみると、「信条」との見出しではじまる段落に書かれた「私は日本人のひとりとして」「日本文化の発展」との文言が目を引く。「国民審査公報」に信条を述べる裁判官は少なくない。だが、そこに「日本人」「日本文化」と入れたのは、第１回（未入手）を除くこれまでのすべての回次につき確認したところ、石田だけだった。石田の思想的地金がよくわかる。

やがて、横田正俊最高裁長官の定年退官日の１９６９年1月10日を前に、後任長官の人選をめぐる動きがあわただしくなる。いまでこそ、長官には最高裁判事が昇格するのが「慣例」になっている。しかし、第4代長官の横田正俊より前の三人の長官は裁判所の外から迎えられた。確かに初代長官の三淵忠彦には裁判官歴はあったが、三淵は１９２５年に退官しその後は三井信託法律顧問を務めていた。そこで横田の次は部外からという構想が持ち上がった。具体的には佐藤達夫人事院総裁の名が挙がっていた。ところが、人事院総裁に再任されたばかりの佐藤に固辞され、最高裁判事の昇格が方針となった（１９６８年12月17日付『朝日新聞』）。「佐藤首相は（略）田中二郎判事を起用したいハラだが、最高裁はじめ法曹界は石田和外判事の昇格を強く推しており、佐藤首相がこの大勢を考えて、石田氏を起用する公算が強まってきた」（12月21日付『毎日新聞』）。

ここで佐藤に石田起用を決定づけたのが、前出の木村篤太郎の存在である。横田コートによる公務員労働基本権に関するリベラルな判決に、木村をはじめ自民党内の保守派は「国難」を感じ取っていた。１９７０年には安保改定も控えている。そのような折りに、リベラル派の田中が長官を継ぐことは認められなかった。『最高裁物語』の著者・山本祐司らのインタビューに応じた木村は、「田中君にひそかに決めていたようだ」った佐藤を、「国難」という言葉を用いて翻意させたと語った（山本 １９９７a：３５２-３５３）。元最高裁判事の泉徳治も、木村が首相官邸に石田起用を働きかけたのは「間違いない」と推測している（泉ほか ２０１７：２９５）。すでに述べたとおり、司法大臣として木村は人事課長の河本の首を切り、代わって石田を据えたのであった。

山本著にある木村の年末の官邸訪問（山本 １９９７a：３５０）がいつだったのか、加えて佐藤が意思を固めたのはいつだったかは特定できない。とにかく佐藤は１９６９年1月8日の日記に「横田最高才《ママ》長官を官邸によんで後任の推薦を頼む。田中［二郎］君は推さぬ。明日午後石田［和外］君を官邸によんで交渉をする積り。」（佐藤 1998：377）と書いた。もちろん石田は快諾した。

石田は最高裁長官に任命された1969年1月11日の行動と心境を「私の履歴書」に綴っている。「当日朝、斎戒沐浴して皇居に参内し、恭しく任命を受けたときのあの感激は今もいきいきと私の胸に輝いている」（日本経済新聞社編 1972：162）。

先の「国民審査公報」における「信条」表明と共振する思想傾向が読み取られよう。驚くばかりの天皇崇拝である。同日13時から記者会見に臨んだ石田は、「裁判官は激流に立つ岩のような、き然とした態度をとらなければならない」と述べた（1月12日付『読売新聞』）。「激流」は「裁判の独立」を脅かす勢力や運動を含意していた。具体的には、石田には既存秩序を否定する存在としか映らなかった労働運動や市民運動、学生運動などを指していたことは自明であろう。

実は石田は1939年1月5日付『法律新聞』（第4362号）で「怒濤の中に厳然峙立するの気概」の重要性を説いている。その年が歳男（36歳）だったことで原稿依頼があり、「世の中が超国家主義に流れても、裁判官はこれに押し流されてはならないという意味で書いた」と石田は回顧する（遺文抄 1980：292）。とはいえ、石田が語っている執筆意図は割り引いて受け止める必要があろう。この言葉は、1977年1月4日付『サンケイ新聞』に掲載された石田へのインタビュー「司法はどうあるべきか」の中で発せられたものなのである。石田が最高裁長官を退官して3年半が過ぎていた。石田自身が超国家主義者であることを露わにして、それに沿った社会活動を牽引していた時期である。

とまれ石田はおはこの比喩を用いることで、「裁判の独立」を印象づけて最高裁長官に就いた。ただし、長官として石田が推し進めた司法行政は、「裁判の独立」という美名でカムフラージュされた彼による裁判所の制圧だった。すなわち、裁判官の思想信条の自由を踏みにじって、「法服の王国」を「王である石田の路線に染め上げることがその内実にほかならなかった。以下、それを具体的にみていこう。

4 平賀書簡事件から「ブルー・パージ」へ

最高裁長官として石田は「公共の福祉」重視の、言い換えれば既存の社会秩序の維持を最優先する保守的な最高裁を作り上げることを目指した。裁判の果たすべき第一の機能はそこにあると、石田は若い頃から一貫して考えていた（宮本弘典 2019：106）。こうした裁判観の文脈で「裁判の独立」が語られた。たとえば、1969年6月5日の高裁長官、地裁所長および家裁所長会同で石田が行った「最高裁判所長官訓示」における次の一節がある。

「法による社会秩序の確保は、窮極においては、裁判によって維持されるのでありますから、裁判所の責務は、きわめて重大なものがある（略）裁判所がこのような重大な責務を遂行するためには、何よりもまず司法権の独立が厳守されなければなりません」（1969年6月15日付『裁判所時報』）。

この訓示には以下の伏線があった。1969年4月2日に石田は長官になってはじめての判決を言い渡した。都教組事件の大法廷判決で、2審判決が破棄され被告人は全員無罪となった。9対5の多数意見だった。石田は他の四人とともに反対意見に与した。1966年10月26日の全逓中郵事件の大法廷判決より公務員の労働基本権保障を一歩進めた判決と受け止められた。公務員や公社職員の争議について「刑事罰からの解放」の原則が示されたのである。

政府・自民党は都教組判決に危機感を抱いた。4月22日の自民党総務会で衆院議員の倉石忠雄がこの判決を問題視する発言をした。すると、すかさず幹事長の田中角栄は党内に「裁判制度に関する調査特別委員会」を設置する方針を明言する。翌23日（水）午前に開かれた最高裁裁判官会議でこの件が協議され、その結果を事務総長の岸盛一が異例の談話として明らかにした。「裁判の独立を厳守する決意に変りはない」と（1969年4月23日付『朝日新聞』夕刊）。

それ以前からリベラルな判決が各地で続いていたことに、保守層は焦りを募らせていた。「犯人」探しがはじめられた。右派系雑誌『全貌』1967年10月号は「裁判所の中の共産党員」と銘打って、青年法律家協会（青法協）会員裁判官の名簿を掲載した。これが「司法の危機」の時代の幕開けを告げた。しかも、同誌を裁判所当局が公費で購入したことを事務総長の寺田治郎（のちの最高裁長官）が国会答弁で認めたのである（1967年11月1日・衆院法務委員会）。保守層は青法協会員裁判官を「司法の危機」のスケープゴートに祭り上げようとしていた。右翼団体の新日本協議会は1968年9月10日付で「法秩序維持についての意見書」を全裁判官に送付し、青法協の思想的影響を警告した（鷲野 2015：6-7）。そうした情勢の中でいわゆる平賀書簡事件が発覚するのである。石田はこれを奇貨として、自らの信念の発露にほかならない行動に乗り出す。

長沼ナイキ基地訴訟とよばれる自衛隊の合憲性が争われた事件を、札幌地裁判事の福島重雄が裁判長として担当していた。その福島の元に、同地裁所長の平賀健太が国側勝訴の結論を示唆した内容の書簡を1969年8月14日に届けた。福島はこの書簡の写しを東京在住の裁判官らに送付してどう扱うべきかを相談した。その過程で写しが流出してマスメディアの手に渡り、所長による裁判干渉として報道される事態となった。9月13日、札幌地裁裁判官会議は平賀所長を厳重注意することを決議した。

9月20日（土）に石田は臨時の最高裁裁判官会議を開き、この問題について協議した。定例の最高裁裁判官会議は毎週水曜日である。会議後に表明された同会議の所信には、やや腑に落ちない微温的な表現が見受けられる。「先輩としての親切心から出たものであるとはいえ、節度を越えるもので、裁判の独立と公正について国民の疑惑を招きまことに遺憾である」（追想集　1981：635-636）。さらに信じられないのは、石田がこの件を同年9月25日以降に司法研修所で行われた「判事補最終実務研究講話[6]」で取り上げ、平賀への同情を述べている点である。「老婆心（略）親切心（略）の結果がああなったのであるというふうな弁明であり、またそれはそのまま受け取っていいように感じた」（子々孫々　1981：137）。

裁判官の独立を謳った憲法76条3項への無理解をさらけ出している。すなわち、石田の唱える「裁判の独立」とは外部からの批判をかわす巧言にすぎなかった。いったん「法服の王国」の門をくぐれば、そこは石田の領域であり、秩序を乱す異分子に対して寛容ではいられない。彼によれば「法と秩序がみだれて人権が擁護されるはずはない」（日本経済新聞社編　1972：89）からだ。福島は青法協会員裁判官だった。これが問題の性格を大きく転換させることになる。

飯守重任鹿児島地家裁所長が1969年10月1日付『国民新聞』に、この問題に関する所見を公表した。「いわゆる平賀書簡問題は、反体制集団である青法協加入の裁判官たちと反体制弁護士の集団とこれらを支援するマスコミ勢力がデッチあげたもので、平賀書簡的な助言は前例がないわけでなく、孤立・独善を避けるための裁判官の良識として必要に応じて行なわれて来た」（追想集　1981：636）。ちなみに、『国民新聞』とは自民党の外郭団体だった国民協会の機関紙である。

小田中（1973：143）によれば、最高裁は「飯守所見」のいう「前例がないわけでなく」が事実だったことから、同日「飯守所見」の内容を打ち消す事務総長談話を発出した。一方、「飯守所見」をきっかけに平賀書簡事件は裁判官の独立という憲法上の問題から、裁判官の団体加入の是非をめぐる問題へとすり替えられていく。1969年10月13日付『朝日新聞』社説も同月16日付『毎日新聞』社説も「政治的色眼鏡でみられるような団体」(朝日)・「不当に政治的色彩を濃くする」(毎日)団体への裁判官の加入に疑義を呈した。これらは結局のところ、青法協会員裁判官の脱会策動、いわゆる「ブルー・パージ」を正当化する世論誘導の役割を果たしたのである。

さっそく石田は1970年1月1日付『裁判所時報』に掲載された自身の「新年のことば」で、歩調を合わせる。「裁判のこの公正は単に公正であるというばかりでなく国民がこれを信じて疑わないものであることが必要である」。いわゆる「公正らしさ」論が宣告された。これに基づく「ブルー・パージ」の第一弾が1970年4月に発せられることになる。もちろん、石田のいう「公正」の中身は既存秩序の維持に相違ない。裁判官は「社会の安定勢力」たれ(子々孫々 1981:154)というのが石田の持論であった。この保守的バイアスは「らしさ」を語尾につけることで際限なく拡張させることが可能となった。それは裁判所内の秩序維持、言い換えれば内部統制を強化する論拠となり、現場の裁判官の萎縮に直結した。

同年4月7日に22期の司法修習生の修習終了式が行われ、同日付で64名が判事補ないし簡裁判事に任官した。ただし、任官を希望していた3名は不採用となった。うち2名は青法協会員であった。4月8日に同期代表者が思想信条による差別があると最高裁記者クラブで述べた。これに対して同日岸盛一事務総長は同記者クラブの求めに応じて反論した。不採用の理由は人事の機密から公表できないが、「青法協会員であるという理由からではない」と。

奇妙なことにこの声明には本文より3倍長い「なお書き」が付けられていた。そこには、「裁判官が政治的色彩を帯びた団体に加入していると、その裁判官の裁判がいかに公正なものであっても、その団体の活動方針にそった裁判がなされたとうけとられるおそれがある」などと記され、「以上は最高裁判所の公式見解である」と結ばれた（1970年5月1日付『裁判所時報』）。4月8日（水）には岸の記者発表に先だって最高裁裁判官会議が開かれていた。保守的バイアスに満ちた「公正らしさ」論は石田の私見から、最高裁の「公式見解」へと格上げされたのである。

ついに石田は満を持したかのように、1970年5月2日の恒例の憲法記念日を前にした長官記者会見で、上記公式見解をより踏み込んで説明する。「極端な軍国主義者、無政府主義者、はっきりした共産主義者が裁判官として行動するためには限界がありはしないか。少なくとも道義的には裁判の公正との関係でこれらの人たちは裁判官として一般国民から容認されないと思う」（1970年5月3日付『読売新聞』）。

とはいえ、可視化できない思想信条で裁判官を線引きすることは不可能である。可視化できるレッテルで裁判官を選別する以外にない。要するに青法協会員裁判官を「はっきりした共産主義者」に擬して、彼らの「粛清」を宣言しているに等しいと考えられる。少なくとも石田が青法協を「政治的色彩を帯びた団体」と認識していたことは確かである（泉ほか 2017：46）。この宣言は、1年前に自民党が調査特別委員会を新設して行おうとしたことを、最高裁が代行することを意味した。客観的には、石田のこの「忠誠審査」示唆は自民党へのすり寄りとみなされよう。ただ、石田にとっては自身の信念を吐露したまでであって、それが自民党の意向とまさに一致していたとも解されうる。とまれ、「基本的人権擁護のトリデの内部から、それを否認する運動がはじめられた」のである（青木 1971：184）。石田にとって秩序維持が人権擁護の前提であったことは上述した。

当時多くの若手裁判官が青法協に加入していた。これについて石田は、「左翼系の人たち」による「えらい工作」、すなわち徹底的なオルグ活動によるものだとしている（子々孫々 1981：500-501）。しかし、新任裁判官の半数前後が、とりわけ事務総局の局付判事補15名のうち10名が会員であった（鷲野 2015：80）。「工作」だけで獲得できる数とは思われない。10名の中にはのちに最高裁長官となる町田顕、最高裁判事となる今井功と上田豊三、内閣法制局長官となる大森政輔も含まれていた（思想運動研究所編 1969：63）。思想判事あがりの石田とは異なり、新憲法の下で教育を受けた世代が憲法擁護の必要性を痛感して入会した事例が多かったのではないか。大森の次の発言はこの類推を傍証していよう。

「若い時代には日本国憲法を擁護するという意識を持つのが通常でした。この意識がない若い裁判官というのは腰抜けである、ということになるわけです。ですから、若い法曹として意欲がある者が多かったことは間違いないですね。局付に青法協会員が多かったのは、当時は若くてストレートで入っている連中がほとんどでしたからね」（牧原編 2018：39）。

「ブルー・パージ」でまず標的にされたのは、彼ら局付判事補の会員たちであった。「『せっかくエリートコースにのっているのに青法協と心中してもいいのか。よく考えろ』と言われた」（山本 1997b：87）など執拗な説得が行われた。その結果、1970年1月14日には10名全員の退会届が「前もって上司から（略）点検を受けるなどして」書留または配達証明郵便をもって青法協事務局本部へ送られた（鷲野 2015：82）。この日ごろから6月末にかけて60通あまりの退会、予備的退会（入っていたとするならば退会すること）、非会員確認届が同本部に届けられた（同：97）。

5 司法官僚・石田和外の到達点としての「ブルー・パージ」

「ブルー・パージ」といえば、宮本康昭判事補が再任を拒否された事件をまず思い浮かべる。なるほど、上記脱会工作に石田本人が具体的にどの程度関与したかはわからない。これに対して、宮本事件は石田の直接的な判断なしには起こりえなかった。

1971年3月31日（水）の最高裁裁判官会議で、宮本の「判事に任命されるべき者」の名簿への不登載が決定された。石田自身は「いまその詳細に触れる暇はない」（遺文抄 1981：89）とほとんど語っていない。むろん大書に値する決定であるから、長官として石田は強力なリーダーシップを発揮したことであろう。[7] 宮本が青法協会員裁判官であったことは事実である。だが、会員裁判官でも再任された者はいた。宮本が「狙い撃ち」された追加的理由があった。東大事件（1969年1月18日から19日にかけてのいわゆる安田講堂攻防戦）の審理中に欠席手続の適用に宮本が反対したことが、石田の逆鱗に触れたとみられている。

東大事件の被告人の数は601人に及び、統一公判は現実的に著しく困難であった。そこで東京地裁は被告人を16、7人ずつ34グループに分ける分割公判で審理を行うこととした。被告人たちはこれに反対して、拘置所で物理的抵抗により出頭を拒否した。こうした場合、刑事訴訟法は欠席裁判を可能としている。東京地裁のほとんどの部は欠席裁判により審理を進めた。けれども、宮本が左陪席を務めていた刑事16部だけは欠席裁判を採用しなかった。裁判長は浦辺衛である。そして、欠席裁判に強く反対していたのが宮本だったのである。石田にはこれが許せなかった（山本 1997b：109、111―112）。

とはいえ、裁判内容にかかわることがらは司法行政上の措置の理由には当たらない。加えて、たとえ宮本が何を主張しても公判審理の方針は合議体の責任において決められるはずである（宮本康昭

1978：67）。実は、裁判長だった浦辺は退官後に「あくまで欠席裁判を避け、出席した被告人についてのみ審理を進める方針を貫き」と回想している。そのため、最後まで出頭しない被告人に誠意あふれる手紙を書き送ることまでしたのである。それが通じたのか「昭和四五年六月になって、それまで出廷を拒否し続けてきた最後の八名の被告人も、ついに全員出廷してきたのである」（浦辺 1977：201-207）。

石田が宮本を「狙い撃ち」した根拠はあまりに浅薄である。見せしめ的な効果を狙った暴挙が強行されたということではないか。

さて、宮本再任拒否とほぼ時を同じくして、類似の暴挙が発生する。最高裁は23期の司法修習生に対して前年の倍以上のかつてない7名もの任官を拒否したのである。うち青法協会員は6名である。他の1名は「任官拒否を許さぬ会」の会員であった。会員もそのシンパも「法服の王国」から追い出すばかりか、その門の中には決して入れないという石田の強い意思が読み取れる。これこそ司法官僚としての石田の確信であった。しかもその意思には「凶暴」性を伴っていたことが明らかになる。

1971年4月5日（月）に行われた23期の司法修習生の修習終了式の冒頭に、クラス委員会委員長の阪口徳雄司法修習生が、任官を拒否された7名に発言の機会を与えてほしいと訴えた。するとただちに終了式は中止を宣せられた。石田は臨時の最高裁裁判官会議を同日18時から開催した（議事録は存在しないので正式の会議ではなかったのか）。結論として、裁判所法68条と司法修習生に関する規則18条1号が定める「品位を辱める行状」があったとして、本人に弁明の機会を与えないまま阪口を罷免した（1973年1月31日（水）に最高裁裁判官会議が再採用を決定（1973年2月15日付『青年法律家』））。

阪口にどのような「品位を辱める行状」があったのだろうか。東京弁護士会司法制度臨時措置委員会が「阪口司法修習生罷免処分実態調査報告書」を１９７１年５月６日付で刊行している。それによれば、４月５日10時40分ごろ、中島一郎事務局長が「修習終了式を行います。はじめに所長の式辞を受けます。」と開式を宣言した。守田直司法研修所長が登壇する。その際、阪口がクラス委員会で事前に決定された方針どおりに発言を求めた。

「阪口君は修習生の列の一番前に出、二回おじぎをしマイクを指さして貸してくれるようたのんだところ、所長は（略）笑顔をくずさず、全く制止しなかったので、発言を許されたと考えた阪口君は小さく礼をして壇上のマイクを静かに抜きとり手に持って修習生の方に向きなおって「任官不採用者に一〇分だけ話をさせてあげてほしい」と話しはじめた。（略）所長は阪口君が話しはじめると直ぐに降壇し、自席にもどった。すると間もなく中島事務局長がマイクで「終了式を終了しまーす」とゆったりした口調で宣言した。式の開始宣言から終了宣言迄の時間は録音テープによると約一分一五秒であった」（東弁１９７１：６-７）。

式場から退席した司法研修所教官たちは、すぐさま教官会議（裁判官20名、検察官10名、弁護教官20名の合計50名）を開いた。議論の末に無記名投票が行われ、「罷免に値しないが、何らかの処分は必要である」が最多の意見であった（同：８）。守田所長は教官会議のあと報告のため最高裁に向かった。ところが、最高裁の臨時会議は上記のとおり阪口罷免を決めた。教官会議の最多数の意見とは隔絶した苛烈な処分である。「阪口君の行動は、ビデオで明らかなように、決して粗暴でも不そんでもなく、むしろ礼儀正しいとすらいえる。それを罷免にあたるとは何人も考えないであろう。（略）式の終了と混乱は、明らかに中島事務局長の修了《ママ》宣言を契機として起っているからである」（同：13）。こうした経緯を踏まえれば、この会議の主宰者である石田の強硬姿勢抜きにはありえない処分といえよう。[8] 彼の「凶暴」性が存分に発揮されたのである。

「ブルー・パージ」、わけても宮本の再任拒否、23期生7名の任官拒否、そして阪口罷免こそ、司法官僚としての石田の到達点であった。これらが現場の裁判官や司法修習生にどれほどの威嚇効果をもたらしたことか。

ところで、当時の首相・佐藤栄作は4月6日の日記で、宮本と阪口の件を記している。「閣議では問題の判事の任命の件。この方は最高才《ママ》の長官の進達通り発令。而して青法協の問題で一名を再採用しない事と、も一つは青法協の為資格を与へぬ事とした例の研修終［修］了を認めない事」（佐藤 1997：305）。つまり、佐藤は最高裁が否定していたにもかかわらず、宮本再任拒否も阪口罷免も青法協が理由であるとはっきり書いていたのだ。

6　最高裁人事にみられる石田路線の貫徹

石田は「ブルー・パージ」を確信犯的に強行するのと並行して、最高裁の法廷構成もリベラル派優位から保守派優位へと変えていった。これは石田の思想的立場からして当然の人事であった。結果的には政府・自民党にすり寄ったことになるが、石田はブレたわけではなかった。

第3代最高裁長官の横田喜三郎は、最高裁判事の人選にあたって、任命権は内閣にあるが長官の内意は考慮されるべきだとの意見をもっていた。それを慣行とすることを内閣に要求し受け入れさせた（野村 1985：97）。この慣行を石田は存分に活用して、リベラル派の判事が定年退官する機をとらえて保守派を判事に就けていった。石田の長官在任中、11人の最高裁判事の入れ替えがあった。当初リベラル派7・保守派4だった色分けは、最終的にはリベラル派2・保守派9へと劇的に変わった。その入れ替えが進みつつある中、1973年4月25日に全農林警職法事件の大法廷判決が言い渡された。8対7の最小差で、前述の都教組事件判決で示された判例は覆され、公務員の争議行為の全面禁止と刑事加罰を認める方向へと転換された。石田は当然多数意見に与し、最高裁長官就任直後に裁判長として心ならずもリベラルな判決を言い渡した屈辱を晴らしたのである。この判決以降、政府・自民党が「憂慮」するような最高裁判決は姿を消していく。

一方、司法行政のトップとしての石田は、幹部裁判官の人事をいかに差配したのか。石田が長官就任時の事務総長は、帝人事件をともに審理した後輩の岸盛一であった[9]。岸を「ブルー・パージ」の先頭に立たせ、次に1970年7月18日付で東京高裁長官に昇格させた。その在任1年も経ずに1971年4月2日付で最高裁判事へ引き上げた。岸の後任事務総長には自身の〝片腕〟である吉田豊を起用して、「ブルー・パージ」を引き継がせた。吉田は1973年2月24日付で大阪高裁長官に転じたものの、在任はわずか3か月であった。同年5月21日付で、石田が定年退官してあいた最高裁判事枠に入った。この人事は当時の首相・田中角栄の抵抗にあったものの、石田が押し切った[10]。

さらに、長官就任時に事務総局民事局長兼行政局長だった矢口洪一を、1970年12月30日付で人事局長へ横滑りさせた。それまで局長の横滑り人事はなかった。しかも年末である。異例ずくめのこの人事について、矢口自身は「ナイキ基地訴訟等の実績で、「あれに任せれば、ちゃんとやるだろう」ということでしょう」と推測している（矢口述 2004：175）。矢口は石田の期待を背に宮本再任拒否と阪口罷免をめぐる国会答弁を担った。1971年4月13日の衆院法務委員会においてである。矢口は「割合に上手に答弁できたと思います。今、「やれ」と言われても、とてもできないです」と満足げである（同：174-175）。「ミスター司法行政」と異名を取る矢口は人事局長を5年半も務めて、司法官僚のための裁判所を築き上げる。

最高裁長官にはいずれも石田コートで最高裁判事であり、大法廷判決に際しては石田とともに多数意見を形成した村上朝一、藤林益三、岡原昌男が続けて就任する。石田路線が人的に継承されていくのである。

石田は1973年5月19日に最高裁長官を定年退官する。前日のさよなら記者会見で石田は、「裁判の独立こそ司法の生命だと思っている。だが、内閣や国会から裁判の独立を侵されたことはない。（略）まず百点というところでしょう」などと豪語した（山本 1997b：144-145）。「裁判の独立を侵され」なかったのは、石田が政府・自民党の干渉を予期しておもねった所以だとみなされるかもしれない(11)。これに対して、石田は自民党保守派以上に復古主義的であり、その思想の発露としての司法行政に政府・自民党は口出しする必要はなかったとも捉えられよう（早瀬 2017：108-109）。石田自身はさよなら会見で「私がたまたま内閣と意見が一致したからといって〝内閣と密着している〟とする論評は、私にとってもっとも不愉快な話だ」と語っている（5月19日付『読売新聞』）。

いずれにせよ、石田は「裁判の独立」を高唱するが、これにより現出したのは時の政治権力と「価値観」を一体化させた裁判所であった。やはり「裁判の独立」は石田の一貫した信念を実現させるためのマジックワードでしかなかった。

7 退官後の超国家主義者としての活動

退官後、石田は現職時代に多少は自己規制していた自らの思想の表明とそれに基づく行動を全面展開していく。超国家主義者としての本性を露わにしたのである。まず、日本会議の前身の一つである日本を守る会が１９７５年11月に主催した「昭和五十年を祝う国民の集い」に、石田は法曹界を代表して祝意を表明した。そこで「道義の再建こそ日本の急務であり、その為には結局、正義と仁愛の根源であらせられる天皇をお慕いすることが、一番の近道だと確信する」と述べている（追想集 １９８１：５１９）。１９７６年６月には英霊にこたえる会の初代会長に就任する。１９７８年７月には元号法制化実現国民会議の初代議長となった。日本を守る国民会議はこの後継団体である。これが１９７７年５月に前記の日本を守る会と合併して日本会議が設立されるに至る。さて、１９７９年３月18日に行われた防衛大学校卒業式に参列した石田は、訓示の中で「諸君は明治天皇様が賜わったお言葉を胸に体して努力修行すべし」と発言した（同：２２２）。天皇崇拝もきわまれりである。

従って、石田は教育勅語を礼讃して止まない。たとえば、「教育勅語に盛られている諸徳目は総べて、人間社会において人が人として生存して行く上で欠かすことのできない根本道義である。いささかも民主主義の理念に反しないばかりか、いつの時代、いかなる国家、社会を問わず、立派に通用すべきものと私は確信する」（子々孫々 １９８１：73）。

１９７９年５月８日午後に石田は東京・高輪の東京船員保険病院を受診している。そのころ血圧が高く、時折胸の痛みを訴えていた。診察によって、虚血性心疾患と診断された。入院を断って鎌倉の自宅に帰った。翌９日６時30分に心筋梗塞で急死した。75歳であった。

おわりに

石田は明治憲法に基づく教育を受け、それを下敷きに戦前の「天皇の裁判所」で実務を重ねた。とりわけ思想判事の経験は石田の意識に強く刷り込まれ、戦後もその「戦前思想」は払拭されることはなかった。もし反省し自己変革を遂げていれば、この過去を秘匿するはずはない。法社会学者の潮見俊隆はかつて、石田をはじめとする司法官僚について、「日本国憲法成立にともなう精神的な革命がなかったんだろうと私には思われる」と指摘した（潮見・長谷川 1971：20）。元裁判官の青木英五郎によれば、「日本国憲法に忠誠を誓った戦前からの裁判官の中には、偽装転向者があることを認めなければならない」という（青木 1971：141）。まさにそれに該当する石田には、日本国憲法が不可侵の権利として保障する思想信条の自由を歪みなく理解することはできなかった。だからこそ、最高裁長官として人権抑圧にほかならない「ブルー・パージ」を「なんらの痛痒を感じ」ることもなく（1973年5月19日付『読売新聞』）強行し得たのであろう。その理由を「裁判の独立」に求める厚顔さに気づくこともなかった。

すでに引いたように、「極端な軍国主義者、無政府主義者、はっきりした共産主義者（略）は裁判官として一般国民から容認されないと思う」と石田は言い放った。[12] とはいえ、石田のような超国家主義者も「一般国民から容認されない」のではないか。そうした人物がトップに就いたこと、そしてその下で裁判官の独立が侵害されたことで、政治権力に好都合な裁判所がつくられてしまったのである。それが日本の裁判に与えた負の拘束は今日に至るまであまりに強い。この枷を外す努力[13]を少しずつでも積み重ねるほかあるまい。

注

（1）行政学者の新藤宗幸は「司法官僚」を4つのカテゴリーに分類している。そのうち「「司法官僚」の中枢に位置している」カテゴリーとして、「最高裁事務総局に勤務し事務総局官房ともいうべき秘書課および総務局・人事局・経理局などにおいて、裁判官人事・評価、規則の原案作成、予算案の作成を担う（略）職業裁判官たち」を挙げている（新藤 2009：56）。人事部門のトップと事務総局事務次長を合計10年近く務めた石田は当然このカテゴリーに入る。

（2）最高裁判事として石田が主任裁判官（裁判長）を務めた訴訟で特筆すべきは、八海事件の3度目の上告審であろう。190万字に達する上告趣意書やそれ以外の厖大な記録や証拠が精査された。そして、1968年10月25日に無罪判決が言い渡された。裁判官全員一致の判決であった。「最高裁の英断」と評された。起訴から判決確定まで実に17年を要した。

（3）『石田和外追想集』の巻末に「石田和外年譜」が収められている。その660頁には「昭和十三年　三十五歳　秋、予審掛の判事となる。」と就任日があいまいに記されている。

（4）『思想月報』には1940年1月発行の第67号より表紙に「極秘」と記されるようになる。

（5）木村は後述する反共国民戦線の結集を目指した右翼団体の新日本協議会の代表理事を務めることになる。この団体は1958年1月に結成され政財界の保守的イデオロギーの代弁者であった（堀 2006：300-301）。

（6）司法研修所からの電話回答（2021年2月8日）によると、この講話自体が行われた日付は不詳であるが、「判事補最終実務研究」なる研修は1969年9月25日から10月2日まで実施された。『子々孫々』に講話がテープ起こしして再録されている。その末尾に昭和四四年九月　於司法研修所」とある（141頁）ので、講話日は9月25日から30日までのいずれかということになる。

（7）当時人事局長だった矢口洪一は2006年7月に死去する直前に「裁判所の派閥抗争の表れだった。宮本さん個人の問題ではない」と「遺言」を残している。宮本自身もその数年前に同様の説明を矢口本人から受け、「時の政権に同調する長官たちの勢力が強く、自分の本意ではなかったと言いたがっていたようだ」との印象を抱いたという（2006年9月4日付『朝日新聞』夕刊）。

（8）処分の根拠として、最高裁は事態をどのように把握していたのだろうか。当時の矢口洪一人事局長は1971年5月20日の参院法務委員会で「当日研修所長から最高裁にあてまして（略）正式の文書による報告」があったとして、その文書の一部を朗読している。それによれば、「予定よりやや遅れて十時三十分ごろ事務局長が開式を宣し、司法研修所長が式辞を述べるため登壇した。ところがその発言前に、前から七、八列目の中央に座つていた阪口徳雄が立ち上り、所長に向い、「任官拒否された修習生に十分ぐらい発言の機会を与えてもらいたい云々」と言い、周囲の者もこれに和し「そうだ、そうだ」という発言、拍手などで式場は騒然となつたので、所長は手をあげておだやかに阪口を制し、事務局長は進行係用マイクで「まず、式辞を聞きなさい。」と二度か三度注意した。しかし、彼等はこれを聞かず、中には阪口に対し「マイクでやれ」「前に出てやれ」と声援する者あるいは「止めろ」と叫ぶ者もあった。阪口は自席を離れ、演壇の下に進み出て、演壇用マイクを無断で抜き取り、演壇を背にして修習生に向い、マイクをもつて演説を開始し、式場はますます騒然となつた」。その上で、矢口は「事実は、正確にはこのとおりであるというふうに御承知おきをいただきたいと思います」と結んでいる。

本論で引用・紹介した東弁による報告書に記された調査結果とは大きくかけ離れている。同報告書によれば、事実は当時テープにも放送局撮影のビデオにも収録されている。当日研修所長はほんとうにこのような報告書を最高裁に上げたのだろうか。

(9) 石田が「裁判官として処理した事件のうち、いろいろな意味で、最も感銘が深くまた精魂を打込んだ」と回想する（子々孫々 1981：11）帝人事件で、石田は左陪席を務めた。岸盛一は予備判事であった。1937年12月16日に判決が言い渡され、主任判事であった石田が起案した判決文は約12万字にも達した。

(10) 田中は津田実元法務事務次官の起用を考えていた。しかし、第二小法廷に所属していた石田のイスに津田を就けると、第二小法廷の構成は裁判官出身者1（村上朝一）、弁護士出身者2（小川信雄・大塚喜一郎）、検察官出身者2（岡原昌男・津田）となる。村上は石田の後任長官であり、長官は小法廷の事件は担当しない。すると第二小法廷は弁護士と検察官のみで構成されることになってしまう。最高裁側がこの異例の法廷構成に強い難色を示したことなどから、田中は津田就任を断念せざるを得なかった（野村 1985：194）。

(11) 元最高裁判事の泉徳治は「ブルー・パージ」について、「自民党保守派をはじめとする外部からの批判攻撃を避けることを目的とした一種の自主規制であったと思います」と述べている（泉ほか 2017：46）。

(12) 石田は1972年5月2日の記者会見で「私は明治憲法下で裁判官をやっていたので現行憲法に変わったとき、私自身相当悩んだ。順守できると思ったから残ったわけだ」と述べている（1972年5月3日付『毎日新聞』）。「順守」と「理解」には大きな懸隔があった。

(13) たとえば、大阪弁護士会所属の山中理司弁護士は裁判所へ「司法行政文書開示申出書」を送り続け、それにより開示される情報から裁判所を丸裸にしつつある。それらはすべて山中弁護士のブログ（https://yamanaka-bengoshi.jp/）に掲出されている。あるいは、1999年に現職裁判官とサポーターとしての元裁判官によって設立された日本裁判官ネットワークは、定期的に市民に開かれたシンポジウムを開催するとともに刊行物も出版している。直近では、2020年12月に岩波ブックレットとして『裁判官だから書けるイマドキの裁判』を刊行した。これらの努力は裁判所にかけられた枷を着実に解くことに寄与しよう。

参考文献

青木英五郎（1971）『裁判官の戦争責任〔増補版〕』日本評論社。

家永三郎（1962）『司法権独立の歴史的考察』日本評論新社。

『石田和外遺文抄』（1980）

『石田和外追想集』（1981）

石原辰郎ほか（1971）「座談会「唯物論研究会」の活動」『現代と思想』第3号。

泉徳治ほか（2017）『一歩前へ出る司法』日本評論社。

潮見俊隆・長谷川正安（1971）「〈対談〉司法行政の動向と裁判官」『法律時報』1971年6月号。

浦辺衛（1977）『ある裁判官の回想記』日本評論社。

NHK「ETV特集」取材班（2019）『証言 治安維持法』NHK出版新書。

奥平康弘（2006）『治安維持法小史』岩波現代文庫。

小田中聰樹（1973）『現代司法の構造と思想』日本評論社。

『季報・唯物論研究会』編集部編（1989）『証言・唯物論研究会事件と天皇制』新泉社。

最高裁判所事務総局総務局編（1968）『裁判所沿革誌』第一巻、法曹会。

佐藤栄作（1998）『佐藤栄作日記 第三巻』朝日新聞社。

――（1997）『佐藤栄作日記 第四巻』朝日新聞社。

司法省刑事局（1939）『思想月報』第58号（復刻版）文生書院。

――（1940）『思想月報』第75号（復刻版）文生書院。

思想運動研究所編（1969）『恐るべき裁判』全貌社。

『子々孫々』（1981）

新藤宗幸（2009）『司法官僚』岩波新書。

青年法律家協会弁護士学者合同部会（1990）『青法協』日本評論社。

丁野暁春・根本松男・河本喜与之（1985）『司法権独立運動の歴史』法律新聞社。

東京弁護士会司法制度臨時措置委員会（1971）「阪口司法修習生罷免処分実態調査報告書」。

中澤俊輔（2012）『治安維持法』中公新書。

日本経済新聞社編（1972）『私の履歴書―45―』日本経済新聞社。

野村二郎（1985）『最高裁長官の戦後史』ビジネス社。

早瀬勝明（2017）「激流に立つ巌―石田和外」渡辺康行ほか『憲法学からみた最高裁判所裁判官』日本評論社。

堀幸雄（2006）『最新 右翼辞典』柏書房。

牧原出編（2018）『法の番人として生きる』岩波書店。

宮本弘典（2019）「ニホン刑事司法の古層・再論1：思想司法の系譜」『関東学院法学』第28巻第2号。

宮本康昭（1978）『危機にたつ司法』汐文社。

山本祐司（1997 a）『最高裁物語 上』講談社+α文庫。

――（1997 b）『最高裁物語 下』講談社+α文庫。

矢口洪一述（2004）『矢口洪一オーラル・ヒストリー』政策研究大学院大学。

鷲野忠雄（2015）『検証・司法の危機』日本評論社。

西川伸一（にしかわ しんいち）
1961年新潟県生まれ。明治大学政治経済学部教授。博士（政治学）。専門は国家論、現代官僚制分析、立法過程論など。近著に『増補改訂版 裁判官幹部人事の研究』（五月書房新社）、「覚せい剤取締法制定（1951）以降の覚せい剤取締りをめぐる立法過程の実証研究」『明治大学社会科学研究所紀要』59巻1号。

昭和四六年五月

阪口司法修習生罷免処分実態調査報告書

東京弁護士会司法制度臨時措置委員会

第一、調査の経過と方法

昭和四六年四月一六日当委員会は阪口司法修習生の罷免処分問題に関する調査の件を司法の独立に関する調査小委員会に附託した。同小委員会は四月二三日被処分者阪口徳雄君、司法研修所弁護教官九名、および二三期司法修習生六名から詳細な事情聴取を行なうとともに資料を収集し、その結果を当委員会に報告した。当委員会はこれに基き討議した結果左のとおり見解の一致をみたので、これを報告する。

事実認定ならびにその評価の資料としたものは次のとおりである。

(一) 前記小委員会が直接聴取した事実

(二) 二三期終了式当日の研修所の状況および式の状況を撮影したニュース・フイルム（T・B・S放映のものを八ミリカメラで撮影したフイルム）終了式の開始前から終了後まで式場内で録音した録音テープ

(三) 阪口司法修習生に研修所から交付された辞令、試験合格通知、身分証明書、予定表（カリキュラム）その他の書類

(四) 同小委員会が二三期修習生の任官拒否問題に関する調査のため収集した各資料

(五) その他一般新聞、衆議院法務委員会会議録等

なお事実の確定については研修所教官と阪口君外二三期修習生と事実説明が合致しなかった部分は、他の資料により明確となる場合を除き原則としてその説明を併記した。またこの調査に当っては当弁護士会司法修習委員会から正副委員長が参加されている。

次に掲げる二三期生の修習に関する事実は本調査の前提となる基礎事実である

昭和四四年四月一日　第二三期司法修習生採用

昭和四六年三月一三日　二回試験終了

昭和四六年三月二九日　昭和四六年度司法修習生考試合格通知書受領

昭和四六年三月三一日　裁判官志望者七名に不採用通知の電報が届く

身分証明書の有効期間満了の日

昭和四六年四月 五日 終了式　　阪口君罷免処分

なお、参考の為二三期生の修習日程予定表（二回試験終了後、終業式当日迄）を掲げる。

月	日	曜＼時	9.50〜12.00	12.00〜13.00	13.00〜15.10	15.20〜16.40
三	一五	月	「交通事故の損害賠償訴訟について」東京地裁判事 坂井芳雄氏		同上	身分法㈠ 特許訴訟㈠
〃	一六	火	「頭部外傷について」東京労災病院長 近藤駿四郎氏		「自動車交通事故損害の査定について」自動車保険料率算定会自動車損害保険部調査課長 海老名惣吉氏	特許訴訟㈡
〃	一七	水	「公害訴訟に関する問題について」最高裁民事局第二課長 野崎幸雄氏		「公害関係法律問題」神戸大学教授 西原通雄氏	身分法㈡
〃	一八	木	「家事事件について」東京家裁判事 高野耕一氏		「保全事件について」東京地裁判事 西山俊彦氏	特許訴訟（終）
〃	一九	金	「強制執行事件について」東京地裁判事 井口牧郎氏		「行政事件について」東京地裁判事 渡部吉隆氏	
〃	二〇	土	自由研究			
三	二二	月	講演		講演	
〃	二三	火	講演		「会社事件について」東京地裁判事 安岡満彦氏	身分法（終）
〃	二四	水	講演		弁護座談会	

〃	二五	木	「非訟事件について」鈴木忠一氏	「借地非訟事件について」東京地裁判事 小山俊彦氏
〃	二六	金	講演 日弁連会長	講演 日弁連事務総長
〃	二七	土	自由研究	
三	二九	月	講演	「特許事件について」東京高裁判事 滝川叡一氏
〃	三〇	火	令状ケース研究	自由研究
〃	三一	水	令状問題研究 / 検察問題研究	
四	一	木	自由研究	
〃	二	金	講演 / 墨田簡易裁判所見学	検察座談会 / 墨田簡易裁判所見学
〃	三	土	自由研究	

四五月	終了式

（注）三月一五日（月）から三月一九日（金）は必須
三月二二日（月）以降は随意
自由研究とは自宅にて適宜行う修習のことである

第二、罷免の対象となった事実

一、終了式開始迄の事実経過

㈠ まず二三期修習生の終了式は、司法研修所側では、一旦挙行をあきらめる方向に傾いていたが、クラス委員会※（後註）を中心とする修習生の努力で、ようやく開始のはこびにいたったものであることが認められる。

すなわち、七名というかつてない大量の裁判官任官拒否が行なわれた。その拒否は、修習生にとっては、青年法律家協会加入や任官拒否反対運動への参加という、不当な理由によるものと疑うに十分な状況にあった。その理由をただすため最高裁判所へ出むいた不採用者が二度も相手にされずに追返されるという事態が続いたことなどから、修習生は激昂していた。そのため、研修所側は、式当日の混乱をおそれて、当日まで終了式の挙行の有無を決めかねていた。

そして研修所側は、当日にいたるも、式場と考えられる大講堂に式場としての飾りつけもせず、また修習生に具体的な終了式の時間、場所の指定も行なわず、例年招待する来賓も四月二日に招待を取りやめる旨通知しており、式開始当日朝の時点では、司法研修所側の判断は、式の中止に傾いていた。

前記のような状況での終了式の開催について当初クラス委員会では、修習生全体が大量の不当な任官拒否に激昂していることを考え終了式は平おんに受けることとし、式が終了してから最高裁判所長官と司法研修所長に任官拒否の理由をただすという方針をたて各クラスで提案した。ところが、四月三日、四日に亘って行なわれた各クラスの討議では、式後に理由をただしても、最高裁判所長官も司法研修所長も、その席に出席してくれない。これは従来の研修所や最高裁判所の態度、とりわけ一月八日の任官志望者に対する説明会の席で、修習生の代表が「任官差別の問題」について質問の機会を与えてほしいと要望した際、それを制止し、矢口人事局長の話がおわってからするよう言われたので、これに応じて引き下がったところ、約束に対して質問の機会が与えられなかたりしたこと等からみても明らかだとの理由で、この方針が否決されてしまった。このクラス討論の中では終了式ボイコットを含む強硬な意見も出されるにいたった。

(二) そこでクラス委員会は終了式を中止させることはよくないとの見地から再び方針を検討し、式の開始直後に任官を拒否した人達に十分間だけ発言の機会を与えてもらいたいとクラス委員長の阪口君から所長に要請し、拒否された人達に発言させる。若し研修所側から中止を命ぜられれば、それに従い式を混乱させないという方針を改めて提案することとした。クラス委員会は、五日の終了式当日の午前九時一五分頃から大講堂に集ってくる修習生に繰返し、この方針を提案し、四回も修習生の意向を確認し、ほぼ全員がこれに賛成するにいたった。その間、なお中庭でハンドマイクでボイコットを呼びかけた人達もいたが、結局最後は、これ等の人達もクラス委員会の説得に応じ、その方針に従うことを承認した。

(三) この間司法研修所側では上席教官会議で、開催の是否を検討していたが、修習生の討議を講堂で見守っていた司法研修所職員が、事務局長に修習生の討議状況を報告し、修習生がおだやかに式を受ける模様であることを確認したので急拠終了式を開始することに決定した。しかし。修習生が騒いで制止を聞かぬ場合は、式を中止するのも、やむなしというのが大方の意向であった。

なお司法研修所職員の報告について、弁護教官室には「修習生がおだやかに式を受ける模様である」とだけしか伝えられていないが、一旦中止に傾いていた方針が急拠開催に急転したのであるから、修習生がどのような方針で式に臨むかを事務局長がただしていないとすれば極めて不自然だと思われる。しかも、もしただしているとすれば職員は終始修習生の討議に立会っているのであるから研修所側は当然クラス委員会の方針を事前に了知していたと思われる。

また当日九時四五分頃、沢藤修習生らが吉沢刑裁上席教官にクラス委員会の方針を伝えたと一三期の人達は述べているが、弁護教官は全く知らなかったと述べている。

註　クラス委員会

司法研修所と修習生の事務連絡のため、各組三名づつ選出された司法研修所公認のクラス委員三〇名が、集まって組織した連絡組織であり、司法研修所が認めた機関ではないが、従来から修習生の意向を代表して、司法研修所との交渉にたずさわってきていた。

二、終了式の状況

(一)　こうして終了式は午前一〇時四〇分頃開始されたが式場には飾りも、式次第の掲示もなく修習生には式の進行順序は全く知らされていなかった。また多数の報通陣が式場の内外につめかけその一部は演壇のまわりに待機していた。

(二)　まず中島事務局長が「修習終了式を行います。はじめに所長の式辞を受けます。」と開会を宣した。守田所長が登壇したとき、阪口君が前記方針に基き、自席から挙手起立して発言を求めた。これと同時に阪口君の発言を期待していた修習生らは、拍手を行い「所長一寸待って下さい」等阪口君の発言をうながす発言をした。阪口君は中程の自席で立上って発言したが拍手等で全体に聞き取れず、所長も手を耳にあてて聞こえないしぐさをしたので、修習生の間から「前へ出ろ」「マイクを使え」などの声があがり、阪口君は、前へ進み出た。修習生の拍手はこの時一段と大きくなった。この際所長は笑いながら手で全体を静止するしぐさをした。なお、教官の報告では所長の登壇後、まず前列の十四、五人が立上り交々発言を求めたというが、これに阪口君が代表して発言するという修習生の方針を知らなかった教官が、この状況を、修習生各自が勝手に発言を求めているように誤解し拍手等に気をとられて阪口君の最初の挙手・発言に気がつかなかったものと思われる。

(三)　阪口君は修習生の列の一番前に出、二回おじぎをしマイクを指さして貸してくれるようたのんだところ、所長は聞えないというしぐさをしたが、笑顔をくずさず、全く制止しなかったので、発言を許されたと考えた阪口君は小さく礼をして壇上のマイクを静かに抜きとり手に持って修習生の方に向きなおって「任官不採用者に一〇分だけ話をさせてあげてほしい」と話しはじめた。阪口君が話しはじめると、修習生は拍手をやめ、静かになったが、演壇附近につめ、既に取材活動をはじめていた報道陣がテレビのライトをつけたり、フラッシュをたくなどして異常な雰囲気となっていた。他方所長は阪口君が話しはじめると直ぐに降壇し、自席にもどった。すると間もなく中島事務局長がマイクで「終了式を終了しまーす」とゆったりした口調で宣言した。式の開始宣言から終了宣言迄の時間は録音テープによると約一分一五秒であった。

なお弁護教官のなかには、所長の笑顔は当惑の笑いであったと評価する人もいた。また弁護教官の観察によると阪口君が前に出てくる頃事務局長がなにか制止するような発言をマイクでしたというが、その声はテープに録取されていない。

又所長が降壇し、事務局長が終了宣言を行うまでの間両者が近付いて相談したというが、二三期生によれば所長と事務局長との席はかなり離れており、瞬時の間には相談出来るような状態ではなかったし、又相談した様子もなかった。と述べている。

㈣ 事務局長の突然の終了宣言に憤激した数名の修習生が事務局長につめ寄り、これを制しようとするクラス委員たち、取材しようとする記者やカメラマン、退席しようとする教官、職員で講堂の入口附近が混乱した。

教官が退席した後、修習生はクラス委員の呼びかけに応じて直ちにその場で抗議の為の修習生大会を始めた。

第三、罷免の発令があるまでの経過

㈠ 式場から退場した教官側は、直ちに教官会議を開いて対策を検討し始めたが所長は終了式の情況報告のため最高裁判所へ出むいた。教官会議は所長の意を受けた吉沢刑事裁判上席教官が議長を代行して行なわれた。しかし所長が帰所するまでの間、実質的な議事はほとんど進行しなかった。

その間午前一一時頃、司法研修所事務局ではマイクで修習生に対し終了証書を交付するから各組の講堂に入るようにとの放送をした。この時修習生は終了式に引続き、その場で修習生大会を開いていたので各講堂へはいったのは午前一一時半を過ぎる頃となった。尚その際修習生に給与が支給された。

その頃、最高裁判所から司法研修所に電話で終了証書の交付をしばらく待つようにとの指示がありこれにもとづき研修所事務局は正午頃修習生に終了証書の交付についてはしばらくお待ち下さい。との放送を行った。以後同様の放送が時間を置いて、何回か繰返された。

(二) 修習生はこの間午前一一時半頃から午後一時頃まで各クラスに分れてクラス討論を行っていた。他方教官会議も所長不在のまま続けられていた。

(三) 午後一時半頃帰所した所長は教官会議で最高裁判所へもう一度行かねばならず、その際に終了式ができなかった事態とその後の処置について意見を述べる参考として教官の考えを聞かせて欲しいとの要請を行った。その問題について午後三時頃まで検討を行った。同会議では阪口君を処分すべきか否かが問題となり、その処分の前提となる身分の存否、あるとすればどの様な処分を行うかについて様々な見解が述べられた。身分の存否については意見が分れたが、一応身分があるものと仮定して議論が進められた。その結果無記名投票が行われ最も多かったのは阪口君の行為は罷免に値しないが、何らかの処分は必要であるということであった。所長はこの教官会議の意見を聞いて再び最高裁判所に出向いた。

(四) その間修習生は午後一時頃から大半が任官差別抗議のデモ等で外出したが阪口君は終了式の事情聴取が行なわれる可能性のあることを考慮して、終始司法研修所に残っていた。

しかし阪口君も他の修習生も阪口君が罷免されるということは全く予想もしていなかった。最高裁判所事務局からの教官並に修習生は待機するようにとの連絡があった以外には何の連絡もなく、三時頃から八時頃まで修習生も教官も研修所で待ちつづけていた。午後八時過ぎようやく所長より研修所へ連絡があり、阪口君以外の者には終了証書をわたすようにと指示がなされた。しかし、研修所事務局は修了証書の交付を行うとの放送をしたが、特に阪口君を除外する旨の放送はなく、証書の交付が開始された。

(五) 右放送の後戻ってきた所長は阪口君を所長室に呼び事務局長、クラス担任教官（五名）の立合いのもとで罷免の辞令を同君に交付した。その時間は八時二六分であった。

阪口君が所長に対し罷免の理由を問い尋ねたところ所長は「研修所所長が終了式の発言をする前に、任官を拒否された者のために一〇分間しやべらせてくれといってマイクを取って演説をはじめた。これにより前列の方の大部分が騒然となり終了式を実質上不可能にした。これが裁判所法六八条の修習生の品位を辱める行為に該る。」と説明した。尚この処分理由は阪口君が所長の許可を得てその場で書きとったものである。阪口君はその際に所長に対して、所長が同君の発言を制止しなかったことを指摘して反論したところ中島事務局長は局長が二回制止したと答えた。

第四、矢口人事局長の国会答弁と本調査結果との相違点

一、国会答弁の内容

昭和四六年四月一三日衆議院法務委員会々議録によると、最高裁判所の矢口人事局長は、阪口君の処分につき次のとおり説明している。

「なぜ弁解等の機会を与えなかったかという問題でございますが法律的には弁明を聞く等の手続が一切規定してございませんので聞く必要がないということに帰するわけでございます。しかし、私どもは決して法律にそうなっておるからそのようにしたのだということを申し上げるわけではございません。阪口修習生の行為は罷免に値するということでございますが、そこで行為と申しましたのは、実は修了式が開始されましてその直後に司法研修所長が式辞を述べるべく壇に登りましたところ、阪口君が席の中ほどから立ちまして発言を求め、発言の許可等もちろんない中で、研修所長の演壇のほうに歩み寄りまして、一〇分間ほど新任をされなかった修習生の意見を聞いてくださいということを叫んだわけでございます。それに対しまして、研修所長は手でこれを制したわけでございますが、この制止を振りほどきまして、演壇の前に式辞用に設けられておりましたマイクをわしづかみにいたしまして、しかも所長のほうに背を向けて一般の修習生のほうに向かってマイクを持って発言を続けたのでございます。そこで所長はこれをしばらく手で制する形をとりましたけれども、もはやこれに呼応して一般の修習生からも発言が続くような状況になりましたので、式の続行は不可能であるというふうな判断をいたしまして、壇をおりて自席に戻りましたので式を主宰いたしております司法研修所の事務局長が所長に伺いを立て、なお静かになさいということを二、三度申しましたけれども、もはや場内騒然として聞き入れる様子もございませんでしたので、やむなしということで研修所長の指揮を仰いだ上、終了式を終了するということを事務局長が宣言したということになっておるわけでありまして、その間、問題になりました時間というのは一〇分足らずの時間であったわけでございます。

ところで、そういう状況のもとにいま申し上げましたような

阪口修習生の行為が罷免に値するという判断を受けたものでございまして、その式場には研修所長、事務局長をはじめ数一〇名の研修所教官も列席いたしている目の前で行なわれた行為であったわけでございます。いわゆる現行犯的な行為でございますのでこの事実の認定ということについての意見を聞く必要はなかったというふうに考えたわけでございます。と同時にかりに、このような行為に出ました動機あるいは情況という点につきましても、これをどのような動機であり、どのような情状であるというふうなことでありましても、その行為が罷免に値すると考えられましたので、そのような行為をとる必要もない、このように考えて、実質的にもまた弁解を聞く必要なしと判断いたしたものによるわけでございます。」

二、本調査結果との相異点

最高裁判所の説明する終了式の模様は当委員会の認定したところと著しく異るところが少くないので、その相違点を指摘する。

㈠　阪口君が演壇の前に出て来て話し始めてから後にも「所長は手でこれを制した」というのであるが、この段階で阪口君に対し所長の制止行為があったとはフイルムによって明らかに認め難い。さらに阪口君が「（所長の）制止を振りほどく」というような行為をしていないことは明らかである。

㈡　阪口君がマイクを手に取る際「わしづかみ」にしたと説明しているが、「静かに抜きとり手に持った」というのは、教官、修習生の目撃の一致するところであり、その表現は全く事実に反するものである。

㈢　「そこで所長はこれをしばらく手で制する形をとりました」との点であるが、ビデオテープや教官、修習生の報告によって、阪口君が話しはじめるとそのまますぐ、降壇したことは明らかである。

㈣　「（阪口君のマイクを持っての発言に）呼応して一般の修習生からも発言が続く様な状況になりました。」この点も明らかに事実に反し、修習生は予定の行動として自分達の代表である阪口君の発言を聞くべく静かに耳を傾けていたことが認められる。

㈤　事務局長の終了宣言の出し方であるが、所長と相談したかどうかについては当委員会の調査でも必ずしも明らかでない。しかしその時点で局長の「静かになさい」というような発言がなかったことは、時間的にも、又教官、修習生の報告でも更に録音テープによっても明らかである。

(六) 最後に「問題になった時間というのは一〇分足らず」との点であるが、これが開会宣言から終了宣言までのことを指すとすれば、明らかに誤認である。この間の時間は僅か録音テープによれば一分一五秒前後である。

(七) 又、最高裁判所は阪口君の行為を「その動機、情状如何にかかわらず罷免に値する」とするのであるが、阪口君の行為は二三期生の殆ど全部の修習生の意向に基いて、クラス委員長としてなされたものであることは明らかであり、二三期修習生のこの方針自体も従来の任官差別反対運動及びそれに対する、最高裁判所、研修所の対応等を考えると必らずしも非難できない面がある。

従って阪口君の行為の背景事実を一切考慮しようとしない、最高裁判所のこの判断には到底承服しかねるものがある。

第五、調査のまとめ

一、本調査の結果、前項で指摘したとおり、最高裁判所は、事実を誤って認定し、その誤った認定を前提として阪口君の罷免を行ったことは明らかである。

しかも最高裁判所は、この罷免の決定を行なうに際して、事実を慎重に検討した気配がほとんどうかがわれない。

罷免される阪口君に全然弁解の機会を与えず、一方的に集めた資料のみに依拠して、短時間のうちに結論を下している。

最高裁は「現行犯的な行為で…事実の認定ということについての意見を聞く必要はなかった」「どのような動機であり、どのような情状であるというふうなことでありましても、その行為が罷免に値すると考えられました」というが、これだけの事実誤認があり、また教官会議の多数意見は罷免不相当であったということを最高裁はどう理解しているのであろうか。

かような手続では、むしろ事実が誤認されない方がおかしいとすらいえるのではなかろうか。

二、なお事実誤認をさしおくとしても、最高裁の事実認定の方法には、次の点で疑問が残る。

(一) 矢口人事局長は、前述のとおりどのような動機、情状も罷免をくつがえすに足りないとして、そのような事実は罷免決定の際の調査の対象にすらならないとしているようである。

しかし、本件における阪口君の行為はその当否については問題なしとはしないが、全修習生を代表したクラス委員長としての半公的なものであり、終了式を混乱させるどころか、終了式を混乱なく、しかも修習生の要望を十分に反映させて終了させるためにとられたものであり、大量の任官拒否と、その理由を問おうとする修習生に責任ある者への面会の機会すら与えようとしない研修所、最高裁の方針とが修習生を憤激させ、全員の一致した支持でこのような行動がとられたことも評価に際しては当然考慮されなければならないと思われる。

そうした背景事実をことさらに無視して本件行為のみをとり出して評価することは極めて不当といわねばならない。しかも阪口君が修習生クラス委員長であることは研修所側にも公知の事実であり、その行動も事前に研修所側では掌握していたと思われるのであるからなおさら切離して評価しようとする態度は不可解といわねばならない。

(二) また、終了式場での混乱は、中島事務局長の終了宣言により惹起されたものであることをも最高裁はことさらに無視している。更に終了式とはいえ、その進行順序すら修習生に知らされていない式場に於て、発言を求めた阪口君について自席からマイクを静かにとるまでの間、いくらでも制止する余裕があるのにこれをせず、マイクをとらせておいて、突然式を終了させたという研修所側の行動も全く評価されていない。しかし、これまた、罷免という重大処分を決定するに際しては、考慮せねばならぬ不可欠な事実ではなかったであろうか。

(三) 最後に、当日報導陣の式における取材活動は全く自由にまかせられており、研修所ではこれを制限していない。こうした自由な行動を保障された報導陣の活動も、罷免の決定にあたっては、考慮せねばならぬと思われるが、最高裁判所がそのような配慮をした形跡は全くみられない。

したがって混乱なのか、取材活動なのか区別がつけられていないという問題が残されている。

三、最後に調査結果から指摘される罷免の手続的な問題あるいは法的な問題について若干指摘をしたい。

(一) 阪口君罷免の手続において阪口君に弁解の機会が全く与えられていない。

その意に反する不利益処分を行う場合、なによりも、事実認定の正確性が要求される。その正しい事実認識に基いて初めて妥当な処分が行われ得るのである。このような処分であってこそ、被処分者を納得させ、且つ、国民をも納得させ得るものである。その為には事実認定の過程に於て少くとも被処分者に弁明の機会を与えなければならず、更に、被処分者より提出される資料をも検討しなければならない。仮令、それが、最高裁判所のいう「現行犯的な」場合であっても、この原則は貫かれなければならない。最高裁判所の誤った事実認定、及びこれに基く不当な処分は、一にかかって最高裁判所が右記の手続を採らなかったことに起因するものである。阪口処分に関する最高裁判所の措置は憲法三一条の精神にも悖るものではあるまいか。

㈡ 最後に仮りに阪口君の行為に問題があるとしても、修習生として品位を辱める行為に該当するということができるであろうか。教官会議の大勢が罷免にはあたらないとしたことは、当然考慮されなければならない。

仮りに阪口君に修習生としての身分があったとしても、あといくばくもない身分を敢えて失わせる程の行為が行なわれているのであろうか。しかも品位をけがすという抽象的な要件の認定が、背景事実を全然無視して可能なのであろうか。

阪口君の行動は、ビデオで明らかなように、決して粗暴でも不そんでもなく、むしろ礼儀正しいとすらいえる。それを罷免にあたるとは何人も考えないであろう。また仮りに式の続行を不可能としたということに重点があるとすれば、これまた不当である。式の終了と混乱は、明らかに中島事務局長の修了宣言を契機として起っているからである。

六、結　論

以上、修習終了式当日阪口徳雄君がとった行動は、その動機、目的並にそのとった具体的行動からみて、これをもって司法修習生を罷免することは極めて不当であると考える。

昭和四六年五月六日
【非売品】
発行者　東京弁護士会
東京都千代田区霞ケ関一ノ一
司法制度臨時措置委員会
責任者　井上峯亀

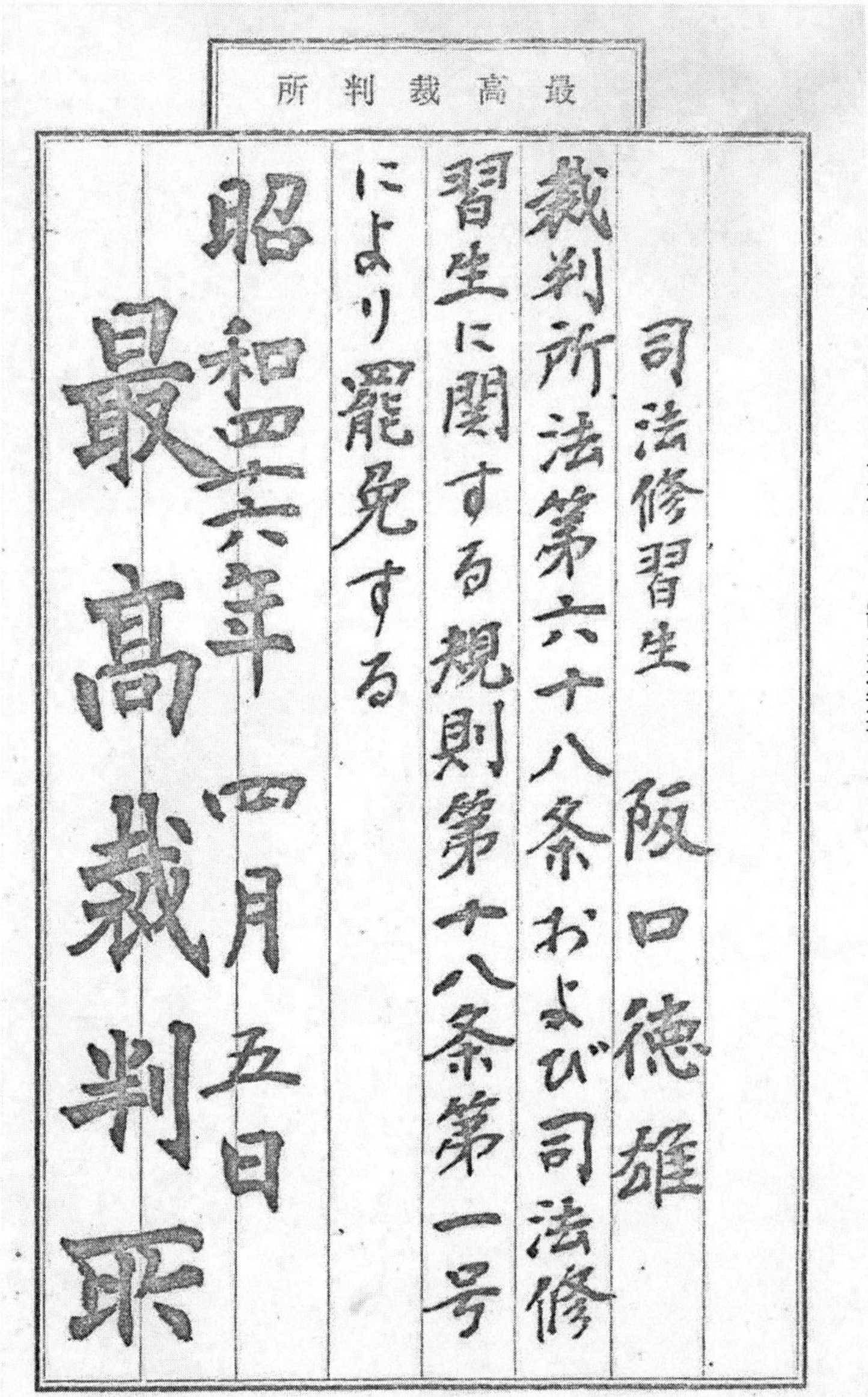

最高裁判所

司法修習生　阪口徳雄

裁判所法第六十八条および司法修習生に関する規則第十八条第一号により罷免する

昭和四十六年四月五日

最高裁判所

◀1971年4月5日に交付された罷免通知書

憲法をふみにじる最高裁に怒りの声を!!

裁判の独立を守る市民集会

とき ●7月4日（日）PM1時より

ところ ●東京大学教養学部 渋谷井の頭線二つ目駒場東大前下車

講演 ●裁判所の動きと私たちのくらし

政治評論家 ●山田　昭先生

あいさつ ●阪口徳雄

一問答無用とばかりに宮本裁判官と七人の裁判官志望者の首をきり、平気でうそをつきながら阪口さんの首まできった最高裁は、今度は、「裁判官は体制的でなければいけない」といいだしました。新聞によると、まだまだ大変なことがおこっています。

七月四日――この日一日、全都からみんなで集って、裁判所でおこっている本当の話をもとにして、私たちの身のまわりにおこっているさまざまなこととひきくらべて、今何がおころうとしているのか、憲法をふみにじる最高裁を前にして、私たちはどうしたらよいか、などについて思いきって話し合いましょう。

主催　裁判の独立を守る豊島の会　裁判の独立を守る練馬の会　裁判の独立を守る中野の会（準）裁判の独立を守る杉並の会（準）裁判の独立を守る目黒・世田谷の会（準）裁判の独立を守る大田・品川月例会　裁判の独立を守る北・板橋の有志　裁判の独立を守る江東六区有志　裁判の独立を守る新宿区有志　裁判の独立を守る三多摩有志　裁判の独立を守る大学連絡会議

連絡先　（仮）東京都中央区銀座三丁目九番四号（文成ビル5階）　電話（543）二五〇四　堀野法律事務所

くらしを守るために裁判所を私たちの手にとりもどそう!!

●どなたも自由に参加下さい。

◀「裁判の独立を守る全都連絡会」結成集会の案内チラシ

【青年法律家協会 設立趣意書】

「平和」それは、つねに人類の渇望してやまないものであります。もっとも貴重な青春の数年間をあの太平洋戦争の渦中ですごしこの戦争で多くのすぐれた先輩、友人をうしなったわたくしたちは特に平和にたいして強い関心を持っております。

「民主主義」これこそ平和をまもるとりでであります。民主的諸制度の否定されるところに自由もなければ人権もなく、自由と人権のないところに戦争の暗いかげがさしこむことをわたくしたちは身を以て体験しました。戦争から敗戦の過程をへて、わたくしたちはあまりにも多くのものをうしないましたが、その高価な代価をはらって、ようやく平和と民主主義の原則を獲得しました。平和と民主主義を標ぼうする日本国憲法はこのようにして、制定されたものであると考えます。

ところが、その後何年もたたないうちに、再軍備が課題となり、これと関連して思想、言論、集会、結社の自由や団体行動の自由がふたたび否定しさられようとしています。もしもこのまま自由と人権が否定されていくならば、またあの暗い時代がくることはだれがみてもあきらかでありましょう。

わたくしたちは、おなじ時代にそだった人間としてすべての政治的立場をはなれて、なお共通の考えと立場をもつことが多く、また法律家としては、その職能をとおして、憲法を擁護する権利と義務と責任をもっております。わたくしたち全国の若い法律家があつまって平和と民主主義をまもる会を設立しようとしているのはこのような趣旨であります。

【設立発起人】

木下明（茨城大学）▼田中実（慶応義塾大学）▼松下輝雄（静岡大学）▼伊藤道保（高崎大学）▼広中俊雄（千葉大学）▼川村泰啓・木川統一郎・下村康正・戸田修三・橋本公亘（以上中央大学）楢崎二郎・星野安三郎（以上東京学芸大学）▼芦部信喜・潮見俊隆・加藤一郎・小林直樹・高柳信一・平野龍一・三ケ月章・藤田若雄・渡辺洋三（以上東京大学）▼石村善助・千葉正士・唄孝一（以上東京都立大学）▼山主正幸（日本大学）▼蓼沼謙一（一橋大学）▼青木宗也・池田浩一・内山尚三・吉川経夫・舟橋尚道（以上法政大学）▼立石竜彦・和田英夫（以上明治大学）▼宮川澄（立教大学）▼杉山晴康（早稲田大学）▼青柳洋・朝比純一・池田輝孝・石島泰・井手正敏・上野久徳・鵜沼武輝・内谷銀之助・江口保夫・大野泰重・大浜勝三・萩津貞則・笈川義雄・音喜多賢次・金綱正己・鍛治千鶴子・鎌形寛之・小島成一・小林澄男・斎藤一好・崎信太郎・佐藤義弥・沢荘一・下山田行雄・鈴木紀男・関原勇・妹尾修一郎・高橋高男・竹沢哲夫・玉置久弥・田中義之助・萩原四郎・原田政義・馬場正夫・平本祐二・樋口俊二・藤川幸吉・堀内崇・蒔田太郎・松井康浩・増岡章三・真室光春・宮崎繁樹・柳原武男・渡部卓郎（以上東京弁護士会）栗田吉雄・井上準一郎・田倉整・田中常治・橋本基一・藤本猛・山本晃夫・依田敬一郎（以上第一東京弁護士会）芦田浩志・一瀬英矢・江橋英五郎・大島英一・鹿野琢見・柏木薫・坂野滋・柴田博・高橋守雄・竹下甫・戸田謙・東城守一・中村稔・野口恵三・堀之内直人・前田茂（以上第二東京弁護士会）

（1954年創立総会）

【23期・弁護士ネットワーク】

阪口徳雄（さかぐち とくお）
自称、社会派弁護士。知人の評価、過激派と思ったが意外に常識派弁護士。社会活動ができたのは依頼者（中小企業や自治体顧問弁護士）に恵まれたおかげ。

梓澤和幸（あずさわ かずゆき）
群馬県桐生市生まれ。一橋大学卒業。築地移転問題ほか住民運動弁護団。国分寺市民連合共同代表。著書『改憲 どう考える緊急事態条項・9条自衛隊明記』。

井上善雄（いのうえ よしお）
１９４６年生まれ。京都大学卒。71年弁護士登録。公害消費者問題・行政訴訟に取組む。80年「市民オンブズマン」を結成。２０００年から「包括外部監査の通信簿」作成。

宇都宮健児（うつのみや けんじ）
日本弁護士連合会会長、年越し派遣村名誉村長などを歴任。都知事選に3度出馬。現在反貧困ネットワーク代表世話人、週刊金曜日編集委員などを務める。

海川道郎（うみかわ みちろう）
１９４７年東京生まれ。一橋大学に学ぶ。71年4月、大阪弁護士会登録。87年に乗馬に出会い、馬と暮らしたいと、97年に北海道新冠町に移る。２０１４年1月29日逝去。

大江洋一（おおえ よういち）
ただ、「今を善く生きる」を重ねているうちに、いつか林住期も過ぎようとしている。驕らず、貪らず、阿らず過ごしてこれたのが何よりというべきか。

河西龍太郎（かわにし りゅうたろう）
私は、70歳で弁護士を退職してから、何もすることがないという地獄の日々を過ごしています。ただ、古代史の著述を出版したいという夢を持ち続けています。

木嶋日出夫（きじま ひでお）
紛争（闘争?）で大学中退。縁もゆかりもない田舎町で弁護士活動。3当7落の国政選挙。妻と子どもには恵まれた。想定外の我が人生、また楽しからずや。

木村達也（きむら たつや）
大阪弁護士会入会。全国クレサラ・生活再建問題対策協議会事務局長。日弁連消費者問題対策委員会委員長。日弁連貧困問題対策本部本部長代行。現副本部長。

郷路征記（ごうろ まさき）
弁護士。著書『統一協会マインドコントロールのすべて』。『自立への苦闘』『統一協会から愛する人を助けるために』『大学のカルト対策』の各一章を執筆。

児玉勇二（こだま ゆうじ）
子どもの人権、少年犯罪、障がい児・者の人権、戦争裁判、子ども、障がい者のＮＧＯ、チャイルドラインなどＮＰＯ、市民連合町会など地域活動を楽しんでいます。

小林和恵（こばやし かずえ）
１９４４年、中国山西省で生まれる。１９７１年、弁護士登録。日弁連両性の平等に関する委員会委員長などで活動。１９９５年、がんを発症し逝去。

澤藤統一郎（さわふじ とういちろう）
ものごころついたころには日本国憲法があった。大地と陽光と日本国憲法によって育った。身体の組成は、自由と民主主義と平和と、反権力・反権威。

城口順二（じょうぐち じゅんじ）
１９６６年、早稲田大法学部卒。１９６８年、司法試験合格。１９７１年、弁護士登録。１９９４年、埼玉弁護士会会長に就任。２０００年、日弁連副会長に就任。

瑞慶山茂（ずけやま しげる）
沖縄県出身。琉球大学卒業。沖縄戦・南洋戦・フィリピン戦国賠訴訟弁護団長。著書『法廷で裁かれる沖縄戦』『南洋戦・フィリピン戦［訴状編］［被害編］』。

豊川義明（とよかわ よしあき）
45年和歌山で出生、東大阪市で育つ。権威（権力）を嫌い、自立、独立と平等を尊ぶ。「なぜか、事実は、法は」を問うてきた。今、人間の尊厳と連帯を求める。

中山武敏（なかやま たけとし）
狭山再審事件主任弁護人。東京大空襲訴訟弁護団団長。全国空襲被害者連絡協議会共同代表。重慶大爆撃訴訟弁護団。植村裁判東京訴訟弁護団団長。

野田底吾（のだ ていご）
当時、裁判所も国家権力の重要な環であるという捉え方が随分甘かったが、その後の労働裁判闘争では、いい経験になったと思っています。

藤森克美（ふじもり かつみ）
１９４５年1月生まれの道産子。静岡大学卒業。任官拒否される。静岡で今も9名の女性パラリーガルを維持し、消費者被害事件・住民訴訟等に取り組む。

本多俊之（ほんだ としゆき）
１９４４年生まれ。（お宝）は日本国憲法。信条は「人間である前に動物であれ」。日々の楽しみは、昨日より今日の何がしかの自らの成長。

松岡康毅（まつおか こうき）
１９４１年生まれ。登録後10年間大阪で過ごし、その後出身地に戻り地方弁護士会の活性化と地域との結びつき強化に注力。アウトドアを楽しみつつ活動中。

宮地義亮（みやじ よしあき）
長身の笑顔とよく通る声がその場をパッと明るくした。演劇を愛し、劇団民藝、青年劇場に皆を誘った。名優滝澤修の舞台が甦る。阪口罷免撤回に心血を注いだ。（故人）

村山晃（むらやま あきら）
京都生まれ。京大卒。75年間京都一筋。森永ミルク中毒・薬害スモンに始まり、過労死や戦後補償など被害者救済に尽力。現在建設アスベスト京都訴訟弁護団長。

持田穣（もちだ みのる）
いつも目を輝かせていた心優しい人。採用拒否当時も現在も、裁判官に必要な多様性を具現するために活動した23期の象徴的存在。（故人）

森野俊彦（もりの としひこ）
裁判官を辞めて10年になろうとするが、裁判所のことがまだ気にかかる。少数者の権利擁護に懸命な若い裁判官が少数者にならぬことを切に願う。

安田秀士（やすだ しゅうじ）
45年生れ。69年東大法学部中退。第二弁護士会、子どもの権利に関する委員会に所属。小学校ＰＴＡ会長も歴任。遺稿集『生命燦燦―長良川へ還る日のために―』。

山田万里子（やまだ まりこ）
「温かい共感と冷静な判断」「説得より納得」、言うは易く行うは難し、でも、そうありたいと思う。思うようにならないのが人生、でも、諦めない。

山田幸彦（やまだ ゆきひこ）
町弁として50年。薬害・医療・水害訴訟、そして弁護士会を通じての諸活動。志を大切にしてきたが、はたしてリンゴの木を植えることはできただろうか。

吉村駿一（よしむら しゅんいち）
１９４４年4月1日生れ。群馬県出身。中央大学卒。弁護士になって2年後、前橋で開業。自由法曹団所属。安保沖縄、国鉄、部落の各運動に参加。知事選に5回挑戦。

23期・弁護士ネットワーク

本書では、過酷な試練を語るとともにそれを超えて切り開いた希望に基づくメッセージを伝えたかった。司法はこれでいいのか。この問いを大切にしながら、次世代との交流をはかってゆきたい。その架け橋となるため23期弁護士有志がこのネットワークをはじめた。

司法《しほう》はこれでいいのか。
裁判官任官拒否《さいばんかんにんかんきょひ》・修習生《しゅうしゅうせい》罷免《ひめん》から50年《ねん》

二〇二一年四月五日　第一版第一刷発行
二〇二一年七月七日　第一版第二刷発行

著　者　23期・弁護士ネットワーク
発行者　菊地泰博
発行所　株式会社現代書館
東京都千代田区飯田橋三―二―五
郵便番号　102-0072
電　話　03（3221）1321
F A X　03（3262）5906
振　替　00120-3-83725

組　版　具羅夢
印刷所　平河工業社（本文）
東光印刷所（カバー）
製本所　鶴亀製本
装　幀　大森裕二

© 2021 The lawyers network of 23rd graduates from The Legal Training and Research Institute of Japan Printed in Japan

ISBN978-4-7684-5897-6
定価はカバーに表示してあります。乱丁・落丁本はおとりかえいたします。
http://www.gendaishokan.co.jp/

本書の一部あるいは全部を無断で利用（コピー等）することは、著作権法上の例外を除き禁じられています。但し、視覚障害その他の理由で活字のままでこの本を利用できない人のために、営利を目的とする場合を除き「録音図書」「点字図書」「拡大写本」の製作を認めます。その際は事前に当社までご連絡ください。また、活字で利用できない方でテキストデータをご希望の方はご住所・お名前・お電話番号をご明記の上、右下の請求券を当社までお送りください。

活字で利用できない方のための
テキストデータ請求券
『司法はこれでいいのか。』